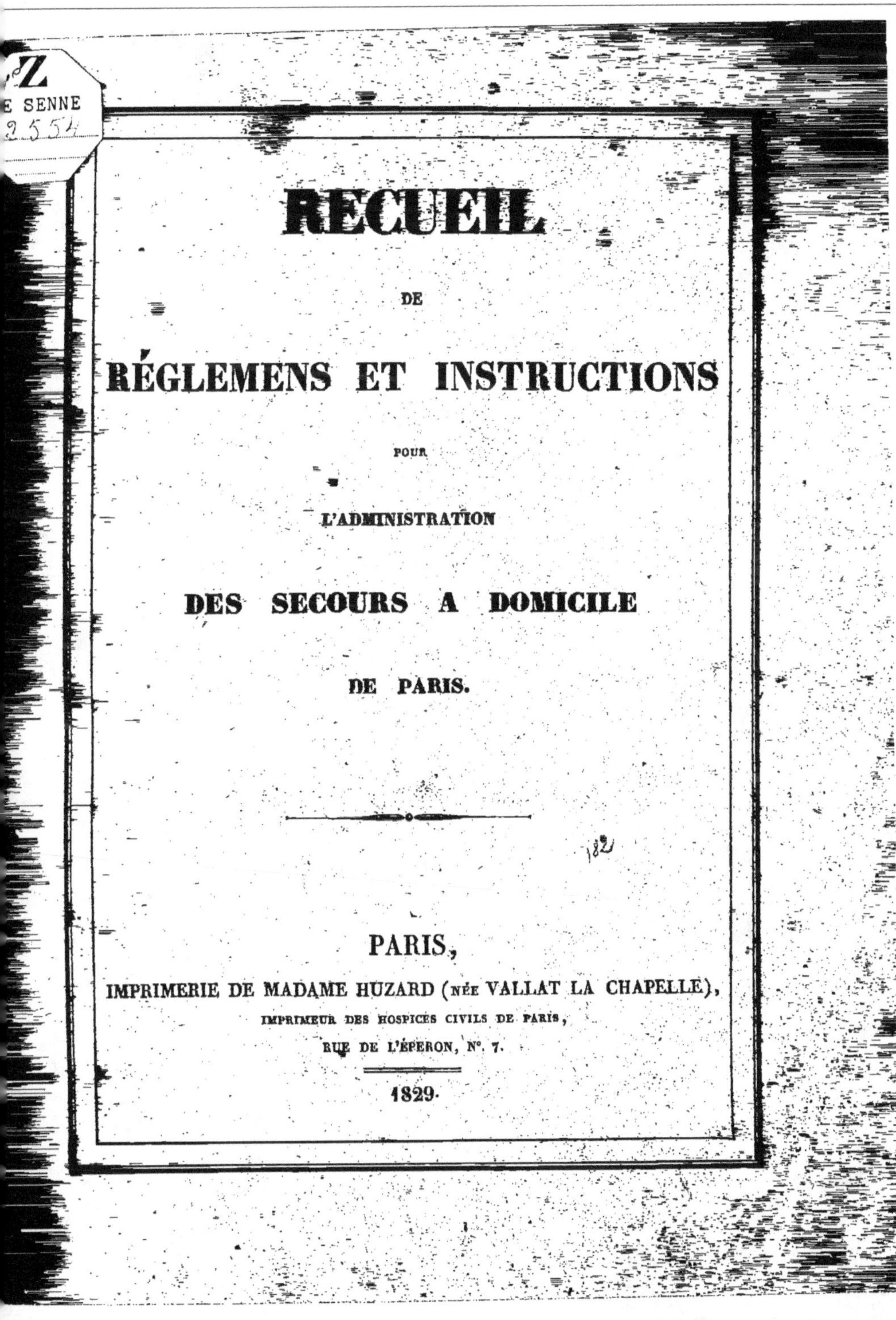

RECUEIL

DE

RÉGLEMENS ET INSTRUCTIONS

POUR

L'ADMINISTRATION

DES SECOURS A DOMICILE

DE PARIS.

182

PARIS,
IMPRIMERIE DE MADAME HUZARD (NÉE VALLAT LA CHAPELLE),
IMPRIMEUR DES HOSPICES CIVILS DE PARIS,
RUE DE L'ÉPERON, N°. 7.

1829.

RECUEIL

DE

RÉGLEMENS ET INSTRUCTIONS

POUR L'ADMINISTRATION

DES SECOURS A DOMICILE

DE PARIS.

RECUEIL

DE

RÉGLEMENS ET INSTRUCTIONS

POUR

L'ADMINISTRATION

DES SECOURS A DOMICILE

DE PARIS.

PARIS,

IMPRIMERIE DE MADAME HUZARD (NÉE VALLAT LA CHAPELLE),

IMPRIMEUR DES HOSPICES CIVILS DE PARIS,

RUE DE L'ÉPERON, N°. 7.

1829.

CONSEIL GÉNÉRAL

D'ADMINISTRATION

DES HOSPICES ET SECOURS A DOMICILE DE PARIS.

Séance du 25 Février 1829.

LE CONSEIL GÉNÉRAL,

Sur la proposition de celui de ses Membres qui a la surveillance des Bureaux de Charité,

ARRÊTE :

Le *Recueil* présenté, comprenant les Réglemens, Instructions, Modèles et Renseignemens pour l'Administration des Secours à domicile, à l'usage des Bureaux de Charité, sera imprimé à DEUX MILLE EXEMPLAIRES.

Signé Marquis DE MARBOIS, VICE-PRÉSIDENT.

Visé par M. le Préfet, le 5 Mars 1829.

Le Membre de la Commission administrative des Hospices, Secrétaire général,

Signé VALDRUCHE.

TABLE DES MATIÈRES

CONTENUES DANS CE RECUEIL.

TITRE PREMIER.

CHAPITRE VII.

CHAPITRE VIII.

CHAPITRE IX.

CHAPITRE X.

CHAPITRE XI.

CHAPITRE XII.

CHAPITRE XIII.

CHAPITRE XIV.

CHAPITRE XV.

CHAPITRE XVI.

TITRE II.

TITRE III.

TITRE IV.

CHAPITRE PREMIER.

CHAPITRE II.

CHAPITRE III.

SECTION PREMIÈRE.

SECTION II.

SECTION III.

DÉPENSES POUR SECOURS EN NATURE.

DÉPENSES POUR SECOURS EN ARGENT.

DÉPENSES DES ÉTABLISSEMENS DIRIGÉS PAR LES BUREAUX.

DÉPENSE D'ORDRE.

CHAPITRE IV.

CHAPITRE V.

SECTION PREMIÈRE.

SECTION II.

CHAPITRE VI.

(1) Des Secours ordinaires et de la Fondation Montyon.

SECTION II.

SECTION III.

SECTION IV.

CHAPITRE II.

SECTION PREMIÈRE.

SECTION II.

CHAPITRE III.

FIN DE LA TABLE DES MATIÈRES.

RECUEIL

DE

RÉGLEMENS ET INSTRUCTIONS

POUR L'ADMINISTRATION

DES SECOURS A DOMICILE

DE PARIS.

TITRE PREMIER.

SECOURS ORDINAIRES DISTRIBUÉS PAR LES BUREAUX DE CHARITÉ.

NOTE PRÉLIMINAIRE.

Extrait du *Rapport fait au Conseil général des Hospices*, le 28 août 1816, sur la nouvelle Organisation des Secours publics.

« Les Secours à domicile sont peut-être la branche la plus importante et la » plus intéressante des Secours publics. Les Hôpitaux et les Hospices ne » doivent en être en quelque sorte que le supplément : ils sont nécessaires » pour ceux qui se trouvent dans un dénûment absolu, sans parens, sans amis, » sans aucun moyen personnel d'existence; mais à l'aide des Secours à domi- » cile, on peut diminuer considérablement le nombre de ceux qui demandent » à y être admis, en les retenant dans le sein de leur famille.

» Il est bien plus satisfaisant pour le Pauvre malade ou infirme d'être as- » sisté chez lui et d'y recevoir les soins de sa femme, de ses enfans ou de ses » parens, que de se voir pour ainsi dire isolé, en se trouvant placé dans un » Hôpital au milieu d'individus qui ne lui tiennent par aucun lien, ni du » sang, ni de l'amitié.

» La morale publique ne peut que gagner à ce mode de secours, qui tend » à resserrer les liens de famille, et à aider des enfans ou des parens à rem- » plir un devoir que leur prescrit la nature.

» L'Administration des Secours publics à domicile est une institution que » l'on a désirée long-temps avant que la force des circonstances n'en eût amené » la création.

» Les fondations faites par la piété de nos ancêtres, les aumônes de toutes » les personnes bienfaisantes, les libéralités du Gouvernement fournissaient » autrefois des assistances habituelles aux Indigens et des secours extraordi- » naires quand des circonstances malheureuses les rendaient nécessaires.

» Ces secours arrivaient aux Pauvres par le canal des Curés, des Sociétés » de charité, des Associations particulières, et des Etablissemens religieux » dont l'institution première avait eu pour but le soulagement des Indigens.

» La révolution ayant tari ou déplacé la plupart des sources qui fournis- » saient aux besoins des Pauvres, on a établi les Secours à domicile, dont » l'Administration a été réunie à celle des Hôpitaux et Hospices, sous la » direction du Conseil général.

» On peut penser que, dans cette partie, peut-être plus que dans toute » autre, la bonne administration tient plus aux personnes qui en sont char- » gées qu'aux lois faites pour la diriger.

» En effet, que l'on choisisse des hommes éclairés, sensibles à la misère » des Pauvres, disposés à s'occuper de leurs besoins, et qu'on leur confie » des sommes à distribuer, on est assuré d'avance qu'elles seront bien em- » ployées et que les Secours arriveront à leur destination.

» Mais le Gouvernement, en consacrant des fonds au soulagement des » Pauvres, a droit de prescrire le mode d'emploi de ces fonds, de désigner » ceux à qui ils sont destinés, d'en exclure certaines classes, de demander le » compte des individus et de l'argent, et de vérifier si ses intentions ont été » bien remplies.

» En se conduisant ainsi, ce n'est pas seulement un droit que le Gouver- » nement exerce, c'est un devoir dont il s'acquitte; il est de son intérêt que » l'administration des Secours publics soit en harmonie dans son ensemble » et dans ses détails avec les lois de l'État, et surtout avec les autres institu- » tions qui s'y rapportent plus directement.

» Les personnes à qui le Gouvernement en confie le soin ne sont pas de » simples distributeurs d'aumônes : ce sont de véritables administrateurs de » fonds publics qui ont une destination spéciale et dont il doit être rendu » compte.

» C'est une belle et honorable mission que d'être, à l'égard du Pauvre, l'œil » et la main du Gouvernement : l'Administrateur qui en est chargé doit » être jaloux de prouver qu'il l'a bien remplie, qu'il a été un mandataire

» fidèle, non seulement en ne faisant rien tourner à son profit, mais en se » conformant exactement aux règles qui lui ont été prescrites (1).

» Il ne peut en être des Secours publics comme des aumônes qu'un particulier donne par lui-même ou par les mains d'autrui; il est libre de les » distribuer comme il veut et à qui il veut; s'il en confie le soin à un autre, » il est le maître de ne point en demander compte, et son devoir n'en est » pas moins rempli.

» L'homme charitable doit sans doute mettre tout le discernement possible » dans la distribution de ses aumônes; mais après tout, s'il se trompe ou s'il » est trompé, il n'en a pas moins atteint son but principal : il a voulu faire » une bonne œuvre, le mérite lui en est acquis.

» Il en est tout autrement en matière de Secours publics. L'avantage du » Pauvre s'y trouve, il est vrai, d'accord avec celui du Gouvernement qui » l'assiste; mais on peut dire qu'il n'est que secondaire, et que le premier, » le principal but du Gouvernement est de pourvoir à son propre intérêt, à » sa sûreté et à celle de l'État.

» La distribution des Secours tient donc essentiellement à l'ordre public : » le Gouvernement a intérêt que tel Pauvre soit assisté plutôt que tel autre; » que, suivant les circonstances, une classe qui souffre davantage ait la préférence sur une autre moins malheureuse; que la paresse ne soit jamais » favorisée par des Secours qui, n'étant pas nécessaires, éteignent l'activité » et font perdre l'habitude du travail; qu'ils soient assortis aux besoins, dispensés de manière qu'en améliorant la situation des individus, qui passent, » on puisse en espérer quelque avantage pour la société, qui est permanente; » en un mot, que dans cette partie de l'Administration, comme dans les » autres, tout soit disposé pour le plus grand bien commun.

» Il est nécessaire que l'influence du Gouvernement se fasse continuellement sentir jusqu'aux extrémités des canaux par lesquels passent les Secours » qu'il accorde; qu'il ait la certitude qu'ils sont distribués dans son intérêt » et selon ses intentions; et, pour atteindre ce but, que les Établissemens particuliers de Secours à domicile aient un centre commun qui en dirige et » en surveille tous les détails.

---

(1) Le caractère des fonctions d'Administrateur de charité est déterminé par l'ordonnance du Roi du 31 octobre 1821, qui porte, art. 7 : « Les services dans les Commissions administratives des Hospices et dans les Bureaux de bienfaisance sont considérés » comme des services publics, et comptent pour l'admission dans l'Ordre royal de la » Légion-d'Honneur. »

CHAPITRE PREMIER.

CRÉATION DES BUREAUX DE CHARITÉ.

Nombre des Bureaux.
—
Ordonnance du Roi du 2 juillet 1816, art. 1er.

1. « Douze Bureaux de charité seront chargés désormais » de la distribution des Secours à domicile dans les douze » arrondissemens de la ville de Paris. »

Le préambule de l'Ordonnance du Roi est ainsi conçu :

« Ce qui peut tendre à améliorer le sort de la classe indigente de nos » sujets sera toujours un des principaux objets de notre sollicitude.

» Nous nous sommes fait rendre compte de l'organisation des Secours à » domicile de notre bonne ville de Paris. Nous avons reconnu qu'en simplifiant les formes de cette Administration et en multipliant le nombre des » personnes chargées de rechercher les véritables Pauvres, et de constater » leurs besoins, on atteindra le double but d'accélérer la distribution des Secours, et de leur donner une plus juste application (1). »

Composition des Bureaux.
—
Même Ordonnance, art. 2.

2. « Ces Bureaux continueront d'être sous la direction du » Préfet de la Seine et du Conseil général d'Administration » des Hospices, et chacun d'eux sera composé

» 1°. Du Maire de l'arrondissement, Président né du Bu- » reau; des Adjoints, du Curé de la paroisse, des Desservans » des succursales. »

---

(1) Cette nouvelle organisation des Bureaux de charité n'a pas tardé à porter ses fruits. L'un des premiers soins de MM. les Administrateurs a été de réviser les listes des Pauvres et d'en élaguer tous les individus qui ne réunissaient pas les nouvelles conditions déterminées pour y être inscrits. On se montra aussi plus sévère pour prononcer l'admission aux Secours publics, afin de n'y faire participer que les véritables Indigens. Les heureux résultats que l'on a obtenus de ces mesures sont constatés par les faits suivans :

Un recensement opéré dans le cours de vendémiaire an X (octobre 1801) fit connaître que, sur une population d'environ 550,000 habitans, 111,626 étaient indigens. En 1813, on comptait encore 101,805 Indigens sur 680,000 habitans. Enfin, par suite d'un recensement général fait avec le plus grand soin en 1822, il a été reconnu que le nombre total des Indigens inscrits aux Secours des Bureaux de charité n'était plus que de 54,571, sur une population de près de 800,000 habitans.

« La présidence des Bureaux de charité est attribuée aux Maires, comme » la présidence du Conseil général des Hospices appartient au Préfet. Cette » disposition est dans l'ordre de la hiérarchie administrative; mais le système » ne serait pas complet et n'atteindrait pas entièrement son but, si les ministres » de la religion y étaient étrangers : c'est à eux qu'appartient éminemment » l'exercice de la charité, et la piété leur confie souvent le soin de répandre » ses aumônes dans le sein des pauvres.

» Les Curés sont de droit membres du Bureau de l'arrondissement municipal » où leur église est située ; ils y recueilleront des renseignemens sur les pauvres » qui ont besoin d'assistance, et, de leur côté, ils éclaireront le Bureau sur » la situation de certaines personnes qui répugnent à faire connaître leur indi- » gence et qui n'en sont que plus dignes de la bienfaisance publique. Les » Secours seront de part et d'autre en concordance ; on évitera les doubles » emplois, et cette association procurera de nouveaux moyens d'assister les » Pauvres, par les quêtes dans les églises (1) et les assemblées de charité, » auxquelles les Bureaux ne seront plus étrangers et qui étaient autrefois » d'une si grande ressource en temps ordinaire et surtout dans les calamités » publiques. »

« 2°. De douze autres Administrateurs nommés par notre » Ministre Secrétaire d'Etat de l'Intérieur.

» 3°. D'un nombre indéterminé de Commissaires visiteurs » des Pauvres, et de Dames de charité, qui n'assisteront aux » séances qu'avec voix consultative, et lorsqu'ils y seront » spécialement invités par les Bureaux. »

Extrait de l'Instruction de 1816.

« Il faut distinguer deux parties dans les fonctions de ceux qui sont char- » gés de la distribution des Secours à domicile, la partie active et la partie » administrative.

» Celle-ci peut être confiée à un petit nombre de personnes, quel que soit » celui des individus qui en sont l'objet.

» Les obligations qu'elle impose ne demandent pas le sacrifice d'un temps » considérable ; les fonctions n'en sont point pénibles à remplir ; plus elles » embrassent d'objets, plus elles acquièrent d'importance sans devenir plus » à charge, et plus elles donnent de considération à ceux qui les exercent.

---

(1) *Voyez* ci-après, Chap. XI, *Recettes intérieures.*

» L'autre partie, au contraire, exige d'autant plus de personnes qu'il y a » plus d'individus à visiter et à inspecter. Il est à propos que cette charge » soit tellement répartie, qu'elle ne soit onéreuse à aucun de ceux qui vou- » dront bien la prendre, et qu'elle puisse être remplie avec l'attention et » l'exactitude convenables, la connaissance des Pauvres et de leurs véritables » besoins étant la base des Secours auxquels ils ont droit.

» Depuis vingt-cinq ans, la distribution des Secours à domicile était » confiée à *quarante-huit* Bureaux de bienfaisance, composés chacun de *sept* » Membres; il y avait autant de Trésoriers, autant de Caisses, autant de » correspondans que de Bureaux.

» Si, dans l'organisation actuelle, le Bureau n'était composé que de *dix-* » *sept* ou *dix-huit* Membres, il lui serait impossible de remplir toutes les » obligations et surtout de visiter et d'inspecter les Pauvres de tout l'arron- » dissement municipal.

» Il est très convenable d'ailleurs que ces deux espèces de fonctions soient » séparées, que la décision sur les Secours à accorder n'appartienne pas à la » même personne qui visite les Pauvres et qui prend connaissance de leurs » besoins.

» Mais la visite et l'inspection des Pauvres demandent un nombre de per- » sonnes proportionné à la population indigente de chaque arrondissement, » de manière que les Pauvres ne soient pas négligés et que cependant cette » surveillance ne soit point une charge fatigante pour les Commissaires visi- » teurs, ou qui exige de leur part trop de temps ou trop de soins; c'est » pourquoi le nombre n'en est pas déterminé.

» La difficulté de trouver des Membres pour les Bureaux de bienfaisance » n'est pas une raison de craindre qu'on ne puisse avoir un nombre suffisant » de Visiteurs. Beaucoup de personnes aisées répugnent à s'attacher à un » Bureau, à cause de l'assujettissement à des assemblées périodiques. Ici, » elles conserveront toute leur liberté, et cette honorable mission pouvant » s'allier avec tout genre d'occupation, personne ne refusera la satisfaction » de devenir le patron de quelques ménages pauvres. Il en résultera entre » le riche et l'indigent des relations habituelles, qui seront utiles aux uns et » aux autres.

» Les Dames sont aussi appelées à remplir cette honorable mission. Il n'est » pas nécessaire de prouver combien leur intervention est avantageuse dans » tout ce qui tient au ministère de la bienfaisance. L'exercice de la charité » est comme leur apanage naturel; la sensibilité, l'intelligence, l'économie » les accompagnent partout. Le Pauvre est toujours sûr d'être écouté avec

» intérêt ; elles savent, mieux que les hommes, discerner les vrais besoins, » répandre des consolations, tirer parti des moyens de secours, les multi- » plier et les augmenter par toutes les ressources que suggère une charité » active et industrieuse. On peut interroger à cet égard les Bureaux de bien- » faisance, qui ont le bon esprit de s'adjoindre des Dames, et consulter les » fastes de toutes les associations de charité, notamment celles de la Société » de charité maternelle. »

Ordonnance du Roi du 2 juillet 1816, art. 3.

3. « Dans ceux des arrondissemens municipaux où se trouve » situé un Temple protestant, les Ministres font partie du » Bureau de charité.

Nomination des Administrateurs — *Même Ordonnance*, art. 4.

4. » Pour la première nomination des Administrateurs » temporaires, les Maires formeront des listes quintuples » de Candidats, choisis parmi les habitans de leur arron- » dissement les plus recommandables par leur piété et leur » amour pour les pauvres. Les Membres actuels des Bureaux » de bienfaisance seront de droit compris dans les listes ; » elles seront réduites à des listes triples par le Conseil gé- » néral des Hospices, et transmises par le Préfet avec son » avis à notre Ministre Secrétaire d'Etat de l'Intérieur.

Même Ordonnance, art. 5.

5. » Dans la suite, la désignation quintuple des Candidats » se fera au scrutin par les Bureaux de charité (1).

Renouvellement des Administrateurs — *Même Ordonnance*, art. 6.

6. » Le renouvellement des Membres des Bureaux de cha- » rité s'opérera par quart chaque année, les trois premières » années par la voie du sort, et, les années subséquentes, sui- » vant l'ordre de nomination.

» Pour les trois premières années, les Membres sortans se-

(1) A la majorité des suffrages. Dans la plupart des réunions de charité, il est d'usage de procéder d'abord, et par un scrutin particulier, au choix du premier Candidat, la désignation des autres a lieu ensuite par un scrutin de liste.

Nomination des Commissaires et Dames de charité.

— *Ordonnance du 2 juillet 1816, art. 7.*

» ront rééligibles. A l'avenir, nul ne pourra être réélu qu'a- » près un intervalle d'un an (1).

7. » Les Commissaires visiteurs et les Dames de charité » seront nommés par les Bureaux (2).

Agent-Comptable.

— *Même Ordonnance*, art. 8.

8. » Un Agent-Comptable sera attaché à chaque Bureau, » sous le titre de *Secrétaire-Trésorier* : cet Agent sera salarié » et tenu de fournir un cautionnement. »

Extrait de l'*Instruction de* 1816.

« Dans une Administration charitable et gratuite, on ne peut exiger des » personnes qui veulent bien s'y consacrer ni travail obligé, ni responsa-

---

(1) M. le Préfet de la Seine, par sa lettre du 21 mars 1818, rappelle au Conseil des Hospices l'exécution de l'art. 6 du décret du 28 mars 1805 (7 germinal an XIII) relatif au renouvellement des Administrateurs des Pauvres. Il résulte des dispositions de ce décret que les vacances survenues, dans le cours de chaque année, par mort ou par démission, doivent compter pour les renouvellemens.

D'après le texte de l'Ordonnance de 1816, il y a, tous les ans, dans chaque Bureau trois Administrateurs sortans ; mais s'il a été fait, dans le cours de l'année, des nominations par suite de démission ou de décès, ces nominations diminuent d'autant le nombre des Membres à remplacer.

La désignation des Administrateurs sortans doit toujours porter sur les plus anciens dans l'ordre des dates des nominations ministérielles. Lorsque les Administrateurs ont été nommés à la même date, le sort ou l'ordre dans lequel ils sont portés dans la décision qui les nomme désigne celui ou ceux d'entre eux qui doivent être remplacés.

Les Bureaux de charité se sont plaints quelquefois de ce que les nominations de leurs nouveaux Membres ne leur étaient adressées que très tardivement, et de ce que les Administrateurs sortans étaient obligés par là, pour ne pas interrompre le service des Pauvres, de prolonger bien au delà du terme prescrit par les réglemens l'exercice des fonctions auxquelles ils se dévouent. Pour éviter autant que possible cet inconvénient et laisser aux Bureaux de charité le temps nécessaire pour arrêter le choix de leurs Candidats, l'Administration leur adresse, chaque année, dès le mois d'octobre, l'invitation de former leurs listes, et néanmoins elles ne sont quelquefois envoyées qu'au bout de plusieurs mois. Le travail ne pouvant être soumis au Conseil que lorsqu'il est complet, le défaut de présentation de la part d'un seul Bureau suffit pour entraver la formation de la liste générale. Cette cause de retard et le délai qu'entraîne nécessairement le travail à faire à la Préfecture et au Ministère de l'intérieur expliquent l'arrivée tardive des nominations d'administrateurs.

(2) *Voir* ci-dessus, au N°. 2, l'*extrait du rapport du* 28 *août* 1816.

» bilité pécuniaire (1). Il faut cependant tenir des registres, une correspon- » dance, et une comptabilité en deniers et en nature.

» On a donc jugé nécessaire d'attacher à chaque Bureau un Agent-Comp- » table avec des appointemens, afin d'avoir le droit d'exiger de lui tous les » travaux et toutes les écritures que demande la régularité de l'administra- » tion, dont tout le matériel sera à sa charge, sous la surveillance et la direc- » tion du Bureau de charité, et avec responsabilité de sa part vis à vis du » Conseil général d'Administration des Hospices et Secours publics de la ville » de Paris. L'expérience a fait juger que cette dépense était indispensable, » et elle n'est pas une charge nouvelle pour le fonds destiné aux Secours à » domicile.

» Il était alloué à chacun des quarante-huit Bureaux de bienfaisance une » somme de 1,200 francs pour ses frais de Bureau, ce qui faisait un total de » 57,600 francs. Il est vrai que plusieurs leur donnaient une autre destination. » Il faut le dire à leur honneur : avares, pour tout autre emploi que pour » l'assistance des Pauvres, des fonds qu'ils recevaient, ils y consacraient même » ceux qui étaient destinés aux frais de Bureau, se chargeant eux-mêmes de » tout le travail; mais il en résultait une surcharge pénible pour celui à qui » son zèle faisait prendre ce fardeau, ce que l'on veut éviter; ou ses occu- » pations ne lui permettant pas de donner à ce travail tout le temps néces- » saire, il n'était pas fait avec le soin, le détail et la régularité convenables; » ce que l'on désire obtenir.

» Le développement du mode et des moyens d'administration fera voir » que ce travail sera assez étendu et minutieux; on sentira en même temps » qu'il est nécessaire pour atteindre le but qu'on doit se proposer dans une » Administration de Secours publics.

---

(1) Un décret du 14 juillet 1812 porte :

« Les plaintes et dénonciations dirigées contre les Administrateurs du Bureau de » bienfaisance du quartier de......... de notre bonne ville de Paris seront renvoyées, » dans les formes prescrites, à l'examen de notre Conseil d'État, afin qu'il puisse y être » décidé, conformément à l'art. 75 de la Constitution de l'an VIII, si lesdits Adminis- » trateurs doivent ou non être poursuivis devant les Tribunaux. »

Ce décret est ainsi motivé :

« Considérant que les dispositions de l'art. 75 de la Constitution de l'an VIII, qui con- » cernent les Agens du Gouvernement, ont été appliquées aux Administrateurs des » Secours publics; qu'en conséquence les Membres d'un Bureau de bienfaisance ne » peuvent être poursuivis, à raison des actes relatifs à l'exercice de leurs fonctions, » sans autorisation donnée en notre Conseil d'État, etc. »

» Peut-être l'Agent-Comptable aura-t-il besoin d'être aidé, surtout dans » les arrondissemens où le nombre des Indigens est considérable (1), c'est ce » que chaque Bureau jugera; et s'il devait en résulter une dépense qui excé- » dât la somme allouée pour les frais de Bureau, il en sera référé au Conseil » général.

» Mais l'intervention des Secrétaire et Trésorier honoraires, que les Bureaux » doivent choisir dans leur sein, facilitera ce travail; ils en dirigeront et sur- » veilleront (2) les détails, en y contribuant autant que leurs occupations » pourront le leur permettre, ils auront l'avantage d'en diminuer les frais au » profit des pauvres. »

Présentation et adoption du réglement.

Ordonnance du 2 juillet 1816, art. 9.

9. « Les réglemens relatifs à l'organisation des Bureaux de » charité, à l'ordre de leur comptabilité, à la classification » des Indigens et au mode d'application des Secours, seront » arrêtés par notre Ministre Secrétaire d'Etat de l'Intérieur, » sur la proposition du Conseil des Hospices et l'avis du Pré- » fet de la Seine (3). »

CHAPITRE II.

ORGANISATION INTÉRIEURE DES BUREAUX DE CHARITÉ.

Vice-Président.

Arrêté du Ministre de l'Intérieur, du 19 juil. 1816, art. 1er.

10. « Chacun des Bureaux de charité nommera, tous les » trois mois, au scrutin, un Vice-Président, qui sera chargé » de suppléer, en cas d'absence, le Maire de l'arrondisse- » ment, et qui ne pourra être immédiatement réélu (4). »

Extrait de l'*Instruction de* 1816.

« Les fonctions de Vice-Président ne sont pas purement honorifiques. Il

(1) Les détails du travail des Agens-Comptables ont encore augmenté depuis l'attribution aux Bureaux de charité d'une nouvelle branche de Secours fort intéressante, celle qui résulte de la fondation faite par M. de Montyon en faveur des convalescens sortant des Hôpitaux.

(2) *Voyez* ci-après le No. 11, l'instruction à la suite, et les notes.

(3) *Voyez* le Chap. XVI.

(4) En l'absence du Président et du Vice-Président, le doyen d'âge, le plus ancien Administrateur, ou le Vice-Président du trimestre précédent, occupe le fauteuil. Dans certains Bureaux, on désigne indistinctement l'un de MM. les Administrateurs présens à la séance. Aucun de ces modes ne présente d'inconvénient.

» ne doit pas seulement suppléer le Président en cas d'absence, et aux séances » du Bureau, mais l'aider habituellement dans la direction de l'Administra- » tion et partager avec lui la surveillance générale. »

Trésorier et Secrétaire honoraires.

Arrêté du Ministre de l'Intérieur, du 19 juil. 1816, art. 2.

Extrait de l'Instruction de 1816.

11. « Le Bureau élira tous les ans parmi ses Membres un » Trésorier honoraire et un Secrétaire honoraire : ils pour- » ront être réélus (1). »

« L'élection du Secrétaire et du Trésorier honoraires doit se faire tous » les ans, mais les mêmes peuvent être réélus, parce que ces fonctions exi- » geant du temps, des soins particuliers et des connaissances spéciales, on » devra les confier à ceux des Membres du Bureau qui y seront les plus » propres; et tant qu'ils voudront bien consentir à être chargés de cette par- » tie si importante en administration, il convient de la leur conserver (2).

» Le Trésorier aura la surveillance de la comptabilité en deniers (3) et en » nature.

---

(1) Ces nominations se font chaque année aux époques déterminées par le Bureau. MM. les Administrateurs en sont avertis à l'avance par des billets de convocation.

(2) Les Bureaux donnent connaissance de ces nominations à l'Administration générale, et lui adressent en même temps les signatures de MM. les Trésoriers et Secrétaires honoraires.

(3) Les fonctions de M. le Trésorier honoraire consistent principalement à diriger et à surveiller toutes les opérations de la comptabilité : il signe les mandats de paiement comme Ordonnateur (*a*), les bordereaux de situation de caisse; se fait représenter les registres-journaux de recette et dépense, toutes les fois qu'il le juge convenable, les arrête, et vérifie la caisse au moins une fois à la fin de chaque mois; concourt à la formation du budget, fait connaître au Bureau l'état de la caisse, l'aperçu des ressources; veille à ce que les crédits alloués par le budget pour chaque nature de dépense ne soient pas dépassés, et, à cet effet, l'Agent-Comptable doit placer, à chaque séance, sous les yeux de M. le Trésorier honoraire l'état des sommes dépensées, de celles qui sont recouvrées ou à recouvrer, des recettes intérieures, etc.

(*a*) Un décret du 7 floréal an XIII (27 avril 1805) porte :

« Un des membres de l'Administration, sous le titre d'*Ordonnateur*, sera spécialement chargé de » la signature de tous les mandats à délivrer pour l'acquittement des dépenses. »

Cette disposition est confirmée par l'Instruction ministérielle du 30 mai 1827, qui porte :

Art. 7. « Les Commissions administratives des Etablissemens de bienfaisance désignent un des » Membres de l'Administration, lequel, sous le titre d'*Ordonnateur*, est spécialement et exclusi- » vement chargé de la signature de tous les mandats à délivrer aux créanciers de l'Établissement » pour les dépenses régulièrement autorisées. »

Dans les Bureaux de charité de Paris, le Trésorier honoraire remplit les fonctions d'Ordonnateur. *Voyez* N°s. 145, 146 et 151.

» Le Secrétaire dirigera et surveillera la tenue des registres (1). »

Surveillance des Établissemens.

Arrêté ministériel du 19 juillet 1816, art. 3.

12. « La surveillance des différens Etablissemens de Secours à domicile et de tout ce qui concerne leur distribution dans l'arrondissement pourra être répartie entre les Membres du Bureau, sans que cette disposition particulière nuise au droit et au devoir d'inspection qui appartient à chacun des Membres (2). »

Extrait de l'*Instruction de 1816*.

« Le Maire Président trouvera un grand secours dans le zèle et le dévouement de MM. les Adjoints de la Mairie. Ils ne sont pas appelés à le remplacer de droit dans sa présidence, comme dans les fonctions purement municipales; mais, nommés par l'Ordonnance Membres-nés des Bureaux, c'est un privilége de leur place, et ce privilége leur impose des obligations particulières qui découlent de la nature même de leurs fonctions ordinaires.

» Placés auprès du Maire et partageant avec lui le service de la Mairie, MM. les Adjoints ont, comme lui, avec les administrés de toutes les classes des relations journalières très utiles pour connaître les ressources de tout genre et discerner les besoins, provoquer les secours et éclairer sur leur emploi. Ils ont d'ailleurs l'habitude de l'administration, et placés au premier rang pour occuper les places de Maires, ils acquerront d'avance la connaissance et l'habitude de cette partie de leurs attributions, dans laquelle alors ils se verront eux-mêmes avec plaisir assistés par leurs Collègues.

» C'est principalement dans le partage d'inspection et de surveillance indiqué par l'article 3 de l'arrêté (3), que MM. les Adjoints pourront recevoir

---

(1) M. le Secrétaire honoraire dirige la correspondance, surveille le classement des pièces; se fait représenter, toutes les fois qu'il le juge convenable, le contrôle des Pauvres, l'ordre alphabétique dans lequel ils doivent être rangés, les cartons renfermant les bulletins par rue; veille à ce que tous les registres soient tenus constamment à jour, et notamment celui des procès-verbaux, dont la rédaction doit lui être soumise, et qu'il signe conjointement avec M. le Président du Bureau, etc.

(2) Dans la plupart des arrondissemens, chaque Maison de secours ou Ecole est placée sous la surveillance particulière d'un Administrateur, qui est, auprès du Bureau, l'organe des demandes formées par les Sœurs, Frères ou instituteurs pour leurs maison, école ou ouvroir.

(3) N°. 12 du présent *Recueil*.

» la portion d'attribution qui conviendra le mieux à leur position et à la na- » ture de leurs fonctions ordinaires. Ce partage doit embrasser toutes les » branches et tous les détails de l'Administration, les maisons destinées aux » Établissemens de Secours, les distributions, les Écoles de charité, les ate- » liers, le placement des enfans en apprentissage, le service de santé, etc. »

Division des arrondissemens par quartiers.

Arrêté ministériel du 19 juillet 1816, art. 4.

13. « Chaque arrondissement sera divisé en douze quar- » tiers (1), qui seront mis chacun sous la surveillance spé- » ciale d'un Membre du Bureau; ce nombre sera, s'il y a » lieu, augmenté ou diminué suivant les convenances loca- » les de chaque arrondissement. »

Surveillance des quartiers.

Extrait du *Rapport* de 1816.

« Un des objets de surveillance indiqués par l'arrêté est celle des quar- » tiers, qui doit être partagée entre les Membres des Bureaux, de sorte que » chaque quartier ait un Administrateur, qui en deviendra comme le patron, » et qui sera le lien naturel entre le Bureau, les Visiteurs et Dames de cha- » rité chargés de la visite et de l'inspection des Pauvres. »

Commissaires et Dames de charité.

Arrêté ministériel du 19 juillet 1816, art. 5.

Extrait de l'*Instruction de* 1816.

14. « Les Commissaires-visiteurs et les Dames de charité » seront spécialement attachés à l'un des quartiers. »

« C'est ici un des points fondamentaux desquels dépend le succès de la nou- » velle organisation.

» Il était impossible, comme on l'a déjà fait observer, de charger de la visite » et de l'inspection des Pauvres de tout un arrondissement un Bureau formé » de dix-huit Membres au plus, dont la plupart ont déjà des fonctions publi- » ques à remplir. On a donc composé les Bureaux d'Administrateurs, et de » Commissaires-visiteurs et de Dames de charité, qui sont également Membres » des Bureaux, mais avec des fonctions différentes.

Choix des Commissaires et Dames de charité.

» Le choix des Commissaires-visiteurs et des Dames de charité est attribué » aux Administrateurs, qui sont à portée de connaître, *parmi les habitans de* » *leur arrondissement, les personnes recommandables par leur piété et leur* » *amour pour les pauvres.* (Ordonnance, article IV.) (N°. 4 du *Recueil.*)

---

(1) La portion d'arrondissement attribuée à chacun de MM. les Administrateurs a été constamment appelée *division,* parce que la dénomination de *quartier* aurait fait équivoque avec la même expression, qui sert à désigner chacune des quatre fractions dont se compose un arrondissement municipal.

» Avant de procéder à ce choix, la division par quartier devra être, sinon » arrêtée, du moins à peu près convenue, afin que les Commissaires-visiteurs » et les Dames de charité puissent être choisis dans les quartiers où ils de- » meurent.

Leur nombre.

» Le nombre est indéterminé, parce qu'il doit être proportionné à celui de » la population indigente, de sorte que cette fonction ne soit à charge à per- » sonne, et que l'inspection et la surveillance puissent s'exercer avec plus de » facilité et d'exactitude. Chacun devra être chargé, autant que possible, des » Pauvres de son voisinage, et on croit pouvoir indiquer, comme une propor- » tion convenable dans la répartition à faire des ménages pauvres entre les » Visiteurs et les Dames de charité, dix pour *minimum*, vingt pour *maximum*, » sans entendre fixer par là des limites absolues. »

Leurs relations avec le Bureau et entre eux.

Arrêté ministériel du 19 juillet 1816, art. 6.

15. « Les Dames de charité pourront se réunir sous la pré- » sidence de l'une d'entre elles ou de l'un des Visiteurs, pour » conférer sur la situation des Pauvres visités, et dresser le » rapport à faire au Bureau de charité.

Même Arrêté, art. 7.

16. » Ce rapport sera remis à l'Administrateur chargé de » la surveillance du quartier, et en cas d'empêchement de sa » part, adressé au Président (1). »

Extrait de l'*Instruction de* 1816.

« Les communications entre le Bureau, qui administre et ordonne, et » les personnes chargées de visiter et de demander, doivent être faciles et » promptes.

» Les Commissaires-visiteurs et les Dames de charité peuvent s'adresser à » l'Administrateur chargé de la surveillance spéciale de leur quartier, et même » directement au Bureau; mais pour mettre plus d'ordre, plus d'ensemble et » plus d'uniformité dans cette partie si importante, puisqu'il s'agit de la con- » naissance des besoins, qui doit servir de règle pour l'application des Se- » cours, l'art. 6 de l'arrêté autorise les Visiteurs et les Dames à se réunir pour » conférer sur la situation des Pauvres, et dresser le rapport à faire au Bureau.

» Ces réunions pourront se former, soit chez l'une des personnes du quar- » tier, soit dans l'une des maisons consacrées aux Etablissemens de charité; » si le local le permet.

(1) *Voyez* ci-après Chap. VI, *Enregistrement et classification des Pauvres.*

» Le rapport, dont la forme sera prescrite, et qui donnera sur chaque in-
» dividu les renseignemens qui seront indiqués par un Bulletin imprimé, doit
» être remis à l'Administrateur du quartier ou au Président du Bureau.
» Il pourra être présenté au Bureau même par un Visiteur ou par une Dame
» de charité, que l'art. 8 (N°. 17) autorise à inviter aux séances quand on
» le jugera utile. »

Séances du Bureau. — *Arrêté ministériel du 19 juillet 1816, art. 8.*

17. « Le Bureau s'assemblera une fois par semaine, à jour
» fixe (1); il ne pourra délibérer qu'il n'y ait au moins sept
» Membres présens.

» Les Visiteurs et les Dames de charité qu'il croira utile
» d'inviter à ses séances y auront voix consultative (2).

» Le Président convoquera des Assemblées extraordinaires
» quand il le jugera nécessaire.

Décisions provisoires. — *Même Arrêté*, art. 9.

18. » Un des Membres du Bureau se trouvera tous les
» jours, et à une heure fixe, dans le lieu des séances, à
» l'effet de donner des décisions provisoires et de prononcer
» sur les Secours urgens qui peuvent être demandés.

» Il sera fait registre, et rendu compte, à la séance suivante
» du Bureau, des dispositions qui auront été prises dans les
» jours précédens.

---

(1) MM. les Administrateurs ont reconnu que, dans l'intérêt des Pauvres, cette disposition devait être ponctuellement exécutée.

Il n'est pas d'arrondissement, en effet, qui compte moins de 1,400 ménages indigens et il en est un qui en secourt jusqu'à 6,000. Il ne s'écoule pas une semaine, pas un seul jour sans qu'un certain nombre d'entre eux fassent au Bureau quelque demande, adressent quelque réclamation; et quand la séance devrait être entièrement consacrée à statuer sur les admissions, n'est-il pas bien désirable que les Indigens qui ont droit aux secours les obtiennent le plus promptement possible?

(2) Les Visiteurs et Dames de charité peuvent être appelés aux séances, soit pour éclairer les discussions, soit pour suppléer les Administrateurs absens; mais ils ne peuvent pas prendre part aux délibérations et voter avec les Administrateurs nommés par le Ministre de l'Intérieur, en exécution de l'Ordonnance du Roi du 2 juillet 1816.

Assemblées générales des Bureaux.
—
Arrêté ministériel du 19 juillet 1816, art. 10.

19. » Chaque année, le Bureau tiendra une Assemblée » générale, à laquelle seront invités tous les Visiteurs et les » Dames de charité, et où l'on rendra compte des travaux » de l'année, de la recette et de la dépense, et de la situa- » tion des divers Établissemens de Secours de l'arrondisse- » ment (1).

Réunion des Présidens ou Commissaires des Bureaux de charité.
—
Même Arrêté, art. 11.

20. » Tous les ans, aux jours qui seront indiqués par le » Préfet, et plus souvent, s'il le juge utile, les Présidens, ou » à leur défaut, deux Membres désignés par le Bureau, se- » ront invités à une séance du Conseil général des Hospices, » dans laquelle il sera rendu un compte sommaire des fonds » employés aux Secours, et des besoins des Indigens de cha- » que arrondissement; on y entendra les différentes observa- » tions ou propositions qui seront présentées au nom des » Bureaux. »

CHAPITRE III.

FORMATION DES MAISONS DE SECOURS ET NOMINATION DES PERSONNES APPELÉES A CONCOURIR AU SERVICE DES PAUVRES.

Maisons de Secours.
—
Même Arrêté, art. 12.

21. « Il sera affecté à chacun des douze Bureaux une maison » centrale et autant de maisons particulières que le nombre

(1) On ne saurait trop insister sur la nécessité de ces réunions, toujours fécondes en résultats utiles. Elles offrent l'occasion naturelle de dérouler devant les Commissaires-visiteurs et Dames de charité, devant tous les bienfaiteurs des Pauvres, le tableau du bien auquel ils ont concouru; de resserrer le lien que l'exercice des mêmes fonctions établit entre les Membres d'une même société charitable; de les associer d'une manière plus directe et plus intime encore en rendant plus immédiate leur participation à l'Administration des Secours publics; de leur faire connaître les ressources dont ils auront à disposer, et les nouveaux efforts qu'il sera indispensable de faire pour les augmenter; de solliciter leur intervention pour les quêtes, pour les collectes, toujours plus productives lorsque les Dames veulent bien y concourir; enfin d'entretenir et d'exciter l'émulation des bonnes œuvres.

» des Pauvres, les besoins et les convenances de l'arrondisse-
» ment pourront l'exiger, pour la distribution des Secours et
» les divers Établissemens qui y sont relatifs (1). »

« L'assistance des Pauvres à domicile, devant embrasser tous les genres de Secours réclamés par leurs besoins physiques et moraux, exige des Établissemens et des emplacemens appropriés à cette destination. — Extrait de l'*Instruction de* 1816.

» Il y avait déjà vingt-trois maisons occupées par les Bureaux de bienfaisance, le Conseil général des Hospices a fait rechercher avec soin entre les maisons qui sont restées à sa disposition celles qui, par leur situation ou leurs localités, pouvaient être utilement employées pour le service des Bureaux. Il aurait désiré qu'il s'en trouvât au moins quatre dans chaque arrondissement; mais le défaut de maisons appartenant aux Hospices dans certains quartiers, ou les ventes forcées qui ont eu lieu, privent l'Administration d'un avantage dont on ne pourra se dédommager que par des locations (2). »

22. « La Maison centrale servira spécialement aux séances » du Bureau, aux consultations gratuites, au dépôt général des médicamens, linge, habillement, et à tout ce qui » peut et doit être commun à l'arrondissement. » — *Arrêté ministériel du* 19 *juillet* 1816, art. 13.

« Chaque arrondissement aura au moins sa Maison centrale, comme le prescrit l'art. 12 de l'arrêté. Si elle n'est pas encore disponible, ou si le local n'est pas préparé convenablement pour les assemblées, les séances pourront se tenir provisoirement, soit dans l'une des maisons particulières, soit au chef-lieu de la Mairie, selon que M. le Maire, Président du Bureau, le jugera à propos.

» Quant aux dispositions particulières pour les magasins, les marmites, la pharmacie, etc., le Bureau s'en occupera successivement.

» En attendant, il ne sera point au dépourvu, et il ne manquera pas de moyens pour continuer aux Pauvres les Secours auxquels ils sont habitués.

---

(1) Un arrêté du Conseil général, du 11 octobre 1816, a décidé que l'Administration des Hospices supporterait, à partir du 1er. janvier 1822, les frais de loyers de toutes les maisons occupées par les établissemens dépendant des bureaux de charité, et que les baux seraient, à partir de la même époque, passés par le Membre de la Commission administrative chargé de la surveillance des domaines.

(2) *Voyez* Chap. XV, *Entretien des bâtimens.*

» Il existe partout des Établissemens tout formés, des Sœurs de charité, des » Écoles de garçons et filles. On ne veut pas détruire, mais augmenter, amé- » liorer, et ramener tout à un même système général, sans prétendre rien in- » terdire de ce qui n'est pas contraire aux vues du Gouvernement et de l'Ad- » ministration pour la répartition des Secours publics.

» Il est à désirer que les Associations particulières se rallient aux Bureaux de » charité, ou s'entendent avec eux pour coordonner les Secours et multiplier » ou étendre les moyens d'assistance. On ne doit rien prescrire à cet égard; » on se borne à exprimer un vœu, que la sagesse des Bureaux réalisera sui- » vant les circonstances et les lieux, sans contrainte et sans mettre d'obs- » tacle au bien qui se fait.

» C'est par la réunion ou par l'intelligence et l'accord qu'il est facile d'établir » entre des institutions qui tendent au même but, et sont dirigées par des per- » sonnes animées des mêmes sentimens, qu'on parviendra à faire le plus de » bien possible et dans la mesure et avec les formes les plus convenables. On » risquerait de tout perdre ou de diminuer considérablement la masse des » Secours qui arrivent aux Pauvres si, par des prétentions exagérées ou des » rivalités contraires à la charité, on voulait exclure ou gêner les Associations » particulières, fondées sur une confiance mutuelle, et qui, en définitive, » contribuent au soulagement des Pauvres, ainsi que les aumônes, dont on ne » s'avisera jamais de vouloir régler la mesure et l'emploi (1).

» Le devoir des Bureaux de charité est d'employer, selon les règles prescrites, » les fonds qu'ils recevront de l'Administration générale, ou qu'ils se procu- » reront par les voies indiquées à l'art. 36 (2), et d'encourager, favoriser et » soutenir les entreprises charitables qui existent ou qui pourront se former, » en profitant toutefois de la connaissance qu'on aura du genre d'assistance » qu'elles donnent aux Pauvres, pour se diriger dans la répartition des Secours » qui sont à la disposition des Bureaux.

» Ainsi, la Société de Charité maternelle distribue des Secours aux mères » qui nourrissent leurs enfans; mais elle est obligée de fixer des conditions » pour en restreindre le nombre dans la proportion de ses recettes. Les Bu- » reaux porteront leur sollicitude sur les mères qui, quoique pauvres, ne

(1) *Voyez*, à la suite de ce recueil, *les Renseignemens divers à l'usage de MM. les Membres des Bureaux de charité.*

(2) L'article dont il est ici question est l'article 36 de l'arrêté ministériel du 19 juillet 1816, qui correspond au N°. 130 de ce *Recueil*, et que l'on trouvera au Chap. XI, *Recettes intérieures.*

» peuvent prétendre aux bienfaits de la Société, parce qu'elles ne sont pas » dans la classe qui y a droit.

» La Société philantropique distribue des soupes, fait visiter et traiter les » malades à domicile. Les Bureaux qui ne croiront pas devoir établir des mar- » mites particulières pour les soupes économiques aux légumes feront usage » de celles de la Société ; ils s'abstiendront de donner des secours de médica- » mens aux personnes traitées par les Dispensaires, avec lesquels ils pourront, » s'ils le jugent à propos, se mettre en relation, soit pour connaître les per- » sonnes assistées, soit pour y adresser, avec des cartes de souscripteurs, celles » à qui des motifs particuliers détermineraient à accorder ce genre de Secours.

» Ces exemples suffisent pour indiquer la conduite à suivre par les Bureaux » dans leurs relations avec les Associations particulières de charité qu'ils ne » pourront réunir, ou qui existent et doivent exister hors de leur dépendance. »

Magasins.

Arrêté ministériel, du 19 juillet 1816, art. 17.

23. « La garde des magasins et les distributions seront con- » fiées aux Sœurs de charité sous la surveillance du Bureau.

Même Arrêté, art. 18.

24. » Il y aura près de chaque Bureau, au nombre qui sera » fixé par le Ministre Secrétaire d'État de l'Intérieur, sur la » proposition du Conseil des Hôpitaux et l'avis du Préfet :

Jurisconsultes.

» Des Jurisconsultes pour donner aux Indigens des consul- » tations gratuites dans leurs affaires ;

Médecins et chir.

» Des Médecins et Chirurgiens consultans et ordinaires (1) ;

Sages-Femmes.

» Des Sages-Femmes. »

Exemption de la patente.

Décret du 13 août 1805 (25 thermidor an XIII), art. 1er.

« Tous les Médecins, Chirurgiens et Pharmaciens employés près des Hôpi- » taux civils et militaires, ou au service des Pauvres, par nomination de Sa » Majesté ou des Autorités administratives, soit qu'ils exercent ou non leur art » chez des particuliers, jouiront, sans aucune espèce de distinction, de l'exemp- » tion de la patente ainsi qu'il est prescrit par la loi du 31 octobre 1799 (9 bru- » maire an VIII).

---

(1) L'exemption de la patente accordée aux Médecins et Chirurgiens attachés aux Bureaux de bienfaisance est un motif pour que le nombre de ces places soit fixé à ce qui est strictement nécessaire pour le service des pauvres.

Quelques Bureaux de charité ont organisé provisoirement le service de santé dans leur arrondissement : plusieurs ont rendu temporaires les fonctions des Médecins, Chirurgiens et Sages-Femmes.

» Une loi du 22 octobre 1798 (1er. brumaire an VII), art. 29, comprend » aussi dans l'exemption de la patente les Sages-Femmes attachées au service » des Pauvres et nommées par les Autorités administratives. »

Sœurs.

« Des Sœurs de charité,

Maîtres et Maîtresses d'écoles.

» Des Maîtres et Maîtresses d'Écoles (1). »

Extrait du *Rapport de* 1816.

« Un des moyens les plus efficaces pour ramener au centre commun, et subordonner au système général toutes les institutions particulières, est de » mettre le plus grand soin dans l'organisation des Établissemens de Secours » et d'embrasser autant que possible tous les genres d'assistance. Les art. 17 » et 18 de l'arrêté (Nos. 23 et 24 du *Recueil*) en indiquent une partie et les » moyens de les réaliser.

» Indépendamment des assistances ordinaires en argent, pain, viande, habillemens, etc., les soins en maladie, l'instruction des enfans et les conseils » dans les affaires litigieuses, sont des Secours que les Pauvres doivent trouver » auprès des Bureaux.

» Les Sœurs de charité, les Médecins, Chirurgiens et Sages-Femmes, les » Maîtres et Maîtresses d'Ecoles et des Jurisconsultes rempliront ces différentes » indications.

» La garde des Magasins formés dans les Maisons de Secours pour le linge, » les vêtemens, les médicamens, etc., sera confiée aux Sœurs de la charité, qui » seront aussi chargées des distributions, qui entraînent trop d'inconvéniens » dans les maisons particulières.

» Le soin des malades à domicile est encore l'attribution spéciale des Sœurs » de charité, sous la direction des Médecins et Chirurgiens.

» Ce genre de Secours doit avoir plus d'étendue dans le nouvel ordre de » choses qu'il n'en avait auparavant, l'un des buts qu'on se propose étant de » retenir autant que possible les malades dans leur famille, tant pour leur » propre avantage que pour diminuer la dépense des Hôpitaux.

» Le Conseil général des Hospices s'occupe en ce moment d'un Réglement » général pour le service de santé dans tous les Établissemens qui dépendent » de l'Administration. Il embrassera ceux des Secours à domicile qui, sous ce » rapport, peuvent avoir des résultats si importans pour l'économie administrative.

(1) Toutes les fois qu'un Frère directeur d'Ecole, ou une Sœur supérieure de Maison de Secours, est remplacé, il doit en être donné connaissance par le Supérieur ou la Supérieure général de l'Ordre, au Bureau de charité, auquel la signature du Frère ou de la Sœur doit être en même temps adressée.

» En attendant, les Bureaux de charité auront à leur disposition les Mé-» decins et Chirurgiens attachés aux Comités de bienfaisance. Ils ne sont pas » obligés de les conserver tous, et ils sont libres d'en appeler de nouveaux. » Ce qui sera fait à cet égard ne peut être que provisoire; mais, dans l'orga-» nisation définitive, les anciens services ne seront pas oubliés, et en les conti-» nuant avec le zèle et le dévouement dont ils donnent des preuves depuis » long-temps, les Médecins et Chirurgiens conserveront les droits qu'ils ont » acquis à la reconnaissance et à la bienveillance de l'Administration.

» Ils s'empresseront sans doute de seconder les Bureaux pour la visite des » malades et l'établissement des consultations gratuites, pour lesquelles on » devra assigner, provisoirement au moins, un local dans la maison chef-lieu » ou dans l'une des maisons secondaires, en fixant les jours et les heures aux-» quels les Pauvres pourront s'y rendre. Les pansemens se feront au même » lieu par les Chirurgiens ou les Sœurs de charité.

» Ce genre de consultations ne sera pas le seul offert aux Pauvres. Il ar-» rive souvent que par ignorance ils négligent leurs intérêts, ou, qu'abusés » par de mauvais conseils, ils sont exposés à perdre en frais inutiles un mo-» dique patrimoine qui les aidait à vivre. Ce sera donc un Secours bien utile » à leur procurer que la facilité d'avoir gratuitement dans leurs affaires liti-» gieuses l'avis de Magistrats et de Jurisconsultes éclairés et charitables qui » se feront un honneur de s'associer aux Bureaux de charité pour aider de » leurs lumières et de leurs conseils les Pauvres qui leur seront adressés (1). »

25. « Le traitement de celles des personnes mentionnées » dans l'article précédent, dont les fonctions ne doivent pas » être gratuites, sera déterminé ultérieurement (2). *Arrêté ministériel du 19 juillet 1816, art. 15.*

---

(1) Le nombre des personnes désignées dans cet article ne peut être augmenté que sur la proposition du Conseil général, et avec l'autorisation de M. le Préfet du département, conformément à l'art. 41 de l'arrêté du Ministre de l'Intérieur, du 19 juillet 1816, qui porte :

« Tous les réglemens particuliers et les nouveaux projets que les Bureaux jugeront » convenable de proposer pour l'Administration des Secours dans leurs arrondissemens » seront soumis au Conseil général et à l'approbation du Préfet. » (*Voyez* Chap XVI, *Dispositions relatives à l'exécution des réglemens.*)

(2) Les traitemens ne peuvent être augmentés qu'avec l'approbation du Conseil général des Hospices.

Dans plusieurs Bureaux de charité, on accorde aux Sages-Femmes une légère rétribution.

CHAPITRE IV.

FONCTIONS, CAUTIONNEMENT ET REMPLACEMENT DES AGENS-COMPTABLES.

Nomination et Traitement de l'Agent-Comptable.

Arrêté du 19 juillet 1816, art. 14.

26. » Le Secrétaire-Trésorier attaché à chaque Bureau re-» cevra des appointemens.

» Il sera nommé par le Bureau; sa nomination sera sou-» mise par le Président du Bureau à l'approbation du Conseil » général et à la confirmation du Préfet. »

Extrait de l'*Instruction de* 1816.

« L'Agent-Comptable est chargé de tout le matériel en deniers et en nature, » et c'est sur lui que pèse la responsabilité. C'est pour cela qu'on exige un » cautionnement.

» Cette garantie ne dispense pas les Bureaux de mettre un grand soin dans » le choix qu'ils doivent faire, et d'y rechercher non seulement l'intelligence, » l'activité et les connaissances nécessaires pour bien remplir la place, mais » encore la probité, le désintéressement et le zèle. Avec ces conditions et une » surveillance suivie de la part du Trésorier honoraire, on n'aura point à » craindre le désordre, et on pourra obtenir une comptabilité exacte et régu-» lière. Cette surveillance est l'objet spécial des attributions du Trésorier » honoraire.

» Il sera nécessaire d'assigner promptement au Secrétaire-Trésorier un local » où il puisse établir son Bureau au centre de tout le mouvement de l'Adminis-» tration, et comme cet arrêté porte que l'Agent-Comptable n'y sera pas logé, on » doit exiger qu'il demeure à proximité, au moins dans l'arrondissement (1). »

Un Arrêté du Conseil général du 11 février 1829 porte :

« Les Agens-Comptables des Bureaux de charité sont divisés, pour les trai-» temens, en trois classes :

1re. classe.		2,600 fr.
2e.	»	2,400
3e.	»	2,200

» Lorsqu'il y aura des vacances dans la première ou la deuxième classe, les » Agens de la deuxième ou de la troisième pourront passer dans la première » ou la deuxième classe, sans être obligés à changer d'arrondissement.

» L'Agent nouvellement élu prendra toujours rang dans la troisième classe;

(1) Il avait été d'abord décidé que les Secrétaires-Trésoriers ne seraient pas logés : l'expérience a démontré depuis qu'il était utile, lorsque les localités le permettaient,

» il devra cependant fournir le cautionnement fixé pour l'Arrondissement dans
» lequel il aura été appelé (1). »

27. « Le cautionnement à fournir par chaque Secrétaire-» Trésorier des Bureaux est fixé à 3,000 francs (2), qui seront » versés dans la Caisse du Mont-de-Piété pour y produire in-» térêts au profit du Consignataire.

Cautionnemens des Agens-Comptables. — *Arrêté du* 19 *juillet* 1816, art. 15.

28. » Le Secrétaire-Trésorier assistera aux séances ; il sera » chargé de la rédaction des décisions, de la correspondance » et de la tenue des registres (3).

Fonctions de l'Agent. — *Même Arrêté*, art. 16.

29. » Les Receveurs des Hospices et des Bureaux de bien-» faisance ne peuvent être Membres de l'Administration, ni » parens ou alliés d'aucun de ses Membres jusqu'au degré » de cousin germain inclusivement. »

Instruction du Ministre de l'Intérieur, du 8 *février* 1823.

Cette disposition a été rappelée et développée par l'Instruction générale du Ministre des finances, du 15 décembre 1826, qui porte :

Art. 978. « Il y a incompatibilité entre deux emplois, lorsque le Titulaire » de l'un d'eux est tenu d'exercer ou de concourir à exercer une surveillance » médiate ou immédiate sur la gestion du Titulaire de l'autre emploi.

» En conséquence, les Percepteurs-Receveurs de Communes et d'Etablis-

---

de loger l'Agent-Comptable auprès de sa caisse. En revenant sur cette disposition, on s'est conformé au vœu d'un arrêté du Gouvernement, du 8 floréal an X, portant :

« Tout Receveur, Caissier, Dépositaire, Percepteur ou Préposé quelconque, chargé » de deniers publics, ne pourra obtenir la décharge d'aucun vol, s'il n'est justifié qu'il » est l'effet d'une force majeure, et que le dépositaire, outre les précautions ordinaires, » avait eu celle de coucher ou de faire coucher un homme sûr dans les lieux où il tenait » ses fonds, et en outre, si c'était au rez-de-chaussée, de le tenir solidement grillé. »

(1) Pour ne laisser aucun doute sur le sens de ces dispositions, le Membre de la Commission administrative chargé de la 4e. Division, en adressant l'Arrêté aux divers Bureaux de charité, ajouta :

« Il est bien entendu qu'à mesure que des vacances auront lieu, *les traitemens les* » *plus élevés appartiendront toujours aux Agens les plus anciens dans l'ordre des* » *nominations.* »

(2) Ce cautionnement a été augmenté depuis. (*Voyez* No. 36.)

(3) Sous la direction et la surveillance de M. le Maire et du Secrétaire honoraire.

» semens de bienfaisance ne peuvent cumuler avec leurs fonctions celles de Mai-
» res ou d'Adjoints et de Membres de Conseil de Préfecture, des Conseils muni-
» cipaux et des Commissions administratives des Etablissemens de bienfaisance.

Art. 979. » Il y a également incompatibilité entre la place de Percepteur-
» Receveur de Communes et d'Etablissemens de bienfaisance, et les fonctions
» de Juges et de Greffiers des tribunaux et des justices de paix, de Suppléans
» de Juge, de Notaire, d'Avocat, de Secrétaires de Mairie et de Commission
» administrative, de Commis de Préfecture et de Sous-Préfecture.

Art. 980. » Les parens ou alliés, jusqu'au degré de cousin germain inclu-
» sivement, ne peuvent être chargés de fonctions dans lesquelles ils exerce-
» raient ou concourraient à exercer l'un sur l'autre une surveillance médiate
» ou immédiate. »

L'art. 2, tit. I, de l'arrêté du Conseil général des Hospices, du 3 septembre 1801 (16 fructidor an IX), porte :

« Il ne peut être nommé pour Chef, Employé, Garçon de Bureau, près
» l'Administration générale, Serviteur à gages dans les Hospices, aucune
» personne qui ait un autre état ou qui se livre habituellement à une autre
» occupation. »

Cette disposition s'applique également aux Agens-Comptables, Employés, et Garçons de bureau des Bureaux de charité. »

Disposition résultant de l'art. 982 de l'*Instruction du Ministre des Finances*, du 15 *décembre* 1826.

30. « Les Agens-Comptables ne peuvent être chargés qu'avec l'assentiment du Conseil général des Hospices de toute autre gestion comptable que les lois et réglemens n'auraient pas rendue obligatoire pour eux.

Assimilation des Agens aux Comptables des deniers publics.

—

Arrêté du Gouvernement, du 19 *vendémiaire an XII* (12 *octobre* 1803).

31. » Les Receveurs des Établissemens de charité sont sou-
» mis aux dispositions des lois relatives aux Comptables des
» deniers publics et à leur responsabilité.

Révocations des Comptables.

—

Ordonnance du Roi, du 31 *octobre* 1821.

32. » Les révocations (des Comptables) sont prononcées
» par notre Ministre Secrétaire d'État au département de l'In-
» térieur, d'après l'avis des Préfets, lesquels ne peuvent le
» donner qu'après avoir entendu la Commission administra-
» tive ou les Bureaux de bienfaisance (1).

(1) *Voyez*, pour les causes de révocation et de suspension, le Chap. XIII, *Comptabilité, Comptes*, N°s. 148 et 149.

33. » Ces Comptables ont seuls qualité pour recevoir et » pour payer. A l'avenir, les recettes et les paiemens effectués » sans leur intervention, ou faits de toute autre manière, » en contravention au présent Réglement, donneront lieu à » toutes répétitions et poursuites de droit. »

Recettes et Paiemens. — Ordonnance du 3 septembre 1821, art. 21.

« On ne saurait trop appeler l'attention des Receveurs et des Administra- » teurs de charité sur l'importance de cette disposition, dont la stricte exécu- » tion peut seule rétablir ou maintenir l'ordre dans la comptabilité. »

Extrait d'une Instruction approuvée par le Ministre de l'Intérieur.

34. « Les cautionnemens à fournir par les Percepteurs, » Receveurs de Communes et d'Établissemens de bienfai- » sance sont énoncés dans chaque arrêté de nomination et » doivent être réalisés avant l'installation des Comptables.

Cautionnement. — Instruction générale du Ministre des Finances, du 15 décembre 1826, art. 956.

35. » Ils sont fixés, pour le service des Communes et des » Établissemens de bienfaisance, au *dixième* des recettes or- » dinaires portées dans leur budget.

Même Instruction, art. 957.

36. » Le cautionnement des Agens-Comptables sera » fourni, soit en argent, soit en rentes sur l'État, en princi- » pal au cours du jour où elles seront fournies, présentant un » capital égal à celui du cautionnement, soit en immeubles, » mais pour une valeur triple de celle du cautionnement (1). »

Arrêté du Conseil des Hospices, du 30 juin 1819, art. 3.

---

(1) Les cautionnemens ont été fixés ainsi qu'il suit, par divers arrêtés du Conseil général, avec l'approbation de S. Exc. le Ministre de l'Intérieur.

Arrondissemens.	Cautionnemens.	Arrondissemens.	Cautionnemens.
1er. . . .	8,000 fr.	7e. . . .	10,000 fr.
2e. . . .	8,000	8e. . . .	12,000
3e. . . .	8,000	9e. . . .	10,000
4e. . . .	8,000	10e. . . .	12,000
5e. . . .	10,000	11e. . . .	10,000
6e. . . .	12,000	12e. . . .	12,000

Les immeubles affectés aux cautionnemens doivent être libres de tous priviléges,

Extrait d'une *Circulaire du Ministre de l'Intérieur, adressée aux Préfets, le 11 juin 1825.*

« Quant aux cautionnemens, l'Ordonnance du 31 octobre 1821 laisse bien » la faculté de ne les exiger qu'en immeubles; néanmoins, je vous ferai » observer que les cautionnemens en numéraire sont toujours préférables, » parce qu'ils offrent une garantie plus certaine. Vous voudrez donc bien » les exiger en numéraire, à moins que des considérations d'intérêt public ne » vous paraissent de nature à mériter une exception. »

Instruction générale du Ministre des Finances, du 15 décemb. 1816, art. 959.

37. « Les cautionnemens en numéraire des Receveurs d'é» tablissemens de bienfaisance sont déposés dans les caisses » des Monts-de-Piété que désigne l'arrêté de nomination. »

L'Instruction du Ministre de l'Intérieur, du 8 février 1823, décide que les Monts-de-Piété paieront l'intérêt de ces cautionnemens au taux qui est réglé pour l'intérêt des cautionnemens versés dans les caisses de l'État.

Un arrêté du Conseil général des Hospices, du 7 avril 1824, porte :

Art. 2. « Les intérêts des sommes versées à titre de cautionnement au » Mont-de-Piété seront payés au taux fixé pour les placemens de fonds faits » dans cet Établissement. »

Arrêté du Conseil des Hospices, du 30 juin 1819, art. 1er.

38. « Le Membre de la Commission chargé du domaine, » l'Ordonnateur général et le Receveur se concerteront pour » les écritures à faire relativement aux cautionnemens à four» nir, soit en numéraire, soit en rentes.

Même Arrêté, art. 2.

39. » Ils sont autorisés à pourvoir aux paiemens successifs » à faire, tous les semestres, auxdits Agens, des arrérages des » rentes affectées à leurs cautionnemens, à mesure des recou» vremens, qui seront faits par le Receveur, desdits arrérages. »

Privilége sur le Cautionnement et sur les meubles et immeubles des Comptables.

Les dispositions de la loi du 5 septembre 1817, relatives aux droits du Trésor public sur les biens des Comptables, s'appliquent également aux Comptables des Établissemens de charité (1). Cette loi porte :

---

charges et hypothèques; le cautionnement de cette nature est accepté par acte notarié et inscrit au Bureau des hypothèques aux frais du Comptable.

(1) Voyez ci-dessus, N°. 31.

Art. 1er. « Le privilége et l'hypothèque maintenus, par les articles 2098 et
» 2021 du Code civil, au profit du Trésor public, sur les biens meubles et
» immeubles de tous les Comptables chargés de la recette ou du paiement de
» ses deniers, seront réglés ainsi qu'il suit :

Art. 2. » Le privilége du Trésor public a lieu sur tous les biens meubles
» des Comptables, même à l'égard des femmes séparées de biens, pour les
» meubles trouvés dans les maisons d'habitation du mari, à moins qu'elles
» ne justifient légalement que lesdits meubles leur sont échus de leur chef,
» ou que les deniers employés à l'acquisition leur appartenaient.

» Ce privilége ne s'exerce néanmoins qu'après les priviléges généraux et
» particuliers énoncés aux articles 2101 et 2102 du Code civil.

Art. 3. » Le privilége du Trésor public sur les fonds de cautionnement
» des comptables continuera d'être réglé par les lois existantes.

Art. 4. » Le privilége du Trésor public a lieu, 1°. sur les immeubles ac-
» quis à titre onéreux par les Comptables postérieurement à leur nomination;
» 2°. sur ceux acquis au même titre et depuis cette nomination par leurs fem-
» mes, même séparées de biens.

» Sont exceptées néanmoins les acquisitions à titre onéreux faites par les
» femmes, lorsqu'il sera légalement justifié que les deniers employés à l'ac-
» quisition leur appartenaient.

Art. 5. » A l'égard des immeubles des Comptables qui leur appartenaient
» avant leur nomination, le Trésor public a une hypothèque légale, à la charge
» de l'inscription, conformément aux art. 2121 et 2134 du Code civil.

» Le Trésor public a une hypothèque semblable et à la même charge sur
» les biens acquis par le Comptable autrement qu'à titre onéreux, postérieu-
» rement à sa nomination. »

Privilége de second ordre, attribué aux prêteurs des Cautionnemens.

Lois des 25 nivose et 6 ventose an XIII.

40. « Les prêteurs des sommes employées auxdits caution-
» nemens jouiront du privilége du second ordre, institué par
» l'article 1er. de la loi du 15 janvier 1805, en se conformant
» aux articles 2 et 4 de la même loi (1).

---

(1) Les décrets des 28 août 1808 et 22 décembre 1812 indiquent les formalités à observer par les prêteurs pour pouvoir jouir du privilége du second ordre.

Dans les *Questions de droit administratif*, par M. Cormenin, tome Ier., pages 417 et 418, on lit ce qui suit :

« Tous cautionnemens fournis par un Comptable sont imputables à la totalité de ses

Disposition résultant de l'art. 961 de l'*Instruction du Ministre des Finances, du 15 décemb.* 1826.

41. Pour être installés dans leurs fonctions, les nouveaux Agens-Comptables doivent justifier au Membre de la Commission administrative chargé de la 4e. Division, par un certificat du Receveur des Hospices, de la réalisation de leurs cautionnemens.

Leur commission leur est alors délivrée.

Disposition résultant de l'art. 964 de la *même Instruction.*

42. Après avoir rempli ces formalités, les nouveaux Titulaires se présentent devant M. le Maire de l'arrondissement dans lequel ils doivent exercer leurs fonctions. Il est procédé alors à la *remise du service* et à leur installation, suivant les règles qui seront tracées ci-après (1).

Dispositions résultant de la *même Instruction*, art. 972.

43. Les Agens-Comptables des Bureaux de charité sont tenus de résider dans l'arrondissement du Bureau auquel ils sont attachés (2).

Dispositions résultant de la *même Instruction*, art. 973 et 974.

44. Ils ne peuvent s'absenter qu'en vertu d'un congé accordé par le Conseil général des Hospices, sur la demande des Bureaux de charité.

Dispositions résultant de la *même Instruction*, art. 975.

45. En cas d'absence autorisée ou d'empêchement légitime, les Agens-Comptables peuvent se faire représenter, en ce qui a rapport à leur comptabilité, par un fondé de pouvoirs agréé par le Bureau de charité et par l'Administration des Hospices.

Conformément au Décret du 12 Janvier 1811, les Receveurs sont responsables des faits de leurs fondés de pouvoirs, et ceux-ci sont soumis eux-

---

» engagemens, et les cautions ne peuvent être déchargées de leurs obligations qu'au » moment de l'entier apurement de ses comptes. »

(1) *Voyez* le N°. 49 et suivans, et le N°. 166 et suivans.

(2) *Voyez* l'Instruction à la suite du N°. 26.

mémes à toutes les dispositions des lois et réglemens concernant les Comptables publics.

46. En cas de décès d'un Agent-Comptable, il y a lieu à suivre la marche tracée par l'article 911 du Code de procédure civile, qui porte : — Décès d'un Agent-Comptable.

« Le scellé sera apposé, soit à la diligence du Ministère » public, soit sur la déclaration du Maire ou Adjoint de la » commune, et même d'office par le Juge de paix......, si le » défunt était dépositaire public ; auquel cas, le scellé ne sera » apposé que pour raison de ce dépôt et sur les objets qui le » composent. — Appositions de scellés.

47. » Les comptes du Comptable décédé doivent être rendus » par ses héritiers, qui peuvent se faire représenter par un » fondé de pouvoirs spécial. Dans ce cas, la procuration doit » être jointe au compte, en original ou en une expédition » notariée. » — *Instruction du Ministre des Finances, du 15 décemb.* 1826.

48. En cas de décès ou d'absence sans autorisation, d'un Comptable, le Maire Président, ou, en son absence, le Vice-Président du Bureau de charité, en donne immédiatement connaissance à l'Administration des Hospices, qui fait procéder sans retard à la vérification de la situation du Comptable ; prend les moyens conservatoires qu'elle juge convenables pour la sûreté des deniers et des pièces de Comptabilité, et pourvoit à la continuation du service par la désignation d'un Agent intérimaire (1). — Dispositions résultant de la *Loi du 24 novembre* 1790.

49. Dans tous les cas où il y a lieu à nommer un Gérant provisoire ou Agent intérimaire, la situation du Comptable — Dispositions résultant de

(1) *Voyez* le N°. 165 ci-après.

Instruction du Ministre des Finances, du 15 décembre 1826, art. 1024 et 1026.

à remplacer et la remise du service doivent être constatées conformément aux règles prescrites ci-après, pour le cas de remplacement définitif. Le Gérant provisoire succède à toutes les attributions du Titulaire, et a droit aux émolumens de la place pendant tout le temps de ses fonctions; il n'est pas assujetti à fournir un cautionnement, mais il gère sous sa responsabilité personnelle, et il est soumis à toutes les obligations attachées aux fonctions qui lui sont provisoirement confiées (1).

Extrait du *Mémorial des Receveurs des Communes, Hospices, Bureaux de bienfaisance, etc.*, Cahier de juin 1824.

(1) « D'après les réglemens antérieurs, les Receveurs entrant en fonctions recevaient un » compte de clerc à maître de leur prédécesseur, pour les recettes et les dépenses appartenant à l'exercice commencé, et ils devenaient alors comptables de toutes les opérations de cet exercice et tenus d'en suivre l'apurement définitif, sauf leur recours » contre l'ancien Receveur pour les faits de sa gestion personnelle.

» Ces dispositions sont abrogées par l'article 13 de l'Ordonnance du 23 avril 1823, » portant :

« Chaque Receveur ne sera comptable que des actes de sa gestion personnelle. En cas » de mutation de Receveur, le compte de l'exercice sera divisé suivant la durée de la » gestion de chaque titulaire, et chacun d'eux rendra compte séparement des faits qui » le concernent, en se conformant aux dispositions de la présente Ordonnance. »

» Ainsi, lorsqu'un Receveur cesse ses fonctions, par quelque cause que ce soit, il n'y » a plus lieu de sa part à la reddition d'un compte de clerc à maître vis à vis de celui » qui le remplace, mais seulement à une remise de service telle qu'elle est indiquée » dans la circulaire du 9 février 1824.

» Ces dispositions sont claires, et leur exécution ne peut offrir aucune difficulté lors» que le service passe immédiatement des mains du Receveur titulaire à son succes» seur. Mais lorsqu'il arrive qu'un Receveur doit être remplacé provisoirement, l'Au» torité locale nomme alors un *Gérant* qui exerce jusqu'à ce que l'Autorité supérieure » ayant statué sur la vacance, il est procédé à l'installation du Receveur définitif.

» L'Instruction du 30 novembre porte que : le Gérant par intérim continuera le ser» vice au nom et pour le compte du Receveur dont il tient la place, jusqu'à ce que l'Au» torité ait prononcé, soit en réintégrant le Receveur dans son emploi, s'il s'agit de » suspension, soit en nommant un nouveau titulaire, et que dans l'une et l'autre cir» constance les opérations de l'intérim devront être comprises dans la gestion du Rece» veur, dont le Gérant provisoire a repris le service.

» On a adressé au Ministre des Finances quelques questions relativement à l'exécu» tion des dispositions qui précèdent, Son Excellence a répondu :

50. Au moment de l'entrée en fonctions du Comptable intérimaire, le Maire président du Bureau de charité, le Secrétaire et le Trésorier honoraires ou deux Administrateurs délégués à cet effet, lui font, sur procès-verbal, la remise des Registres, États des Recettes et Dépenses, Budgets, Instructions, et généralement de tous les documens relatifs à la gestion; il y joint le relevé des Recettes et des Dépenses effectuées par le précédent Comptable, et présentant sa situation au moment de la cessation de ses fonctions. Quant aux va-

---

« Dans l'application des règles posées par l'Instruction du 30 novembre, le Ministre » restera fidèle au principe qui veut que chaque Receveur ne soit responsable que des » actes de sa propre gestion, et les dispositions de cette Instruction n'auront d'effet, » à l'égard du Gérant provisoire, qu'autant qu'il agira pour le compte de l'ex-Receveur » en vertu des pouvoirs qu'il en aura reçus. »

» Il résulte de ces explications que lorsqu'un Receveur est suspendu ou révoqué de » ses fonctions, ou en cas de démission ou de décès, le Gérant provisoire nommé par » l'Autorité doit être agréé et reconnu en qualité de fondé de pouvoirs par le Receveur, » ses héritiers ou ayans cause, et qu'à défaut de cette autorisation la gestion intéri- » maire devient personnelle à l'Agent qui en a été chargé, et n'oblige pas le Comptable » à la place duquel il gère.

» Cette circonstance fait naître la question de savoir si le *Gérant provisoire*, n'exer- » çant pas en vertu d'un pouvoir spécial de l'ex-Receveur ou de ses représentans, ses » opérations doivent être inscrites sur les registres de ce dernier, ou s'il doit en être » ouvert de nouveaux.

» La question se trouve résolue dans la même lettre du Ministre au sujet des comptes » à rendre par le Gérant provisoire.

« Quant à la reddition des Comptes, y est-il dit, pour la partie des opérations faites » par ces Receveurs provisoires, des décisions particulières statueront au besoin si » ces opérations doivent être rattachées au compte du Receveur remplacé, ou si elles » doivent faire l'objet d'un compte particulier rendu par le Gérant intérimaire.

» Ainsi, dans le cas où le Gérant provisoire n'aurait pas été reconnu par l'ex-Rece- » veur comme son fondé de pouvoirs, ce serait à l'Administration supérieure à dé- » cider si les opérations de l'intérim seront comprises dans le compte de ce Receveur, » ou s'il devra en être compté séparément. Si l'arrêté de nomination n'avait rien » statué à cet égard, il semble alors que le Gérant devrait inscrire ses opérations sur » les registres du comptable qu'il remplace. »

leurs en espèces, elles sont déposées dans une caisse à deux clefs, dont l'une reste entre les mains du Maire, ou du Trésorier honoraire, ou de tel autre Administrateur désigné par le Bureau de charité, agréé par le Conseil général des Hospices, et au nom duquel se délivrent les mandats des sommes revenant au Bureau de charité; l'autre est confiée au Comptable intérimaire, auquel les fonds strictement nécessaires pour effectuer les paiemens dont il est chargé ne doivent être remis qu'au fur et à mesure des besoins.

Remise du service au titulaire. — Dispositions résultant de l'*Instruction du Ministre des Finances, du 15 décembre 1826*.

51. Lorsque la gestion du Gérant provisoire finit, soit par la réintégration de l'ancien Comptable, soit par l'installation d'un nouveau Titulaire, la remise du service a lieu sur procès-verbal dressé par le Maire ou par un Membre du Bureau de charité délégué à cet effet, et constatant la situation du Gérant provisoire, sans préjudice du compte que celui-ci doit rendre de sa gestion.

S'il s'agit d'une réintégration, le Comptable réintégré continue les écritures comme s'il n'était pas survenu de mutation.

Mais si c'est un nouveau Titulaire, il ouvrira de nouveaux registres, et après avoir reçu les valeurs existantes dans la caisse du Comptable auquel il succède, ainsi que le Budget, et les États de recette et dépense, il commencera ses opérations par inscrire sur son journal les résultats de la balance établie par son prédécesseur, en suivant la marche tracée pour l'ouverture des registres d'une nouvelle année (1).

Loi du 7 juillet 1793;

52. « Lorsqu'un Comptable cesse ses fonctions pour quel-

(1) *Voyez* N°s. 165 et 167.

» que cause que ce soit, il doit remettre à celui qui le rem- » place non seulement tous les Registres relatifs à sa comp- » tabilité, mais encore ceux des gestions précédentes, le » Comptable en exercice devant être seul dépositaire de ces » Registres, pour qu'ils soient toujours ouverts aux recher- » ches et aux vérifications qui pourront être ordonnées sur » ces comptabilités.

Instructions du Ministre des Finances, des 19 décembre 1820 et 15 déc. 1826, art. 1032.

53. L'installation de tout nouveau Comptable, qui doit toujours accompagner la remise du service, et être faite par le Maire-Président du Bureau de charité, ou par un Administrateur délégué à cet effet, ne doit avoir lieu que lorsque le Bureau aura été officiellement informé par l'Administration des Hospices que le Comptable a fourni le cautionnement prescrit par les arrêtés.

Installation du nouveau Comptable.

54. Le procès-verbal qui constate la remise du service de l'ancien Comptable et la prise de possession du nouveau doit être dressé en quadruple expédition : une pour chacun des Comptables, une pour le Bureau de charité, et la quatrième pour être envoyée à l'Administration des Hospices.

Procès-verbal de remise du service.

55. Le traitement des nouveaux Comptables court à partir du jour de leur installation.

Traitement.

56. « Les dispositions du Décret du 7 février 1809, re- » latif aux pensions de retraite des employés de l'Adminis- » tration des Hospices, sont applicables aux Agens-Compta- » bles des Bureaux de charité.

Pensions de retraite.

Arrêté du Conseil général des Hospices, du 26 décemb. 1821.

57. » Chaque Bureau de charité présentera au Conseil

Employés

supplémentaires

—

Arrêté du Conseil général des Hospices, du 31 juillet 1821.

» l'état de ses employés supplémentaires, avec le traitement » alloué à chacun d'eux, et les motifs qui les rendent né- » cessaires. »

Disposition résultant de l'*Arrêté du Ministre de l'Intérieur, du 19 juillet 1816*, art. 41.

58. A l'avenir les traitemens de ces employés ne pourront être augmentés, et il ne pourra en être nommé de nouveaux qu'avec l'autorisation du Conseil général.

Il en sera de même pour les garçons de bureaux, concierges et gens de service des Maisons de Secours.

Extrait de l'*Instruction du Ministre de l'Intérieur, du 8 févr. 1823.*

« Les Commissions administratives et les Préfets doivent veiller avec la » plus sévère attention à ce que le nombre des employés ne dépasse pas celui » qu'exigent les besoins du service : on ne saurait trop se prémunir contre » l'abus d'employer à salarier des préposés inutiles des revenus destinés à sou- » lager le Pauvre. »

Gratifications.

—

Arrêté du Conseil général des Hospices, du 4 août 1819, art. 1er.

59. « Une somme de trois mille francs pourra être em- » ployée chaque année en gratifications pour les Agens-Comp- » tables dont la comptabilité sera la mieux tenue, et dont les » comptes seront plus tôt et plus régulièrement rendus, et qui » auront d'ailleurs rempli avec assiduité et exactitude tous les » devoirs de leur place.

Même Arrêté, art. 2.

60. » Tous les ans, à l'époque de la reddition des comptes » des Agens-Comptables, les Bureaux de charité communi- » queront au Conseil leurs observations sur les travaux, le » zèle et l'assiduité de leurs Agens-Comptables. Le Conseil » général statuera, d'après les renseignemens, sur la réparti- » tion à faire à chacun d'eux de la somme qui pourra être » employée chaque année en gratifications.

Même Arrêté, art. 3.

61. » Aucune gratification ne pourra désormais être di- » rectement donnée par les Bureaux de charité aux Agens- » Comptables et aux Employés supplémentaires, sauf dans

» des cas extraordinaires, dont il sera référé au Conseil géné-
» ral, qui en délibérera. »

Cette disposition s'applique également aux garçons de bureaux, concierges et gens de service des Maisons de Secours.

CHAPITRE V.

VISITE ET INSPECTION DES PAUVRES.

62. « Les fonctions des Visiteurs et des Dames de charité » consisteront à recevoir et à faire parvenir au Bureau de » charité de l'arrondissement les demandes des Pauvres; à » prendre et donner des renseignemens sur ceux qui deman- » deront des secours; à visiter, au moins tous les trois mois, » les Pauvres qui seront assistés, afin de connaître les chan- » gemens de domicile, et plus souvent s'il est possible, pour » connaître leur conduite, l'usage qu'ils font des Secours et » l'état de leur famille (1). »

Arrêté ministériel, du 19 juillet 1816, art. 20.

« La visite et l'inspection des Pauvres sont spécialement confiées aux Com- » missaires-visiteurs et aux Dames de charité. L'art. 20 de l'Arrêté (N°. 62) » indique en quoi consistent leurs fonctions. La manière de les remplir et de » correspondre soit avec les Indigens, soit avec le Bureau, a été exposée » plus haut.

Extrait du Rapport de 1816.

» Il est inutile de faire observer à des personnes qui ont l'habitude des » œuvres de charité que les Pauvres le plus à plaindre ne sont pas ceux qui » sont les plus hardis à demander, et que souvent les plus malheureux se » cachent, rougissant d'un état auquel ils ne sont pas habitués; mais elles ont » besoin d'être averties de se mettre en garde contre elles-mêmes, c'est à dire » contre cette disposition naturelle de la charité, qui a de la peine à supporter » le mal et qui se laisse facilement entraîner à une compassion, toujours

(1) *Voyez* le Modèle ci-après, n°. 1, pour prendre les renseignemens et demander l'admission des Pauvres sur les Registres. — *Voyez* aussi, à la suite du N°. 63, l'extrait de l'*Instruction* de 1822.

» louable en elle-même, mais que la prudence doit éclairer et suspendre, sur-
» tout quand il s'agit de Secours publics.

» La Religion, qui excuse et rend même profitables à celui qui les fait les au-
» mônes indiscrètes, est ici d'accord avec la raison pour prescrire la plus grande
» réserve et même une espèce de sévérité; car il s'agit d'une justice à rendre:
» tous les Pauvres ne peuvent pas être secourus, et ceux qui le sont ne pou-
» vant pas l'être dans toute la mesure de leurs besoins, il y a un choix à
» faire, et la préférence est due à celui qui est le plus malheureux.

» Les Pauvres doivent être examinés avec le plus grand soin : cet examen
» doit porter sur l'âge, les infirmités, le nombre des enfans, la cause de la
» misère, les ressources qu'ils peuvent avoir encore, leur conduite, le soin
» du ménage, les enfans.

» L'habitude de recevoir des Secours n'est pas un motif de les continuer, si
» le besoin n'existe pas, ou s'ils sont plus nécessaires à d'autres.

» Il ne suffit pas d'accorder des Secours, il faut en suivre l'emploi et s'as-
» surer du bon usage. Le Pauvre qui abuse de ce qu'il reçoit mérite d'en être
» privé ou de subir au moins, à titre de punition, une suspension de Secours.

» La surveillance sur ces points intéressans pour les mœurs et l'ordre public
» appartient aux Visiteurs et aux Dames de charité. »

CHAPITRE VI.

ENREGISTREMENT ET CLASSIFICATION DES PAUVRES.

Arrêté ministériel, du 19 juillet 1816, art. 21.

63. « Il sera tenu dans chaque Bureau un livre des
» Pauvres (1) et un sommier par bulletin, où l'on inscrira
» tous les Indigens qui seront assistés.

» Ce registre sera divisé en deux parties : la première, pour
» les Indigens secourus temporairement; la seconde, pour les
» Indigens secourus annuellement (2). »

(1) *Voyez* ci-après le *Modèle du Livre des Pauvres*, n°. 2, et les Modèles des *bulletins*, l'un pour les *Secours ordinaires*, numéroté 3 ; l'autre pour les *Secours temporaires*, numéroté 4.

(2) Une loi du 15 octobre 1793 (24 vendémiaire an II) détermine le *domicile de Secours*; elle porte :

Art. 1. « Le domicile de Secours est le lieu où l'homme nécessiteux a droit aux Se-
» cours publics.

« Les Pauvres sont portés sur le Registre sous une seule et même série de » numéros, à mesure de leur admission aux Secours, quels que soient leur » classe et le quartier ou la division qu'ils habitent dans l'arrondissement. Extrait de l'*Instruction de* 1822.

» Les numéros du contrôle des Indigens sont portés sur chaque bulletin.

ART. 2. » Le lieu de la naissance est le lieu naturel du domicile de Secours.

ART. 3. » Le lieu de la naissance, pour les enfans, est le domicile habituel de la mère » au moment où ils sont nés.

ART. 4. » Pour acquérir le domicile de Secours, il faut un séjour d'un an dans une » commune.

ART. 5. » Le séjour ne comptera pour l'avenir que du jour de l'inscription au greffe » de la Municipalité.

ART. 6. » La Municipalité pourra refuser le domicile de Secours si le domicilié n'est » pas pourvu d'un passe-port et certificat qui constatent qu'il n'est point homme sans aveu.

ART. 7. » Jusqu'à l'âge de vingt et un ans, tout citoyen pourra réclamer, sans forma- » lité, le droit de domicile de Secours dans le lieu de sa naissance.

ART. 8. » Après l'âge de vingt et un ans, il sera astreint à un séjour de six mois, avant » d'obtenir le droit de domicile, et à se conformer aux formes prescrites aux articles 4, » 5 et 6.

ART. 9. » Celui qui quittera son domicile pour en acquérir un second sera tenu aux » mêmes formalités que pour le premier.

ART. 10. » Il en sera de même pour celui qui, après avoir quitté un domicile, voudra » y revenir.

ART. 11. » Nul ne pourra exercer en même temps dans deux communes le droit » de domicile de Secours.

ART. 12. » On sera censé conserver son dernier domicile tant que le délai exigé pour » le nouveau ne sera pas échu, pourvu qu'on ait été exact à se faire inscrire au greffe » de la nouvelle Municipalité.

ART. 13. » Ceux qui se marieront dans une commune et qui l'habiteront pendant » six mois acquerront le droit de domicile de Secours.

ART. 14. » Ceux qui auront resté deux ans dans la même commune, en louant » leurs services à un ou à plusieurs particuliers, obtiendront le même droit.

ART. 15. » Tout soldat qui aura combattu un temps quelconque, avec des certificats » honorables, jouira de suite du droit de domicile de Secours dans le lieu où il voudra » se fixer.

ART. 16. » Tout vieillard âgé de soixante-dix ans, sans avoir acquis de domicile, ou » reconnu infirme avant cette époque, recevra le Secours de stricte nécessité dans » l'Hospice le plus voisin.

ART. 17. » Celui qui, dans l'intervalle du délai prescrit pour acquérir le domicile » de Secours, se trouvera, par quelque infirmité, suite de son travail, hors d'état de » gagner sa vie, sera reçu à tout âge dans l'Hospice le plus voisin.

» La classification des Pauvres est une mesure nouvelle, très importante » pour la meilleure application des Secours et les facilités de l'administration.

» Quelque considérables que soient les fonds consacrés aux Secours à domi- » cile, il est impossible de pourvoir entièrement et journellement à tous les » besoins de ceux auxquels ils sont destinés : on ne peut que les aider ou les » soulager; mais si les Secours sont répartis sur un trop grand nombre d'in- » dividus, à peine procurent-ils à chacun un soulagement sensible. Les étendre » à ceux qui n'en ont pas un besoin réel, c'est les prodiguer mal à propos; » c'est, en les disséminant sans raison, se priver de la faculté d'aider efficace- » ment ceux à qui l'âge, les infirmités, une nombreuse famille, un dénuement » absolu, des malheurs imprévus, rendent nécessaires des Secours efficaces et » abondans.

» Parmi ceux-ci, les uns n'ont besoin que d'être secourus temporairement; » les autres doivent l'être habituellement. C'est la première classification or- » donnée par l'art. 21 de l'Arrêté (N°. 63); et la simple énumération faite » dans les articles 22 et 23 (N°s. 64 et 65) suffit pour justifier la différence » établie entre le genre des Secours auxquels les uns et les autres ont droit.

» La nature et la quotité des Secours à accorder aux Indigens qui ne seront » assistés que temporairement ne peuvent pas être déterminées d'avance : » elles le seront par leur position et par le plus ou moins de fonds disponibles » en leur faveur. L'article 31 laisse cette fixation à la décision des Bureaux.

» Il n'en est pas de même des individus à secourir annuellement. Leur état » permet de les classer et de fixer le montant des Secours à accorder à chaque » classe, en les graduant sur les besoins réels. »

Secours temporaires.

—

Arrêté ministériel, du 19 juillet 1816, art. 22.

64. « Parmi les Indigens secourus *temporairement* (1), on » comprendra :

Art. 18. » Tout malade domicilié de droit ou non, qui sera sans ressource, sera » secouru, ou à son domicile de fait, ou dans l'Hospice le plus voisin. »

L'art. 11 de la loi du 27 novembre 1796 (7 frimaire an V) est ainsi conçu :

« Les Mendians valides qui n'ont pas de domicile acquis hors la commune où ils sont » nés sont obligés d'y retourner; faute de quoi, ils seront conduits par la gendarmerie » et condamnés à une détention de trois mois. »

(1) Plusieurs Bureaux de charité ont déterminé la limite du temps après lequel les admissions aux *Secours temporaires* seraient *annulées de droit*; les uns ont fixé six mois, d'autres un an, sauf réadmission, s'il y a lieu.

D'autres, enfin, nomment une Commission pour faire, chaque année, la révision des admissions aux Secours temporaires, afin de déterminer celles qui doivent être prorogées.

» Les Blessés,

» Les Malades,

» Les Femmes en couches ou Nourrices,

» Les Enfans abandonnés,

» Les Orphelins;

» Ceux qui se trouvent dans des cas extraordinaires et im-
» prévus.

Secours ordinaires.

Arrêté ministériel, du 19 juillet 1816, art. 23.

65. » Parmi les Indigens secourus *annuellement*, on com-
» prendra :

» Les Aveugles (1),

» Les Paralytiques,

» Les Cancérés, les Infirmes,

» Les Vieillards de 80 ans (1),

» Les Vieillards de 65 à 80 ans (1),

» Les Chefs de famille surchargés d'enfans en bas âge (2).

» Les infirmités qui donneront droit aux Secours annuels
» devront être constatées par les Médecins attachés au Bu-
» reau de charité (3).

---

(1) Voyez *Secours spéciaux*, Nos. 77 et suivans.

(2) Au moins de trois enfans *au dessous de douze ans*.

(3) On comprend sous la dénomination d'*infirmités graves* celles qui sont incurables ou de nature à empêcher habituellement les Indigens de travailler pour assurer leur existence. Les certificats des Médecins (Modèle no. 48) constatant ces infirmités doivent rester annexés à la demande d'admission.

Les individus affectés des maladies ou infirmités ci-après désignées sont regardés comme infirmes incurables par les Médecins du Bureau central d'admission dans les Hospices.

Tremblement général. — Impotence rhumatismale goutteuse, suite de luxation, etc. — Paralysie incurable, complète ou incomplète. — Incontinence d'urine ou des excrémens. — Anévrisme du cœur ou des gros troncs artériels. — Asthme chronique ou suffocant. — Hydropisie enkystée. — Rachitisme, déformation de la poitrine, du bassin ou des membres. — Dartres rongeantes incurables. — Difformités d'un aspect repoussant ou qui rendent l'Indigent inapte au travail. — Hernies volumineuses et difficiles à

Arrêté ministériel, du 19 juillet 1816, art. 24.

66. » Les individus secourus *annuellement* seront divisés » en quatre classes :

» La première comprendra principalement les Aveugles » et les Octogénaires ;

» La deuxième, les Vieillards de 75 à 80 ans, et les Indi- » gens les plus infirmes ;

» La troisième, les Vieillards et les Infirmes au dessous » de 75 ans;

» La quatrième classe, les Familles surchargées d'enfans » en bas âge. »

Instruction de 1816.

« L'art. 24 établit quatre classes dont la division est fondée sur l'âge, les » infirmités et le grand nombre d'enfans en bas âge.

» Il résultera nécessairement des classifications ordonnées et des bornes » mises à l'admission des Indigens que le nombre de ceux qui reçoivent des » Secours diminuera ; mais la privation qu'éprouveront ceux à qui un modique » Secours n'est pas nécessaire et pour qui il est à peine sensible procurera » l'avantage de soulager plus efficacement des malheureux qui sont absolu- » ment hors d'état de pourvoir à leur existence.

» Il en résultera aussi une grande facilité pour le travail et les décisions » des Bureaux de charité. L'état d'un Indigent, son âge, ses infirmités, ses » besoins étant bien constatés, on le portera dans la classe à laquelle il ap- » partient.

Instruction du 13 novembre 1822.

» Aucun Indigent ne peut être secouru sans avoir été admis aux Secours et » inscrit au Livre ou Contrôle des Pauvres, en vertu d'une délibération du » Bureau de charité.

» Il doit être fait mention sommaire de ces admissions aux Procès-Verbaux » des Séances.

» Quand une admission a été prononcée par le Bureau, l'Agent-Comptable » dresse, pour l'Indigent admis, un Bulletin contenant ses nom, profes- » sion, etc., avec indication de la date et du lieu de la naissance du chef de

---

contenir. — Privation d'un membre. — Surdité complète. — État de sourd-muet. — Idiotisme. — Épilepsie. — Cancers incurables. — Cécité complète incurable, ou faiblesse de la vue assez grande pour empêcher l'Indigent de se livrer à aucun travail.

» ménage; de sa femme, s'il est marié, et de la naissance de leurs enfans » *âgés de moins de douze ans* (1).

» Ce Bulletin est fait en triple exemplaire : l'un, pour le Bureau de l'Agent » Comptable; le deuxième, pour l'Administrateur de la Division du domi- » cile de l'Indigent, et le troisième pour l'Administration des Hospices. »

67. « Un double de la Liste des Pauvres par Bulletins » sera transmis par les Bureaux à la quatrième division » de l'Administration des Hospices, chargée des Secours à » domicile, et il lui sera donné connaissance des mutations » à mesure qu'elles auront lieu. »

Arrêté ministériel, du 19 juillet 1816, art. 27.

« Les développemens qui viennent d'être donnés sur les motifs et le but » de la classification des Indigens doivent faire connaître quelle importance on » doit attacher à la tenue du Livre des Pauvres, à la régularité du Sommier » par Bulletins, à la transmission des Listes à l'Administration générale et au » soin qu'on doit avoir de lui donner connaissance des mutations.

Extrait du *Rapport de* 1816.

» Ces détails, prescrits dans les articles 21 et 27 (N°s. 63 et 67), doivent » être uniformes dans tous les Bureaux : l'Agent-Comptable, qui en sera » chargé, se conformera aux modèles qui lui seront donnés.

» Les Bulletins des Indigens sont recueillis dans chaque Bureau par quar- » tiers et divisions et par rues. Ils sont rangés par ordre alphabétique pour » chaque rue; il y a dans chaque division autant de couvertures ou chemises » que de rues : d'où il résulte que lorsqu'une même rue se trouve divisée entre » plusieurs Commissaires, il n'y a néanmoins qu'une seule et même chemise » qui contient les Bulletins de tous les Indigens de cette rue.

Instruction du 13 *novembre* 1822.

» Pour faciliter les vérifications et les recherches des Indigens inscrits au » Contrôle, il sera établi en outre dans chaque arrondissement un Répertoire » par fiches mobiles, qui seront rangées par ordre alphabétique rigoureux (2).

Répertoire par *fiches mobiles.*

—

Même Instruction.

» L'Agent-Comptable envoie à l'Administration des Hospices, dans les cinq » premiers jours de chaque mois, un extrait du Livre ou Contrôle des Indi- » gens, contenant les noms de ceux admis aux Secours pendant le mois pré- » cédent.

---

(1) *Voyez* Modèles, n°s. 3 et 4.

(2) Modèle, n°. 5.

» Il y joint des copies certifiées des nouveaux Bulletins relatifs à ces » Indigens.

Mutations, Décès, Sorties des Indigens de l'arrondissem.

» Toutes les fois qu'un Indigent inscrit au Contrôle des Pauvres décède, ou » est admis dans un Hospice, ou sort de l'arrondissement par suite de démé- » nagement, l'Agent-Comptable raie cet Indigent du contrôle et l'inscrit en » outre sur un livre particulier, appelé *Livre de sortie des Indigens* (1).

Ouverture d'un *Livre de Sortie.*

Instruction du 13 novembre 1822.

» Dans les cinq premiers jours de chaque mois, l'Agent-Comptable trans- » met au Bureau de la quatrième Division des Hospices un extrait de ce livre » de sortie, contenant les noms des Indigens sortis ou rayés dans le cours du » mois précédent.

» Les Bulletins des Indigens rayés du Contrôle sont retirés de suite par les » Agens-Comptables des Collections de Bulletins, et recueillis par ordre alpha- » bétique dans les archives du Bureau, pour y avoir recours au besoin.

» MM. les Administrateurs et Commissaires de charité sont instamment » priés d'informer de suite les Agens-Comptables des déménagemens, décès, » sorties et mutations de toute nature qui viendront à leur connaissance.

» L'Indigent qui voudra déménager et sortir de l'arrondissement devra en » prévenir l'Administrateur de son quartier, qui le raiera de ses listes. Le » Bulletin de cet Indigent devenant, dans ce cas, inutile à l'Administrateur, » il le remettra à l'Indigent après l'avoir bâtonné comme nul, et y avoir noté » le changement de domicile. L'Indigent le portera à l'Agent-Comptable, qui » l'inscrira au Livre de sortie, visera ce Bulletin et fera au bas ou au dos les » annotations nécessaires. Ce même Bulletin, ainsi bâtonné et visé, sera porté » par l'Indigent à l'Agent-Comptable du Bureau de son nouveau domicile.

» Ces formes dispenseront les Bureaux des divers certificats délivrés jusqu'à » ce jour dans ces circonstances; elles auront de plus l'avantage de présenter » au nouvel Administrateur tous les renseignemens qui lui sont nécessaires » sur le ménage qu'il aura à secourir.

» La minute du Bulletin de l'Indigent sortant sera retirée des chemises ou » collections de l'Agent-Comptable, et placée aux archives du Bureau dans » l'ordre alphabétique, ainsi qu'il a été dit plus haut.

» Au moyen de l'ancien Bulletin, l'Administrateur du nouveau domicile de » l'Indigent sera à portée de prendre des informations et de proposer au Bureau » l'admission ou la non admission de cet Indigent aux Secours.

Mutations intérieures sans

» Lorsqu'un Indigent, changeant de demeure, passe d'une division dans » une autre division du même arrondissement, il en fait aussi la déclaration à

(1) Modèle, n°. 6.

» l'Administrateur de sa division, qui raie cet Indigent de ses contrôles, mentionne la déclaration sur le double du Bulletin existant entre ses mains, et envoie l'Indigent avec le Bulletin ainsi annoté au Bureau de l'Agent-Comptable.

changement d'arrondissem.

Instruction du 13 novembre 1822.

» L'Agent-Comptable change sur le Bulletin-minute l'indication du quartier, » de la division, de la rue, y fait les autres modifications qui peuvent être » utiles; il le refait même entièrement, s'il est nécessaire, et il envoie copie » du Bulletin ainsi modifié à l'Administrateur du nouveau domicile.

» Si l'Indigent change de demeure sans changer de division, il donne » connaissance de ce changement à l'Administrateur de sa division, qui est » prié d'en informer l'Agent-Comptable, afin qu'il tienne écriture du changement.

» Les mutations intérieures seront en outre consignées sur des feuilles à ce » destinées, conformes à la formule (1).

Feuilles de mutations intérieures.

Même Instruction.

» Copies de ces feuilles de mutations intérieures seront envoyées, dans » les cinq premiers jours de chaque mois, au Bureau de la quatrième Division » de l'Administration des Hospices.

» Il est presque inutile de faire observer que l'Indigent, malgré ses déménagemens à l'intérieur, conserve son numéro d'inscription au Contrôle des » Indigens pendant tout le temps qu'il demeure dans l'arrondissement.

» Il est important que MM. les Administrateurs et les Agens-Comptables » soient informés des décès des Indigens, afin que leur radiation ait lieu sur » les Contrôles, et que les distributions destinées à ces Indigens ne soient pas » continuées abusivement à des personnes qui pourraient les réclamer en leur » nom après leur décès. Les demandes d'inhumation gratuite et les Registres » de l'état civil pourront donner à l'Agent-Comptable les moyens d'être informé de la plupart des décès à domicile.

Décès des Indigens adultes.

Instruction du 13 novembre 1822.

» Lorsqu'un Indigent, chef de ménage, veuf sans enfans, ou célibataire, » vient à décéder, il est rayé du Contrôle des Pauvres, et inscrit de suite par » l'Agent-Comptable au *Livre de Sortie*, et son Bulletin est retiré des cartons » et chemises.

» Le ménage est rayé de même, si l'Indigent, étant veuf, laisse à son décès » des enfans auxquels les Secours ne sont pas continués.

» Si un homme veuf ou une femme veuve laissent, à leur décès, un ou » plusieurs orphelins auxquels le Bureau juge convenable de continuer des

---

(1) Modèle, n°. 7.

» *Secours temporaires*, ces orphelins sont inscrits sous des numéros nouveaux, » comme chefs de ménage, en vertu d'une délibération particulière du Bureau.

» Si un homme marié, chef de ménage, vient à décéder, le ménage entier » est rayé sur les Contrôles et porté en conséquence au *Livre de Sortie.* — Le » Bulletin de ce ménage est supprimé et il est formé un nouveau Bulletin au » nom de la veuve, qui est inscrite nominativement au Contrôle *sous un nu-* » *méro nouveau*, si toutefois elle réunit les conditions exigées par les Ré- » glemens.

» Dans le cas du décès d'une femme mariée, ayant son mari inscrit comme » chef de ménage, de la naissance ou du décès d'un ou de plusieurs enfans, » l'Agent-Comptable fera note de ces naissances ou décès sur le Bulletin du » ménage.

Les Mouvemens de la Population indigente seront arrêtés chaque trimestre.

» Au moyen du Contrôle des Indigens et du Livre de Sortie, il sera établi, à » la fin de chaque trimestre, dans tous les arrondissemens un état ou *mouve-* » *ment de la population* indigente, *par ménages* et *par individus* (1). »

—

Instruction du 13 novembre 1822.

68. « Il sera procédé, tous les ans, au recensement de la po- » pulation indigente d'un certain nombre d'arrondissemens, » qui seront désignés par le Conseil (2).

Recensement de la Population indigente. *Arrêté du Conseil général des Hospices, du 19 mai 1821, art. 1er.*

» Le Membre de la Commission chargé de la quatrième » Division se concertera, pour l'exécution, avec les Adminis- » trateurs des Bureaux de charité (3).

---

(1) Modèle, n°. 8.

(2) Modèle, n°. 9.

(3) Les recensemens se font concurremment par des Commissaires nommés par les Bureaux de charité et par des Commissaires de l'Administration des Hospices. Les Commissaires recenseurs font d'abord le récolement des bulletins tenus au Bureau de charité, avec ceux conservés à l'Administration générale. Cette comparaison terminée, on attache à chaque bulletin de couleur un bulletin blanc, qui doit être rempli, au domicile des Pauvres, de tous les renseignemens qu'il comporte. A mesure que le recensement s'opère, les Commissaires dressent l'état nominatif des ménages qui ne se sont pas trouvés aux domiciles indiqués (*Voir* le Modèle, n°. 9), et le communiquent à MM. les Administrateurs, chacun pour sa division, en les invitant à vouloir bien remettre leurs observations sur ces ménages.

CHAPITRE VII.

DISTRIBUTION DES SECOURS.

69. » Les Secours seront, le plus possible, distribués en » nature; on s'appliquera surtout à donner du travail aux » Indigens valides. »

Avantages des secours en nature.

Arrêté Ministériel, du 19 juillet 1816, art. 28.

Instruction de 1816.

« La classification des Indigens donne lieu à la distribution de deux genres » de Secours, les Secours *annuels* et les Secours *temporaires*; mais les uns et » les autres doivent être, autant que possible, donnés en nature. Il ne faut pas » avoir une grande expérience pour connaître l'abus des distributions en ar- » gent, qu'on ne peut pas proscrire entièrement, mais dans lesquelles il » convient d'user de la plus grande réserve.

» Les Secours annuels seront accordés à des gens que l'âge et les infirmités » mettent hors d'état de travailler pour vivre, ou qui ne peuvent subvenir, » par leur travail, à l'entretien d'une nombreuse famille (1). Ces Secours se » composeront de *pain*, *soupes*, *viande*, *habits*, *linge*, *bois*, et *argent*, si » on le croit convenable, ayant égard aux individus. La quotité en sera » fixée tous les ans par le Conseil général des Hospices.

» La convenance de donner au moins la plus grande partie de ce Secours en » nature, et l'obligation de ne pas excéder la somme fixée pour chaque indi- » vidu donnent lieu à une difficulté qu'il faut prévoir.

» S'il ne s'agissait que d'appliquer une somme par trimestre, ou mois par » mois, à chaque individu, ou de lui remettre en une fois une espèce de » trousseau d'une valeur fixe, il n'y aurait aucun embarras; mais il convient » que le Secours soit réparti dans tout le cours de l'année; qu'il soit plus » abondant dans une saison que dans une autre; qu'il y ait dans sa compo- » sition des différences indiquées par la position et les besoins des individus » auxquels il s'applique.

» Il faudra donc que chaque Indigent, dans chacune des classes, ait son » compte particulier, et pour ainsi dire son compte ouvert, afin de s'assurer » que, dans le cours de l'année, il recevra tout ce qui lui est dû, et qu'il ne » recevra pas davantage; ce qui serait au préjudice des autres.

(1) *Voyez* ci-dessus, N°. 66.

» Ce genre de Secours est si intéressant et doit avoir des effets si avantageux, que quand même le soin qu'il exige présenterait quelques difficultés, » l'amour des Pauvres et le bien public doivent encourager à les vaincre; » mais on peut y parvenir sans grande peine et sans embarras.

» D'abord le nombre des Pauvres ainsi secourus ne sera pas très considérable pour chaque Bureau; les fonds ne le permettent pas. En second lieu, » il y a une portion du Secours qui sera habituelle, et dont la quantité et la » valeur peuvent être connues et fixées d'avance. Enfin, ce qui restera à donner » pour compléter le Secours annuel en combustibles, habits ou linge sera » facile à apprécier; et ce n'est que cette dernière partie qui exigera de l'attention pour la proportionner à la somme disponible.

» Ainsi, pour établir le compte particulier de chaque individu secouru » annuellement, après avoir fixé la valeur de ce qu'il doit recevoir en Secours » ordinaires et réguliers, il suffira de tenir note de ce qu'il recevra à certaines » époques, et en nature de choses non déterminées, mais dont le prix est » connu.

» Les Secours en maladie et la part dans les distributions extraordinaires » qui peuvent avoir lieu dans le cours de l'année, et qui s'appliquent à tous » les Pauvres, ne doivent rien diminuer sur la quotité du Secours annuel » auquel ont droit les individus qui sont appelés à le recevoir.

» Si le mode d'emploi des sommes accordées pour Secours extraordinaires » est fixé, les Bureaux n'auront autre chose à faire qu'à s'y conformer; si » l'application est laissée à leur libre disposition, ils jugeront, par la situation » de leurs Pauvres, quel est le meilleur usage à en faire dans la mesure des » besoins de chaque classe.

» Les soins à donner aux malades, aux blessés, aux femmes enceintes ou » nourrices, sont au premier rang des Secours temporaires dont la distribution est confiée aux Bureaux de charité. »

Distribution des Secours en nature.

70. Les distributions des Secours en nature, tels que comestibles, combustibles, habillement et coucher, ont lieu sur des *cartes* ou *bons* délivrés par les Administrateurs.

Le bouillon et la viande de la marmite sont aussi distribués aux malades ou convalescens, sur les bons des Médecins attachés aux Bureaux.

L'Administration des Hospices met chaque mois à la disposition des Bureaux une quantité déterminée de sacs de farine pour les distributions de pain (1).

« On a dû laisser aux Bureaux la plus grande latitude pour le mode à suivre » dans la distribution des Secours, c'est à dire dans la manière de les faire » arriver aux Pauvres. *Instruction de 1816.*

» On peut les leur porter à domicile, ou ils peuvent venir les chercher dans » un lieu indiqué.

» Les Bureaux feront à cet égard ce qui leur paraîtra le plus commode et le » plus convenable.

» Les distributions en nature ne peuvent avoir lieu que dans les magasins, » qui seront établis sous la garde des Agens-Comptables, ou Sœurs de charité, » ou chez les fournisseurs désignés par le Bureau, et sur des bons ou cartes » délivrés aux Indigens, et revêtus des formes nécessaires pour prévenir les » fraudes et établir une comptabilité régulière (2).

» Ces bons pourront être distribués aux Indigens par les Visiteurs et les » Dames de charité, d'après les décisions du Bureau, et seront ensuite remis, » par les Sœurs et les Fournisseurs, à l'Agent-Comptable pour établir ses » comptes et payer les fournitures. Les bons de Secours en argent lui seront » présentés directement par ceux à qui ils seront délivrés, et il les acquittera. »

71. Les Administrateurs assisteront, toutes les fois qu'ils le jugeront convenable, aux distributions de toute nature qui ont lieu dans les Maisons de Secours. Disposition résultant du N°. 12 du *Recueil.*

---

(1) Chaque mois, les Bureaux reçoivent un *bon général* de la quantité de sacs de farine qui leur est attribuée. Ces bons sont échangés par eux contre des *bons partiels*, (Modèles, N°s. 10 et 11), qu'ils remettent à leurs boulangers, et au moyen desquels ceux-ci se font livrer par la Boulangerie générale des Hospices les quantités de sacs portées auxdits bons.

(2) Les Bureaux de charité doivent veiller 1°. à ce que la viande et le pain livrés aux Indigens aient le poids requis; 2°. à ce que la farine fournie par l'Administration ne soit pas changée par les boulangers chargés de la fabrication du pain (pour faciliter cette dernière vérification, l'Administration adresse, chaque mois, aux Bureaux de charité un échantillon de la farine livrée aux boulangers); 3°. à ce que, s'ils ne peuvent empêcher les échanges qui se font du pain de seconde qualité contre le pain blanc, la différence à payer par les Indigens n'excède pas du moins celle fixée par la taxe; 4°. enfin à ce que le pain des Pauvres ne soit pas racheté à vil prix par les boulangers.

Secours en travail.

—

Arrêté ministériel, du 19 juillet 1816, art. 29.

72. « Les Bureaux chercheront à multiplier les Secours » en travail, soit en se mettant en relation avec des manu- » facturiers ou maîtres artisans, auxquels ils pourraient » adresser les Indigens sans ouvrage, soit en proposant l'éta- » blissement d'Ateliers de charité. »

« *On s'appliquera surtout,* porte l'art. 28 de l'arrêté (N°. 69), *à donner du* » *travail aux Indigens valides.*

Instruction de 1816.

» Il est impossible de pourvoir entièrement à la subsistance d'un Indigent, » et s'il est dans le cas de travailler pour gagner sa vie, il serait funeste de » l'en dispenser par des assistances indiscrètement accordées. Le Secours le » plus utile à lui procurer est du travail et le moyen de s'y livrer : c'est ce » que l'on fera en lui prêtant ou lui achetant des outils pour travailler à son » compte, ou en le faisant entrer dans quelque atelier.

» Les Bureaux auront cette facilité en se mettant en relation avec les manu- » facturiers et les maîtres artisans, auxquels ils adresseront les Indigens sans » ouvrage.

» Mais le plus important est de prévenir la misère et les désordres qui en » sont la cause ou la suite, en accoutumant les enfans au travail et en leur » donnant un état.

» Il ne suffit pas de les instruire dans les écoles, et ils ne peuvent pas y passer » les journées entières. Livrés à eux-mêmes pendant le reste du temps, le » moindre mal qui puisse en résulter est l'habitude de la fainéantise, source » de tous les vices.

» Il sera donc bien intéressant d'avoir auprès des écoles de l'un et de l'autre » sexe, des salles de réunions, des ateliers de travail, où, sous la surveillance des » Sœurs de charité ou de maîtres bien choisis, on occupera les enfans, hors des » heures de l'école, aux ouvrages qui leur conviennent. On ne sera pas em- » barrassé de fournir des travaux d'aiguille pour les filles ; le linge, les bas et » une partie des vêtemens destinés à elles-mêmes et aux Indigens pourront » être confectionnés par elles.

» Il est plus difficile de procurer des ouvrages convenables aux garçons, » qu'il est cependant bien essentiel de ne pas abandonner au vagabondage ; les » Bureaux en trouveront le moyen dans leurs relations avec les manufactu- » riers et les maîtres artisans. On en a l'exemple à l'Hospice des Orphelins, » où l'on procure ainsi de l'ouvrage aux enfans, en attendant qu'ils soient » placés.

» L'émulation doit être excitée et entretenue dans ces réunions par des » récompenses, et l'activité soutenue par l'intérêt. En accordant aux enfans, » soit en nature, soit en argent, la totalité ou une partie du gain que leur » travail procure, ils se rendent volontiers à l'atelier et travaillent avec ar- » deur.

» Ils contractent ainsi l'habitude du travail, apprennent un état, restent » presque toute la journée en surveillance, et sont préservés du fléau de l'oi- » siveté.

» Ils pourront encore être encouragés par la visite des Membres du Bureau, » Administrateurs, Visiteurs et Dames de charité, et rien ne manquerait à » cette Institution, si l'on profitait de la réunion pour leur faire entendre » quelques lectures utiles, et de temps en temps des instructions familières. » C'est une sorte de mission évangélique, à laquelle se livreraient volontiers » des ecclésiastiques désignés par MM. les Curés des Paroisses.

Placement des enfans en apprentissage.

» Un service non moins utile à rendre aux enfans quand ils ont fini leur » temps d'école est de les placer, ou d'aider leurs parens à les mettre en ap- » prentissage (1), selon les différens modes usités parmi les ouvriers et dans

(1) On croit devoir proposer, pour le placement en apprentissage, le modèle ci-après, qui a été adopté par plusieurs Bureaux de charité.

DIVISION.

ADMINISTRATEUR,
M.

COMMISSAIRE OU DAME DE CHARITÉ.
M.

Nom de Famille de l'Élève,

BUREAU DE CHARITÉ DU ARRONDISSEMENT.

ACTE D'APPRENTISSAGE.

Entre (1)
demeurant à Paris, rue
d'une part,
Et (2)
demeurant à Paris, rue
de l'autre part,
Et en présence de M.
Administrateur du Bureau de charité, et de
a été convenu et arrêté ce qui suit :
L dit prend en apprentissage
pour à compter du
l N (3)

et s'engage à lui montrer son état sans lui en rien céler ni déguiser.
L dit s'oblige en outre :
1°. A loger l dit apprenti et à l faire coucher seul ;

(1) Mettre les noms, prénoms des père, mère ou de leur représentant.

(2) Les noms, prénoms du maître ou de la maîtresse qui se charge de l'enfant.

(3) Les nom et prénoms de l'enfant.

» le commerce ; il y aura pour eux un grand avantage à rester pendant ce temps

2°. A ne l'employer qu'aux travaux de sa profession et aux commissions y relatives ;

3°. A l traiter avec douceur, à surveiller sa conduite, à lui laisser le temps nécessaire pour remplir ses devoirs de religion, surtout les dimanches et fêtes ;

4°. Enfin, à agir, à son égard, en bon père de famille.

Et de son côté, l dit
s'oblige

1°. A nourrir, loger et vêtir l dit apprenti pendant tout le temps de son apprentissage, entendant qu' obéisse a dit et qu' lui soit soumis ,

2°. A employer tous les droits de la puissance paternelle pour faire revenir l'élève chez s maître dans le cas où quitterait par inconduite, déplaisance ou sans motif légitime, avant l'expiration d dit année ;

3°. A payer comme indemnité, si l dit apprenti ne revenait pas finir son temps, la somme de
a dit

l dit s'oblige également de payer pareille somme de a dans le cas où renverrait l dit apprenti sans motif ou cause majeure.

Fait à Paris, en triple expédition, l'une pour rester entre les mains d maître , la seconde entre les mains des parens contractans, et la troisième pour être déposée dans les archives du Bureau de Charité.

Paris, le

et ont signé (1).

(1) Si les parties ne savent signer, le Membre du Bureau stipulant au traité en fera mention.

Extrait du Registre des délibérations du Bureau de Charité du arrondissement.

SÉANCE DU

Vu l'acte d'apprentissage ci-dessus,

Sur le rapport de l'Administrateur de la division, constatant que l nommé est inscrit au contrôle des Indigens sous le n°. ; qu' est domicilié rue n°.

Le Bureau de Charité voulant contribuer aux frais d'apprentissage d nommé

Arrête :

Il est accordé a

» sous la surveillance du Bureau, qui s'assurera que les engagemens contractés » sont remplis de part et d'autre.

» Après le Secours en travail, le prêt pour l'usage habituel, ou pour des » momens extraordinaires de gêne est un des genres de Secours les plus usi- » tés; il peut avoir lieu, soit en nature, soit en argent.

Prêts aux Indigens.

» C'est ici le lieu de parler de l'établissement de filature, où les femmes » indigentes reçoivent une certaine quantité de filasse, et, si elles en ont be- » soin, un rouet et un dévidoir, pour convertir cette filasse en fil, qu'elles » rapportent et qui leur est payé selon la finesse de l'ouvrage.

Filature.

» Pour leur confier la matière première et les instrumens, on exige d'elles » le cautionnement du propriétaire de la maison où elles logent, et d'une » personne connue, et un certificat du Bureau ou du Curé, ou du Maire, ou » du Commissaire de police.

» Le nombre des femmes qui profitent de cet Établissement est ordinaire- » ment de deux mille à deux mille cinq cents par an; il est plus ou moins » grand selon la saison, ce travail n'étant qu'un moyen subsidiaire, auquel elles » ont recours quand leurs travaux ordinaires ne vont pas.

» Pendant quelque temps, on avait déposé des filasses et des rouets auprès » des Bureaux de bienfaisance; il a été impossible, avec ce mode, d'exercer » une surveillance convenable, et difficile d'établir une comptabilité régulière.

» Le régime actuel de cet établissement est le résultat de l'expérience; si » la nouvelle organisation des Secours à domicile fait connaître qu'elle soit » susceptible de quelques modifications, le Conseil accueillera avec empres- » sement et examinera les observations qui lui seront adressées à ce sujet.

» Il croit maintenant pouvoir l'offrir comme un exemple pour les établisse- » mens du même genre que les Bureaux jugeraient convenable de former dans » leur arrondissement, en se conformant à la disposition de l'art. 41 de l'ar- » rêté du Ministre (N°. 191).

---

(1) Le Secours consiste le plus ordinairement en pain et en objets d'habillement.

un Secours de (1)

par mois, pendant année , à compter du jour de son entrée en apprentissage; et de pendant

Ces Secours seront remis à l'apprenti par l'intermédiaire de M. l'Administrateur de la Division, qui est invité à donner, tous les trois mois, une note sur la conduite et les progrès d dit apprenti

Paris, le

» Nous avons parlé ici de la filature, parce que c'est un véritable prêt de » matière à ouvrer ; il y a une autre espèce de prêt en nature, qui, avec un » peu de soin et de surveillance, est plus utile aux Indigens et plus économi- » que pour l'Administration, que les dons qu'on leur fait des mêmes objets.

» Les bois de lit ou lits de sangle, les toiles à paillasse, les matelas, les cou- » vertures, les draps, les chemises, peuvent être matière de prêt. Donnés, ils » périssent pour l'Administration, et sont souvent engagés ou vendus à vil » prix par l'Indigent. Prêtés avec toutes les précautions que la prudence pres- » crit, ils sont conservés et soignés, et servent successivement aux besoins » sans cesse renaissans des Pauvres. Il est facile d'avoir des Magasins de ces » différens objets, qu'on leur prête à domicile, comme on les leur fournit » quand ils arrivent malades dans un Hôpital. Plusieurs Bureaux de bienfai- » sance pratiquaient avec succès cette utile méthode.

» Il y aura sans doute quelques infidélités ; mais les précautions qu'on doit » prendre les rendront très rares. Ces objets étant marqués de la marque du » Bureau, il sera difficile aux Pauvres d'en disposer ; et, s'ils le font, on peut les » suivre et les retrouver. On sera surtout assuré de leur conservation, si on a » soin de ne les prêter qu'à des Pauvres bien connus, ou sous la caution de » personnes dignes de confiance ; d'exiger qu'ils soient exactement rapportés » ou représentés à des époques fixées, sous peine, pour ceux qui y manque- » raient, d'en être privés et d'être retranchés de la liste des Pauvres secourus ; » enfin, de faire exercer une surveillance habituelle à cet égard par les Sœurs » de charité, et même par les personnes chargées de la visite des Pauvres.

» Par un léger prêt d'argent, on mettrait souvent le Pauvre valide en état de » se passer de Secours, et de pourvoir lui-même à ses besoins et à ceux de sa » famille, ou on le préserverait de la cruelle cupidité de certains usuriers, » qui, spéculant sur la misère même, font payer à ceux qui sont forcés de » recourir à eux des intérêts qui égalent presque et surpassent quelquefois » le capital.

» Pour atteindre la perfection de ce genre de Secours, et le faire tourner » d'une manière sensible au profit de la Société, il faudrait pouvoir le donner » avec une certaine étendue.

» Une somme proportionnée aux besoins, prêtée à propos, peut prévenir » ou réparer la ruine d'une famille entière, et par conséquent l'empêcher de » tomber dans une misère qui la mettrait, pour le présent et pour l'avenir, » à la charge de l'Administration des Secours publics. Mais pour entreprendre » une œuvre de ce genre, il faudrait avoir des fonds disponibles, et qui ne » fussent pas nécessaires pour les Secours journaliers, auxquels seuls sont des-

» tinés ceux que l'Administration générale met à la disposition des Bureaux.
» Si cependant, dans les quartiers où la classe indigente a l'habitude de se » procurer quelques moyens d'existence par la vente des denrées de la saison, » le Bureau jugeait à propos de favoriser ce petit commerce, il pourrait, sur » ses fonds extraordinaires, destiner une somme qui serait spécialement em- » ployée à cet usage.

» Pour ne pas s'exposer à excéder ses moyens, le Bureau, après avoir fixé la » somme totale qu'on ne pourrait pas dépasser, déterminerait aussi la limite » des prêts individuels qu'il pourrait ordonner sur cette somme. Le Trésorier » en tiendrait un compte particulier.

» Le Conseil des Hospices avait autorisé, il y a quelques années, l'essai de » ce genre de Secours, en mettant une somme à la disposition de la Division » chargée des Secours à domicile. Les premiers succès auraient été soutenus, » si l'Administration, plus rapprochée des Pauvres, eût pu mettre dans l'ap- » plication de ce Secours le soin, la suite et la surveillance qu'il exige. Les Bu- » reaux, aidés des Visiteurs et des Dames de charité le pourront facilement, » étant à portée de connaître les Pauvres, de veiller sur leur conduite, et de » juger de la solvabilité des personnes qui répondront pour eux; car cette » précaution est indispensable si on ne veut pas s'exposer à dissiper le fonds » consacré aux prêts. »

73. « Tous les trois mois, ils rendront compte au Conseil » général des Hospices des succès qu'ils auront obtenus dans » cette partie de leur gestion.

Arrêté ministériel, du 19 juillet 1816, art. 30.

74. » Il sera fixé pour chaque Bureau une somme destinée à » pourvoir aux cas extraordinaires et imprévus.

Secours extraordinaires et imprévus.

Même Arrêté, art. 34.

75. » Nul Indigent ne recevra de Secours s'il ne justifie » qu'il envoie ses enfans à l'École (1), ou s'il refuse de les faire » vacciner. »

Envoi des enfans dans les Écoles.

Vaccination.

Même Arrêté, art. 35.

« Il convient de fixer l'attention des Bureaux sur deux conditions particu- » lières prescrites par l'art. 35 de l'arrêté (N°. 75), l'envoi à l'école et la » vaccination des enfans.

Instruction de 1816.

(1) *Voyez* ci-après le Chapitre IX; *Voyez* aussi le TITRE II, N°. 205.

» Ces deux conditions sont prescrites dans l'intérêt des Pauvres et dans l'intérêt de la société.

» Le Gouvernement, qui accorde un bienfait, a certainement le droit d'y mettre des conditions, et quand elles sont à l'avantage de celui à qui le bienfait est destiné, c'est un titre de plus à sa reconnaissance.

» Le Pauvre néglige souvent l'éducation de ses enfans, soit parce qu'il n'en sent pas toute l'importance, soit parce que, tout occupé des besoins corporels et du soin d'y pourvoir, il oublie ce qu'il leur doit, ou les emploie de manière à ne pas leur laisser même le temps d'apprendre à lire et à écrire : c'est aux protecteurs des Pauvres à prévenir ce mal. En assistant les père et mère, s'ils en ont besoin, et les enfans dont on les décharge, au moins en partie, les Bureaux acquièrent le droit d'exiger d'eux l'assiduité aux Écoles.

» Il est du devoir d'un Gouvernement de prendre des mesures de rigueur pour arrêter la propagation des maladies contagieuses. Comment lui contesterait-on le droit de combattre, par tous les moyens possibles, un mal aussi funeste que la petite vérole? S'il ne se communiquait pas, on pourrait abandonner à leur malheureux sort ceux qui aimeraient mieux s'y exposer que de prendre un moyen facile de s'en préserver; mais la contagion et les suites désastreuses de cette maladie imposent l'obligation de la combattre dans l'intérêt de la société.

» Des préjugés difficiles à déraciner, surtout dans le peuple ignorant, repoussent encore l'utile pratique de la vaccination. Jusqu'à présent on l'a encouragée par tous les moyens possibles, et notamment par un Secours extraordinaire accordé pour les enfans des Pauvres qui y étaient soumis.

» L'organisation du service de santé régulier auprès des Bureaux de charité permettra de mettre plus de suite et d'exactitude dans les vaccinations, et il est à présumer que les Pauvres, éclairés sur ce point intéressant, excités par les médecins, encouragés par les personnes charitables qui s'occuperont d'eux, ne s'exposeront pas à la privation de Secours dont on les menace dans leur propre intérêt et dans celui de leurs enfans. »

76. Outre les divers genres d'assistance dont il vient d'être question, les indigens inscrits au contrôle peuvent encore obtenir, au moyen de certificats délivrés par les Bureaux de charité, sur des Modèles, N°. 12 :

1°. La délivrance de bandages gratuits;

2°. Des passe-ports gratuits avec la subvention de 15 centimes par lieue;

3°. La permission de brocanter ou de vendre dans les rues, s'il y a lieu;

4°. La participation aux travaux publics;

5°. La remise ou la modération des mois de nourrice, dans certains cas;

6°. L'exemption des droits d'enregistrement et de succession;

7°. La remise ou la modération des impôts et patentes;

8°. La remise, dans certains cas, des effets de leurs parens décédés dans les hôpitaux (1);

9°. La délivrance gratuite d'actes de l'État civil (2);

10°. L'inhumation gratuite pour eux et leurs enfans;

11°. La faculté de se présenter au Conseil des avocats, séant au palais de justice les mercredis et samedis, pour obtenir des consultations, et même au besoin une direction dans les affaires contentieuses qui leur surviennent.

CHAPITRE VIII.

SECOURS SPÉCIAUX AUX VIEILLARDS, AVEUGLES ET INFIRMES (3).

Conditions de l'inscription.

Arrêté du Conseil général, des Hospices, du 25 juillet 1821, art. 2.

77. « A partir du 1er. janvier 1822, les Bureaux de cha-
» rité ne pourront porter sur les États des *Vieillards* que les

(1) Arrêté du Conseil général des Hospices du 11 janvier 1804 (20 nivose an XII). *Voyez* ci-après, TITRE II.

(2) *Voyez ib.*

(3) L'établissement des Secours mensuels en argent en faveur des *Vieillards* et *Aveugles* est antérieur à la formation du Conseil général des Hospices.

Avant l'année 1822, plusieurs Bureaux de Charité admettaient un certain nombre d'indigens *infirmes* à participer aux Secours spéciaux; en 1823, le Conseil général a

» Indigens qui auront atteint 75 ou 80 ans (1), et sur les » États des *Aveugles* que ceux qui seront déclarés tels par » les Médecins du Bureau central d'admission (2).

Arrêté du Conseil général des Hospices, du 25 juillet 1821, art. 3.

78. » Pour l'exécution de l'article précédent, les Bureaux » de charité, indiqueront, dans une des colonnes desdits » États, pour les Vieillards, la date et l'année de leur nais- » sance, et pour les Aveugles, la date du certificat du Bureau » central d'admission.

Même Arrêté, art. 5.

79. » Les certificats du Bureau central d'admission seront » délivrés aux Aveugles sur la demande des Agens-Comp- » tables des Bureaux de charité (3).

80. » La cécité doit être complète pour donner droit aux » Secours de *trois francs* par mois.

Classe d'infirmes.

Arrêté du Conseil général des Hospices, du 23 juillet 1823, art. 1er.

81. » Les Secours mensuels de *trois francs* et de *six francs*, » conservés provisoirement aux Indigens *infirmes* ancienne- » ment admis aux Secours spéciaux par les Bureaux de cha-

---

décidé que ces Secours seraient accordés exclusivement aux Vieillards et Aveugles ; cependant, et pour ne pas donner un effet rétroactif à cette disposition, il a été arrêté que les infirmes admis continueraient à jouir des Secours.

Actuellement qu'il n'y a plus d'admissions nouvelles dans cette classe, elle diminue successivement par les décès des inscrits ou par leur passage dans les classes de Vieillards et Aveugles.

Les *Infirmes* recevant les Secours spéciaux, qui, en 1823, étaient au nombre de 1,457, n'étaient plus, au 1er. janvier 1829, que de 228.

Le nombre total des *Vieillards, Aveugles* et *Infirmes*, au 1er. janvier 1829, était de 4,262. En 1803, il n'était que de 2,800 environ.

(1) C'est à dire, qui seront *entrés* dans leur 75e. ou 80e. année, *avant le* 15 *du mois* pour lequel ils sollicitent leur inscription.

(2) *Voyez* les Modèles, Nos. 13 et 14.

(3) *Voyez* le Modèle, No. 15.

» rité, sont *accordés définitivement* aux Indigens de cette » classe portés aux États nominatifs arrêtés par le Membre » de la Commission administrative.

82. » Il sera établi des Registres particuliers et des États définitifs de Secours pour ces Indigens infirmes, dans les » formes suivies pour les Vieillards et Aveugles (1). *Arrêté du Conseil général des Hospices, du 23 juillet 1823*, art. 2.

83. » Aucun Indigent, à quelque titre que ce soit, ne » pourra être porté à l'avenir sur ces États, qui devront » décroître à mesure des décès ou des changemens qui au- » ront lieu. *Même Arrêté*, art. 3.

84. » Tous les ans, il sera fait un recensement des Indigens » portés sur ces Listes, et l'État nominatif en sera présenté au » Conseil général à la première séance de chaque tri- » mestre (2). *Même Arrêté*, art. 4.

85. » Les Indigens infirmes, jouissant du Secours spécial, » qui changeront d'arrondissement, pourront être portés sur » l'état, pour continuer d'en jouir dans leur nouveau domi- » cile, en justifiant de leur radiation de la Liste dans le domi- » cile précédent, si toutefois le Bureau juge qu'ils sont tou- » jours dans le cas de recevoir ce genre de Secours. *Arrêté*, art. 5.

Cumul.

86. » A compter du 1er. avril prochain, les Secours spéciaux » d'Aveugles pourront être cumulés avec ceux qui seront ac- » cordés à raison de l'âge. *Arrêté du Conseil général des Hospices, du 15 février 1822*, art. 5.

» Les Infirmes inscrits aux Secours spéciaux ne pourront » recevoir en même temps les Secours d'Octogénaires, de » Septuagénaires ou d'Aveugles.

---

(1) *Voyez* le Modèle, N°. 16.

(2) *Voyez* les Nos. 103 et 104 du *Recueil*.

8

Arrêté du Conseil général des Hospices, du 18 décembre 1822, art. 1er.

87. » La somme de 187,000 fr., portée au Budget pour » Secours aux Vieillards et Aveugles, continuera de recevoir » cette destination et d'être distribuée, à raison de 3 francs, » aux Indigens aveugles; de 3 francs aux Vieillards qui au- » ront atteint leur soixante-quinzième année, et de 6 francs » aux Octogénaires (1).

Même Arrêté, art. 2.

88. » Nul ne pourra être admis à ce Secours que par une » délibération spéciale du Bureau, et en produisant : les » Vieillards, leur acte de naissance; les Aveugles, un certifi- » cat du Bureau central d'admission, qui constate leur cécité » complète (2).

Registres.

Arrêté du Conseil général des Hospices, du 18 décembre 1822, art. 3.

89. » Il sera tenu, dans chaque Bureau, des Registres par- » ticuliers où les Vieillards et les Aveugles admis seront ins- » crits sous une série régulière de numéros (3).

Révision annuelle des listes.

Même Arrêté, art. 4.

90. » Tous les ans, avant la fin de l'année, l'état des Vieil- » lards et Aveugles recevant le Secours sera vérifié et constaté » par le Bureau de charité, qui jugera, d'après la situation » de chaque individu, s'il doit ou non être maintenu sur la » Liste.

---

(1) Depuis 1827, le crédit pour les Vieillards aveugles et infirmes a été porté à 287,000 francs; et, par un arrêté du 1er. mai de la même année, le Secours spécial a été fixé, savoir : pour les Octogénaires, à 8 fr. par mois; pour les Vieillards de 75 ans et les Aveugles, à 5 fr. Le Secours de 3 fr. a été maintenu pour les Infirmes qui avaient été admis à y participer.

(2) Ces actes et certificats restent déposés entre les mains de l'Agent-Comptable; ils sont rangés par classe et par ordre alphabétique dans chaque classe.

Néanmoins, les actes de naissance peuvent être remis aux Vieillards qui les réclament; mais alors ces actes sont remplacés dans la collection par une copie certifiée par l'Agent-Comptable.

Pour le certificat du Bureau central, *voyez* le Modèle, No. 15.

(3) *Voir* le Modèle, No. 17.

91. » Les Bureaux de charité feront aux Vieillards et » Aveugles domiciliés dans leur arrondissement l'avance du » Secours qui leur est attribué et qui sera remboursé sur les » états mensuels fournis par les Bureaux.

États mensuels de paiemens. — *Arrêté du Conseil général des Hospices, du 18 décembre 1822*, art. 5.

» Le nom de chaque Indigent y sera porté avec son numéro » d'inscription au Registre particulier, la date de sa nais- » sance, de son admission, et, s'il est aveugle, du certificat » du Bureau central (1). »

92. Ces états doivent être dressés avant la fin du mois pour lequel les Secours sont accordés; ils doivent parvenir de suite à l'Administration des Hospices, pour être arrêtés par le Membre de la Commission administrative chargé de la quatrième Division, et les Secours doivent être payés dans les premiers jours du mois suivant.

93. « Les Indigens recevant les Secours spéciaux, qui chan- » geront de demeure, ne pourront les recevoir à leur nouveau » domicile qu'en justifiant, par un certificat, de leur radia- » tion de l'État des Secours au domicile qu'ils ont quitté (2).

Changemens de domicile. — *Arrêté du Conseil général des Hospices, du 4 avril 1827*, art. 3.

94. » Les Vieillards de 75 ans et au dessus, et les Aveugles, » qui seront présentés pour les Hospices, seront tenus de » joindre aux autres pièces nécessaires pour obtenir leur ad- » mission un certificat de leur non-inscription aux Secours » spéciaux ou de leur radiation (3).

Admission dans les Hospices. — *Même Arrêté*, art. 4.

(1) *Voir* les Modèles, N°s. 13, 14 et 16.

(2) Dans le cas de changement d'arrondissement, le Bureau de l'ancien domicile *doit toujours payer le mois commencé* (quand même le déménagement aurait lieu dans les premiers jours de ce mois), et n'opérer la radiation que pour le mois suivant. Cette disposition a pour but d'éviter aux Indigens les pertes qui résultaient fréquemment pour eux de radiations trop promptes, à cause des délais qu'entraînent les formalités à remplir pour obtenir les inscriptions nouvelles. (*Voyez* le Modèle, N°. 18.)

(3) *Voyez* les Modèles, N°s. 12 et 18.

» A l'avenir, aucun Acte d'admission dans les Hospices ne » pourra être délivré sans que le certificat d'indigence ait » été visé à la quatrième Division.

Radiations des admis dans les Hospices ou des décédés.

Arrêté du Conseil général des Hospices, du 4 avril 1827, art. 5.

95. » Les Agens-Comptables, conformément aux dispositions de l'Instruction du 22 novembre 1822, feront, à » l'État civil des Mairies, le relevé des Indigens décédés dans » leur domicile, pour les rayer des Contrôles.

Même Arrêté, art. 6.

96. » Les Agens de surveillance des Hôpitaux adresseront, » les 1er. et 16 de chaque mois, à la quatrième Division, des » États nominatifs des Vieillards âgés de plus de 70 ans et des » Aveugles décédés dans les Hôpitaux (1).

Même Arrêté, art. 7.

97. » Le Membre de la Commission chargé de la quatrième » Division adressera, par quinzaine, à chacun des Bureaux, » en ce qui le concernera, extraits des États de décès mentionnés en l'article précédent et des admissions dans les » Hospices (2). »

98. Les Indigens décédés ou placés seront rayés immédiatement des Contrôles ordinaires et des Registres de Secours spéciaux.

Néanmoins, les Indigens placés auront droit au Secours spécial du mois commencé à l'époque de leur placement.

Les Bureaux pourront aussi remettre, lorsqu'ils le jugeront convenable, aux parens des décédés, qui se trouveront dans une position malheureuse, le Secours du mois pendant lequel le décès aura lieu.

99. Le paiement des Secours spéciaux est fait aux Indi-

(1) *Voir* le Modèle, N°. 19.

(2) *Voir* le Modèle, N°. 20.

gens, soit directement par l'Agent-Comptable, soit par l'intermédiaire des Administrateurs.

100. Dans le premier cas, l'Agent-Comptable ne porte la dépense sur son Journal qu'à la fin du mois dans lequel le paiement doit avoir lieu, et avant l'arrêté dudit Journal par le Trésorier honoraire.

Le montant effectif des sommes payées sera constaté au bas de chaque état par la signature des Officiers du Bureau, ou, à leur défaut, par celle de trois Administrateurs.

Tout Indigent qui ne réclamerait qu'après l'inscription de l'état au Journal de Dépense le Secours auquel il avait droit, ne pourrait plus l'obtenir que sur les fonds ordinaires du Bureau, et en vertu d'une délibération.

101. Dans le second cas, c'est à dire si les Secours doivent être payés par l'intermédiaire des Administrateurs, l'Agent-Comptable remettra à chacun d'eux, sur son acquit, la somme revenant aux Indigens de sa division, et il portera immédiatement en dépense la somme payée.

Après cette inscription, les sommes qui seraient remises à l'Agent-Comptable par les Administrateurs comme n'ayant pas reçu d'emploi, soit à raison du déménagement récent, du départ, du placement dans un Hospice ou du décès des Indigens, seront portées au Journal comme *recettes intérieures*, avec indication de leur origine.

102. Les Agens-Comptables sont personnellement responsables des sommes indûment payées pour Secours spéciaux à des Indigens décédés ou placés dans les Hospices, à partir du mois qui suivra leur décès ou placement, toutes les fois que le décès aura été constaté sur les Registres de l'État civil de

leur arrondissement, ou que le décès ou le placement aura été notifié au Bureau de charité par l'Administration des Hospices.

Recensement des Indigens admis aux Secours spéciaux.

Arrêté du Conseil général, du 4 avril 1827, art. 1er.

103. « Les recensemens pour les Secours spéciaux continueront à être faits, au moins une fois l'année, par les employés de la quatrième Division, de concert avec les Commissaires qui seront désignés par les Bureaux de charité.

Même Arrêté, art. 2.

104. » Il sera dressé une liste des Indigens qui n'auront pas » été trouvés à leur domicile, et ils ne pourront être maintenus sur l'état des Secours spéciaux qu'après s'être présentés à l'Agent-Comptable, qui s'assurera s'ils sont toujours » habitans de l'arrondissement, le certifiera en marge de » l'état et en donnera connaissance à la quatrième Division (1). »

CHAPITRE IX.

ÉCOLES DE CHARITÉ (2).

Extrait de l'*Instruction de* 1816.

« Il existe déjà des Écoles de charité auprès de plusieurs Paroisses et de » plusieurs Bureaux de bienfaisance : les unes sont entretenues par les soins » de MM. les Curés ou de personnes charitables, qui en font les frais, les » autres sur les fonds qui y ont été spécialement consacrés par le Conseil général des Hospices.

» Le Gouvernement a prescrit des mesures pour la surveillance de l'instruction primaire par les Comités cantonnaux, créés en exécution de l'Ordonnance du Roi, du 29 février 1816; mais cette Ordonnance ne prive pas les » Bureaux de celle qui leur appartient comme fondateurs et bienfaiteurs.

» Les Écoles de charité sont une des parties les plus intéressantes de leur

(1) *Voyez* le Modèle, N°. 21.

(2) *Voyez* les Nos. 24 et 75.

» administration ; ils ont à s'occuper de les multiplier en les proportionnant » aux besoins, et la surveillance locale et assidue, exercée par eux, en assurera » la bonne tenue et le succès (1).

» Il ne suffit pas d'apprendre aux enfans à lire, à écrire et à compter, il » faut surtout profiter du temps qu'ils sont obligés de donner à ces premières » études, pour leur former le cœur et y jeter les semences de la religion, dont » la doctrine leur apprendra à faire un bon usage de ce qu'ils sauront, et les » dirigera dans tout le cours de leur vie pour l'accomplissement de leurs » devoirs.

» On n'atteindra pas ce but, si on borne leur éducation religieuse à quelques » pratiques extérieures ou à la répétition de quelques pages de Catéchisme, » qu'ils ne comprennent pas. Il n'est pas nécessaire d'en faire des savans ; mais » on doit, autant que leur âge et la portée de leur esprit le comportent, les » instruire assez pour que les vérités de la religion se gravent dans leur cœur ; » qu'ils en goûtent les maximes et les pratiques et qu'ils ne soient pas exposés, » comme il arrive trop souvent, à tout abandonner à une époque qui devrait » au contraire les affermir dans l'amour et la pratique de leurs devoirs, s'ils » étaient plus solidement instruits.

» Les Bureaux de charité doivent seconder sur ce point important le zèle » de MM. les Curés, et si, pour l'instruction ordinaire, on doit rechercher et » favoriser les Maîtres qui suivent les meilleures méthodes d'enseignement, il » n'est pas moins intéressant de donner parmi eux la préférence à ceux dont » les lumières, la piété et le zèle peuvent faire espérer l'instruction religieuse » la plus convenable et la plus solide. »

Ordonnance du Roi, du 29 février 1816, art. 14.

105. « Toute commune sera tenue de pourvoir à ce que » les enfans qui l'habitent reçoivent l'instruction primaire, » et à ce que les enfans indigens la reçoivent gratuitement.

Réglemens et méthodes d'instruction.

Même Ordonnance, art. 22.

106. » La Commission de l'Instruction publique veillera » avec soin à ce que, dans toutes les Écoles, l'instruction » primaire soit fondée sur la religion, le respect pour les lois » et l'amour dû au Souverain.

» Elle fera les réglemens généraux sur l'instruction pri- » maire, et indiquera les méthodes à suivre dans cette ins-

(1) *Voyez* les Nos. 114 et 122.

» truction et les ouvrages dont les Maîtres devront faire
» usage.

Ordonnance du 29 février 1816, art. 31.

107. » Les personnes ou les associations qui entretien-
» dront à leurs frais des Écoles ne pourront y établir des
» méthodes et des réglemens particuliers.

Même Ordonnance, art. 32.

108. » Les garçons et les filles ne pourront jamais être
» réunis pour recevoir l'enseignement.

Ordonnance du Roi, du 21 avril 1828, art. 13.

109. » Les Instituteurs primaires ne pourront recevoir des
» élèves de différentes religions sans en avoir obtenu la per-
» mission de notre Conseil royal de l'Instruction publique,
» qui statuera après avoir consulté le Recteur de l'Académie,
» et prescrira en même temps les mesures convenables.

Exemption de tout droit universitaire.

—

Ordonnance du 29 février 1816, art. 34.

110. » Les Élèves et les Maîtres des Écoles primaires sont
» exempts de tous droits et contributions envers l'Adminis-
» tration de l'Instruction publique.

Droit de présentation de l'Instituteur.

—

Même Ordonnance, art. 18.

111. » Toute personne ou association qui aurait fondé une
» École ou qui l'entretiendrait par charité pourra présenter
» l'Instituteur.

Ordonnance du 29 février 1816, art. 23.

112. » Toute présentation d'Instituteur sera adressée au
» Comité cantonnal (1), qui la transmettra, avec son avis, au

---

(1) « Il sera formé dans chaque arrondissement de sous-préfecture un Comité gratuit » pour surveiller et encourager l'instruction primaire.

» Néanmoins, notre Ministre de l'Instruction publique pourra, suivant la population » et les besoins des localités, établir dans le même arrondissement plusieurs Comités, » dont il déterminera la circonscription. (*Ordonnance du 21 avril 1828*, art. 2.)

» A Paris, il y aura un Comité par arrondissement municipal. (*Même Ordonnance*, art. 4.)

» Le Comité désignera un ou plusieurs inspecteurs gratuits, qu'il chargera de surveil- » ler l'instruction primaire et de lui faire connaître les résultats de cette surveillance. » (*Même Ordonnance*, art. 7.)

» Recteur de l'Académie, lequel donnera l'autorisation né-
» cessaire.

113. » Les Communes et les Fondateurs particuliers pour-
» ront donner les places d'Instituteurs au concours, et établir
» la nécessité de ce mode, ainsi que les formalités à y ob-
» server.

Concours facultatif. — *Ordonnance du 29 février 1816*, art. 22.

» En ce cas, les concurrens devront d'abord justifier de
» leurs certificats de capacité et de bonne conduite, et celui
» qui, par le résultat du concours, aura été jugé le plus
» digne sera présenté.

114. » Les Personnes ou Associations et les Bureaux de cha-
» rité qui auraient fondé et entretiendraient des Écoles gra-
» tuites pourront aussi se réserver, à eux ou à leurs succes-
» seurs, l'administration économique de leurs Écoles, et

Administration économique des Écoles. — *Même Ordonnance*, art. 19.

» Toute demande afin d'obtenir l'autorisation spéciale d'exercer les fonctions d'In-
» stituteur primaire dans une commune sera soumise au Comité dans la circonscription
» duquel se trouve cette commune.

» Le Comité recueillera les renseignemens nécessaires sur sa conduite religieuse et
» morale depuis l'époque où il aura obtenu le brevet de capacité.

» Il donnera son avis motivé et le transmettra au Recteur, qui accordera ou refusera
» l'autorisation.

» Les mêmes formes seront suivies dans le cas de l'article 18 et suivans de l'Ordon-
» nance du 29 février 1816, qui accordent le droit de présentation aux Fondateurs,
» Associations ou Communes fondatrices d'Écoles. » (*Même Ordonnance*, art. 11.)

« A l'égard des Frères des Écoles chrétiennes, et des Membres de toute Association
» charitable, légalement autorisée pour former ou pour fournir des Instituteurs pri-
» maires, le Recteur remettra à chacun d'eux un brevet de capacité sur le vu de l'obé-
» dience délivrée par le Supérieur ou le Directeur général de ladite Association,
» conformément à ce qui est prescrit par les Ordonnances du 1er. mai 1822, du 11 juin,
» du 17 septembre et du 3 décembre 1823. » (*Même Ordonnance*, art. 10.)

« Les Écoles pourvues de Maîtres par ces sortes d'Associations resteront soumises,
» comme les autres, à la surveillance des Autorités établies par la présente Ordonnance. »
(*Ordonnance du 29 février* 1816, art. 38.)

» donneront leur avis au Comité de surveillance sur ce qui » concerne leur régime intérieur.

Ordonnance du 21 avril 1828, art. 21.

115. » Les dispositions de la présente Ordonnance s'appliquent tant aux Écoles primaires des garçons qu'aux Écoles » primaires des filles. »

Fixation du nombre des Écoles et du traitement des Instituteurs et des Institutrices.

116. Les Bureaux de charité détermineront le nombre de leurs Écoles gratuites, et fixeront le traitement des Instituteurs et Institutrices.

Toutes les délibérations de cette nature seront soumises à l'approbation du Conseil général des Hospices et du Préfet.

Arrête du Conseil général des Hospices, du 11 mars 1829, art. 1er.

117. « Dans toutes les Écoles fondées et entretenues par » les Bureaux de charité, le maximum du nombre des » enfans à admettre dans chaque classe sera fixé par le » Bureau, suivant les localités, de concert avec les Frères » ou Sœurs, Maîtres ou Maîtresses chargés des Écoles.

Même Arrêté, art. 2.

118. » Les enfans des Pauvres inscrits sur les contrôles » des Bureaux seront admis, de préférence à tous autres, » et sur bulletins signés et délivrés par les Administrateurs » du Bureau (1).

Même Arrêté, art. 3.

119. » Si une École peut en tenir un plus grand nombre, » on pourra y admettre provisoirement les enfans de parens » qui, quoique non inscrits comme Indigens, seront néanmoins reconnus être dans le cas de recevoir ce genre de » Secours.

---

(1) *Voyez* le Modèle de ces *bulletins*, N°. 21.

120. » Tous les trois mois, il sera dressé et fourni au » Bureau de charité, par les Frères ou Sœurs, Maîtres ou » Maîtresses chargés des Écoles, un état nominatif, conforme » au Modèle ci-après (1), de tous les enfans qui fréquen- » tent leurs Écoles. »

Arrêté du Conseil général des Hospices, du 11 mars 1829, art. 4.

Une décision du Conseil général des Hospices, du 6 mai 1829, porte ce qui suit :

« Les Frères, Sœurs, Maîtres ou Maîtresses ne seront tenus de fournir » l'état nominatif de tous les enfans qui fréquentent les Écoles placées sous la » surveillance des Bureaux de charité que dans le mois qui suivra l'ouverture » des classes, au commencement de chaque année scolaire.

» Aux trois autres époques, c'est à dire en février, mai et août, ils ne four- » niront que l'état des mutations survenues dans leurs Écoles respectives, » soit par entrées ou sorties, pendant les trois mois précédens.

» Le Modèle imprimé pour dresser la liste des enfans servira pour constater » les mutations aux époques déterminées. »

121. Nulle fourniture ne sera faite aux Écoles qu'en vertu d'une délibération du Bureau de charité, déterminant la nature, la quantité et le prix des objets à fournir.

Fournitures aux Écoles.

Dans le cas où les Bureaux de charité jugeraient convenable de consentir avec les Frères et Sœurs, les Instituteurs ou Institutrices, des abonnemens pour les fournitures à faire aux Écoles de charité, ces abonnemens devront être soumis à l'approbation du Conseil général des Hospices.

122. Les Administrateurs inspecteront les Écoles toutes les fois que le Bureau le jugera nécessaire, pour le mettre à même de donner au Comité cantonnal son avis sur le régime intérieur de ces établissemens, conformément à l'art. 19 de l'Ordonnance du 29 février 1816 (2).

Visites.

(1) Modèle, N°. 23.

(2) *Voyez* ci-dessus, N°. 114.

Des visites du même genre seront faites, au moins une fois chaque année, par le Membre de la Commission administrative chargé de la quatrième Division, qui fera connaître au Conseil général des Hospices le résultat de ses observations.

CHAPITRE X.

MÉDICAMENS.

Arrêté du Conseil général des Hospices, du 14 juin 1820, art. 1er.

123. « Toutes les drogues, préparations et médicamens » distribués ou employés par les Bureaux de charité des » douze arrondissemens de Paris seront pris à la Pharma- » cie centrale des Hôpitaux (1). »

Un arrêté du Ministre de l'Intérieur, du 28 mai 1801, portait :

Art. 4. « Les médicamens seront livrés en compte aux Filles de charité » par la Pharmacie centrale des Hôpitaux.

Art. 5. » Les Sœurs justifient de l'emploi des médicamens par les ordon- » nances des officiers de santé. »

Un autre arrêté du Conseil général, du 19 juillet 1802 (30 messidor an X), est ainsi conçu :

Art. 1er. « Les Bureaux de bienfaisance se procureront les médicamens » dont ils auront besoin à la Pharmacie centrale des Hôpitaux.

Art. 2. » Il ne sera point tenu compte aux Bureaux des achats de médica- » mens qu'ils se procureraient ailleurs. »

---

(1) Néanmoins, dans les cas très rares où il serait indispensable de se procurer certains médicamens, de nuit ou après la fermeture des Maisons de Secours, la fourniture pourra en être faite par des Pharmaciens particuliers ; mais les prescriptions des Médecins du Bureau de charité devront constater *l'urgence* et être jointes aux mémoires des Pharmaciens.

Pour les demandes de médicamens à adresser à la Pharmacie centrale, *voir* le Modèle, N°. 24. Ces demandes doivent être dressées en double expédition : l'une est faite et certifiée par les Sœurs supérieures des Maisons de Secours, et l'autre par l'Agent-Comptable. Elles sont visées par un Administrateur et par M. le Maire.

124. « Les Sœurs de charité ou tous autres Directeurs de » pharmacie d'arrondissement continueront à préparer les » seuls remèdes spécifiés dans l'Instruction du 22 février 1802 » (3 ventose an X) (1).

« Dans les Hospices particuliers dont la direction serait confiée aux Sœurs » de charité (2), ces Sœurs seront chargées d'administrer les médicamens

Délibération de l'École de Médecine, du 22 février 1802, art. 1er.

---

(1) En décembre 1828, le Conseil général a fait rédiger, à l'usage des Bureaux de charité, un nouveau *Formulaire,* qui leur a été adressé, le 29 janvier 1829, par le Membre de la Commission administrative avec la lettre suivante :

« J'ai l'honneur de vous transmettre vingt exemplaires du nouveau *Formulaire* pour » les médicamens à l'usage des Bureaux de charité.

» Ce *Formulaire* a été, avant sa réimpression, revu par une Commission de Médecins » et de Pharmaciens.

» La Commission a fait les changemens que nécessitaient les progrès de la science, » ou qui étaient commandés par l'expérience; aussi le Conseil général des Hospices m'a » chargé de vous prier d'inviter MM. les Médecins et Chirurgiens à s'y conformer dans » les prescriptions qu'ils feront aux Indigens.

» Je saisirai cette occasion, M. le Maire, pour vous demander de vouloir bien » faire régulariser, autant que possible, les demandes et les livraisons des médicamens » par la Pharmacie centrale.

» Il est désirable que l'état des besoins soit dressé à la fin de chaque mois ou à la fin » de chaque trimestre, pour le mois ou le trimestre suivant, afin d'éviter les demandes » partielles dans le courant du mois ou du trimestre.

» Mesdames les Supérieures des Maisons de Secours sont assez au courant du service » qui leur est confié pour prévoir les besoins du mois ou du trimestre; il ne doit y » avoir d'exception que pour les sangsues, dont la conservation est difficile; aussi la » Pharmacie centrale ne se refusera pas à diviser les livraisons dans le courant du mois » ou du trimestre, pourvu que les quantités indiquées dans la demande régulière ne » soient pas dépassées.

» Les Sœurs doivent aussi, pour leurs demandes, se renfermer dans le *Formulaire*.

» Les régularisations demandées pour cette partie du service par la Pharmacie centrale » ont le double avantage de fixer l'attention de MM. les Administrateurs sur la consommation des médicamens, et de les éclairer sur la manière dont le service médical est » fait dans les diverses Maisons de Secours placées sous leur surveillance. »

(2) Ces dispositions sont applicables aux Sœurs qui desservent les Pharmacies des Maisons de Secours. *Voyez* ci-après l'article 11 de la même délibération.

» prescrits par les Officiers de santé, en se conformant exactement aux précautions qui leur seront indiquées par ces derniers.

Délibération de l'École de Médecine, du 22 février 1802, art. 2.

» Elles (les Sœurs de charité) seront autorisées à préparer elles-mêmes » les tisanes, les potions huileuses, les potions simples, les looks simples, » les cataplasmes, les fomentations, les médecines et les autres médicamens » magistraux semblables, dont la préparation est si simple, qu'elle n'exige pas » des connaissances pharmaceutiques bien étendues.

Même Délibération, art. 3.

» Il leur sera interdit de s'occuper des médicamens officinaux, tels que les » sirops composés, les pilules, les électuaires, les sels, les emplâtres, les » extraits, les liqueurs alcooliques, et généralement tous ceux dont la bonne » préparation est subordonnée à l'emploi des manipulations compliquées.

Même Délibération, art. 4.

» Les médicamens officinaux dont le besoin aura été constaté par les Officiers » de santé attachés aux Hospices seront procurés aux Sœurs de charité par » l'Administration, laquelle fera faire cette fourniture par un Pharmacien » légalement reçu.

Même Délibération, art. 5.

» Il en sera de même pour les drogues simples que l'Administration leur » fera fournir par un droguiste connu, dont la capacité soit constatée.

Même Délibération, art. 6.

» Les Officiers de santé attachés aux Hospices veilleront à ce que le local » destiné à l'établissement de la pharmacie confiée aux Sœurs soit situé de » manière que les médicamens qu'elles seront obligées de garder ne soient pas » altérés par l'humidité, la lumière, la chaleur et le froid.

Même Délibération, art. 7.

» Indépendamment de la surveillance habituelle des Officiers de santé des » Hospices, il sera fait de temps à autre des visites dans les pharmacies des » Sœurs de charité, pour s'assurer si les drogues, tant simples que composées, qu'elles auront à leur disposition, sont de bonne qualité.

» Ces visites seront confiées à des Officiers de santé désignés à cet effet, et » le procès-verbal de chaque visite sera envoyé à l'Administration, qui en » devra connaître.

Même Délibération, art. 8.

» Les médicamens que les Sœurs de charité conserveront dans leur pharmacie, ne devant être destinés que pour les malades des Hospices, il leur » sera expressément défendu d'en vendre au public, à moins d'une autorisation » spéciale de l'Administration.

Même Délibération, art. 9.

» Elles seront tenues d'inscrire sur un registre les fournitures qui leur seront » faites, tant des drogues simples que des drogues composées. Sur un autre » registre, elles feront mention de l'emploi de ces mêmes drogues, emploi qui » ne pourra être fait que d'après les prescriptions des Officiers de santé attachés aux Hospices.

Même Délibération, art. 10.

» Toutes les dispositions comprises dans les précédens articles ne pourront

» avoir lieu que dans les Hospices où il n'y aurait point de Pharmaciens salariés. Dans le cas contraire, les Sœurs de charité ne pourront en aucune manière s'occuper de la préparation des médicamens ; les Pharmaciens seuls en seront chargés, sauf à eux à se conformer aux réglemens particuliers qui seront jugés nécessaires pour assurer le service des Hospices auxquels ces Pharmaciens seront attachés.

» Les dispositions contenues dans les articles précédens seront appliquées aux Établissemens de Secours à domicile. » *Délibération de l'École de Médecine du 22 février 1802, art. 11.*

125. « Tous les remèdes composés seront fournis exclusivement par la Pharmacie centrale aux Bureaux de charité de la ville de Paris. *Arrêté du Conseil général des Hospices, du 21 août 1822, art. 1er.*

126. » On ne pourra préparer dans les Pharmacies des Bureaux de charité que les objets suivans : *Même Arrêté, art. 2.*

» Tisanes,
» Potions,
» Petit-lait,
» Sucs,
» Gargarismes,
» Médecines,
» Cataplasmes,
» Linimens,
» Digestifs,
» Eaux distillées,
» Eaux aromatiques.

127. » Les sangsues, le miel, la graisse, les huiles, les plantes sèches, les fleurs, les bois, les graines, les racines, les gommes, les raisins, l'eau-de-vie, l'esprit de vin, et généralement toutes les substances pour lesquelles la Pharmacie passe des marchés pour l'année, seront fournis au prix coûtant ; il y sera ajouté 6 pour 100 pour les frais de transport, de conservation, d'avaries, de pesage, de registres, etc. *Même Arrêté, art. 3.*

128. » La Pharmacie centrale continuera à ajouter 12 pour 100, pour les frais de manutention, sur les médicamens composés qu'elle fournira aux Bureaux de charité. *Même Arrêté, art. 4.*

Arrêté du Conseil général des Hospices, du 21 août 1822, art. 5.

129. » Tous les transports se feront aux frais de la Pharmacie centrale, et ils auront lieu au plus tard, trois jours » après que la demande aura été formée. »

CHAPITRE XI.

RECETTES INTÉRIEURES FAITES PAR LES BUREAUX DE CHARITÉ.

Arrêté du Ministre de l'Intérieur, du 19 juil. 1816, art. 36.

130. « Les Bureaux emploieront tous les moyens qu'ils ju» geront les plus propres à augmenter les recettes des Pau» vres; ils pourront faire des quêtes, des collectes, des sous» criptions particulières, placer des troncs, etc.

» Les produits seront entièrement à la disposition des Bu» reaux; mais ils seront compris dans le compte à rendre » chaque année. »

Il sera procédé au moins deux fois l'an à la levée des troncs, qui sera faite par un administrateur délégué par le Bureau, assisté de l'Agent-Comptable.

Il doit toujours être dressé procès-verbal de la levée de chaque tronc, ainsi qu'un bordereau certifié pour le produit de chacune des quêtes (1).

Extrait de l'*Instruction de 1816.*

« Il y a, dans les personnes qui s'occupent des Pauvres, une disposition » naturelle, un penchant presque irrésistible à employer toutes les voies, même » ce que l'on appelle de *pieuses fraudes*, pour augmenter les Secours à dis» tribuer.

» Si la Charité ne condamne pas, ou excuse, en considération du motif, » l'espèce de dissimulation ou les réticences qu'on emploie ordinairement » en exagérant l'aperçu des besoins et en affaiblissant celui des ressources, la » justice ne peut pas les admettre ni les tolérer dans une Administration » publique, la conscience impose aux Administrateurs l'obligation de mettre » tout à découvert. Chaque Bureau doit s'occuper spécialement des Pauvres

(1) *Voir* le Modèle du Procès-verbal, N°. 25.

» de son arrondissement, et c'est du bien particulier qui se fera dans chaque » quartier que résultera le bien général; mais des Administrateurs comme » ceux qui composent les Bureaux de charité, distingués par leurs lumières, » par leur amour pour le bien public, par le rang qu'ils occupent dans la » société et par les fonctions qu'ils y remplissent, s'élèveront au dessus des » petites considérations d'intérêt particulier; ils verront l'Administration dans » son ensemble; ils apprécieront les résultats intéressans qu'elle peut donner; » ils sentiront que ces résultats seraient faux, et par conséquent au moins » inutiles, si on ne pouvait compter sur l'exactitude de leurs élémens.

» L'article 36 (N°. 130) les autorise à employer tous les moyens qu'ils ju- » geront les plus propres à augmenter les recettes des Pauvres, quêtes, col- » lectes, souscriptions, troncs, etc.

» On aurait pu prescrire que les produits fussent versés dans une caisse » commune, pour être ensuite répartis entre les arrondissemens dans la propor- » tion de leurs besoins, ainsi que cela se pratique pour les fonds ordinaires. » Il est facile de prouver que cette mesure serait conforme à la raison et à la » justice : en effet, les quartiers où la population indigente est plus nombreuse » sont ceux où il y a le moins de personnes aisées; tandis que ceux qui sont » habités par les personnes riches renferment moins d'Indigens, à cause de la » cherté des loyers : il en résulte que les ressources particulières pour aug- » menter les Secours à donner aux Pauvres sont en raison inverse des » besoins.

» Mais les mesures que le raisonnement présente comme les plus sages et » les plus convenables n'ont pas toujours, dans leur exécution, les résultats » qu'on avait droit d'attendre.

» L'expérience a prouvé qu'en général on contribue volontiers au soulage- » ment des Pauvres qu'on a autour de soi; que l'on est plus libéral et plus » confiant quand on connaît les personnes à qui l'on remet son aumône, et » qui sont chargées de la répartir.

» Qu'au contraire on est retenu par une espèce d'indifférence, et quelque- » fois même par une certaine défiance quand elle doit se réunir à une masse » commune, dont l'emploi n'est pas aussi connu et aussi sensible; et qu'enfin » les personnes chargées de ces collectes n'ont pas le même zèle quand le pro- » duit n'en doit pas être entièrement consacré aux Pauvres dont le soin leur » est particulièrement confié, et dans le soulagement desquels elles goûtent cette » jouissance qui est une des premières récompenses du bien qu'on leur fait.

» *Aussi les produits seront entièrement à la disposition des Bureaux; mais* » *ils seront compris dans le compte à rendre chaque année* (N°. 130).

» C'est dans l'emploi de ces produits et dans le compte à en rendre que » les Bureaux doivent suivre les principes qui ont été exposés plus haut; l'Or- » donnance du Roi en vertu de laquelle ils existent, et l'arrêté du Ministre » qui prescrit le mode d'exécution, leur en imposent l'obligation; ils ne peu- » vent s'en écarter sans manquer aux intentions paternelles du Prince, aux » sages vues du Ministre, et au but de leur institution. »

Un arrêté du Ministre de l'Intérieur, du 5 prairial an XI (25 mai 1803), porte :

Art. 1er. « Les Administrateurs des Hospices et des Bureaux de charité, » organisés dans chaque arrondissement, sont autorisés à faire quêter *dans* » *tous les Temples consacrés à l'exercice des cérémonies religieuses*, et à con- » fier la quête soit aux Filles de charité vouées au service des Pauvres, soit » à telle autre Dame charitable qu'ils jugeront convenable.

Art. 2. » Ils sont pareillement autorisés à faire placer dans tous les Tem- » ples, ainsi que dans les édifices affectés à la tenue des séances des Corps » civils, militaires et judiciaires, dans tous les établissemens d'humanité, » auprès des caisses publiques, et dans tous les lieux où l'on peut être excité » à faire la charité, des troncs destinés à recevoir les aumônes et les dons que » la bienfaisance individuelle voudrait y déposer.

Art. 3. » Tous les trois mois, les Bureaux de charité feront aussi pro- » céder dans leurs arrondissemens respectifs à des collectes (1). »

Quêtes dans les églises. *Décret du 30 décembre 1809, art. 75.*

131. » Tout ce qui concerne les quêtes dans les Églises

---

(1) Dans plusieurs arrondissemens, on est dans l'usage de recueillir les dons de la bienfaisance particulière au moyen de *souscriptions* ou *abonnemens*, qui ne sont autre chose que de simples promesses de verser, à l'époque fixée par le souscripteur, une somme par lui déterminée, et que le Bureau de charité fait toucher à domicile. Cet engagement n'est nullement obligatoire, le souscripteur peut le retirer à volonté. On ne saurait trop inviter les Bureaux à étendre ce mode le plus possible; il a le double avantage d'être le plus commode pour les Bienfaiteurs des Pauvres, qu'on est certain de ne pas importuner en se présentant aux époques qu'eux-mêmes ont choisies, et d'offrir aux Bureaux de charité une ressource assurée, dont le montant leur est connu d'avance.

Dans quelques autres arrondissemens, des lettres sont adressées, au commencement de chaque hiver, aux habitans, pour les inviter à concourir au soulagement des Pauvres en adressant leurs dons au Bureau de charité.

Dans certains arrondissemens enfin, les Administrateurs, Commissaires et Dames de charité prennent la peine de faire des quêtes à domicile.

» sera réglé par l'Évêque, sur le rapport des Marguilliers, » sans préjudice des quêtes pour les Pauvres, lesquelles » devront toujours avoir lieu dans les Églises toutes les » fois que les Bureaux de bienfaisance le jugeront conve- » nable. »

132. Dans tous les cas où un Bienfaiteur des Pauvres remettrait un don entre les mains d'un Membre du Bureau ou de l'Agent-Comptable, en indiquant un emploi spécial pour sa libéralité, il en sera rendu compte au Bureau de charité, qui devra se conformer strictement à l'intention du Donateur (1).

133. A chaque séance du Bureau, l'Agent-Comptable présentera l'état des versemens qui lui auront été faits, depuis la séance précédente, en faveur des Indigens de l'arrondissement, en y comprenant les recettes provenant des sommes restées sans emploi sur les états des Secours spéciaux. (*Voir* le N°. 101 du présent *Recueil.*)

---

(1) Un moyen de multiplier les dons de la Bienfaisance, c'est de se conformer religieusement aux intentions exprimées par les Donateurs; s'écarter de ce qu'ils ont prescrit, c'est violer le contrat tacite en vertu duquel l'acceptation a eu lieu. La volonté d'un bienfaiteur est la condition du bienfait : cette volonté est sacrée, et il n'est permis, par aucun motif, de la méconnaître.

Il résulte de ce principe, qui s'applique également aux *legs* faits en faveur des Pauvres, et dont on ne pourrait s'écarter sans s'exposer à tarir l'une des sources les plus abondantes de la Charité,

1°. Que les seuls *dons* ou *legs* qui ne donnent lieu à aucun emploi particulier sont ceux qui sont faits aux Pauvres d'un arrondissement *sans aucune destination ou application spéciale;*

2°. Que les *dons* et *legs* faits en faveur d'un *nombre déterminé* ou d'une *classe spéciale d'Indigens*, ou encore *aux Pauvres d'une rue, d'une division, d'un quartier, d'une paroisse*, doivent être intégralement répartis entre des individus remplissant les conditions prescrites.

CHAPITRE XII.

BUDGETS.

Présentation des budgets. — *Arrêté du Ministre de l'Intérieur, du 19 juillet 1816*, art. 37. Extrait du *Rapport de 1816.*

134. « Au mois de novembre de chaque année, chacun » des Bureaux présentera un Budget de ses recettes et dépenses » présumées pour l'année suivante (1). »

« Le Conseil général des Hospices, chargé des détails d'exécution et de la » répartition des fonds ordinaires, a droit de compter sur la plus scrupuleuse » exactitude de la part des Bureaux dans le Budget qu'ils doivent présenter (2) » et dans le compte qu'ils doivent rendre chaque année. »

---

(1) L'art. 3 de l'Ordonnance du Roi, du 31 octobre 1821, porte ce qui suit :

« A quelque somme que s'élèvent les budgets des Bureaux de bienfaisance, ils sont » définitivement réglés par les Préfets. »

(2) On croit devoir joindre ici extrait d'une circulaire du Ministre de l'Intérieur, adressée aux Préfets le 25 février 1826, laquelle contient des dispositions relatives à la formation des budgets des Établissemens de bienfaisance.

« Monsieur le Préfet....., depuis que l'Ordonnance du 21 octobre 1821 a posé les » bases de l'Administration et de la Comptabilité des Hospices et des Bureaux de bien- » faisance, le service de ces Établissemens s'est considérablement amélioré. Les mesures » prescrites pour soumettre à des principes fixes et à un mode uniforme le réglement » des budgets, l'emploi des crédits et l'apurement des comptes, ont amené des écono- » mies qui, dans la plupart des localités, ont permis d'augmenter le nombre des lits » de malades, et de procurer à ces derniers les Secours de tout genre nécessaires à leur » prompt rétablissement.

» Ces heureux résultats d'une comptabilité régulière vous auront d'autant moins » échappé, que votre surveillance sur les Établissemens publics est plus directe, et ils » vous auront convaincu de la nécessité de maintenir dans toute leur intégrité les prin- » cipes d'ordre, dont l'application est, pour les Hospices, une garantie de bonne gestion » de leurs revenus, et, pour les Administrateurs, un moyen de mettre au jour l'exac- » titude de leur administration. Les Commissions administratives ont pu juger que la » surveillance réservée à l'Autorité supérieure, loin d'être inquiète et hostile, n'a d'au- » tre but que de mettre le Gouvernement à même de concerter avec elles les mesures » qui peuvent contribuer à la prospérité des Établissemens confiés à leurs soins. Je » désire, Monsieur le Préfet, que cette pensée soit bien comprise par les Administrateurs » des Hospices ; qu'ils ne perdent jamais de vue que leurs relations avec l'Autorité supé- » rieure doivent être toutes de confiance, et qu'ils soient bien persuadés qu'ils la trou-

135. « Dans le mois qui suivra, la répartition entre les Bu-

Arrêté du Ministre de l'Intérieur, du 19 juillet 1816, art. 38.

» veront toujours disposée à accueillir favorablement les propositions qui tendront à » l'amélioration du service.

» C'est surtout dans la rédaction des budgets annuels que ce principe doit recevoir » son application. Qu'aucun revenu n'y soit dissimulé ; que chaque article de dépenses » y soit porté d'après une juste évaluation et dans la proportion des besoins des Éta- » blissemens. Provoquez à cet égard, Monsieur le Préfet, toutes les explications nécessaires » pour qu'il ne puisse y avoir aucun doute sur la légitimité des diverses allocations » proposées au budget. En général, il est à désirer que les Commissions administratives » joignent à l'appui de leurs budgets un cahier d'explications détaillées sur les articles » de recettes ou de dépenses qui paraissent demander des éclaircissemens, notamment » lorsqu'ils présentent une diminution dans un revenu ou une augmentation dans une » dépense....

» Quant aux budgets des Établissemens qui ont moins de 100,000 francs de revenus, » et dont le réglement vous appartient, conformément à l'Ordonnance du 31 oc- » tobre 1821, vous continuerez à me faire connaître la date de la fixation de ces budgets » et de la remise qui en a été faite aux Comptables, ainsi que le montant des recettes et » dépenses, tant ordinaires qu'extraordinaires......

» La clarté que je désire, et que vous devez, Monsieur le Préfet, vous efforcer d'in- » troduire dans toutes les opérations des Commissions administratives, semble être encore » plus nécessaire dans la gestion des Receveurs ; ici, tout est de droit rigoureux, et je » vous invite à tenir la main à l'observation scrupuleuse des formalités indiquées par les » réglemens pour le paiement et la justification des dépenses et pour la régularité des » recouvremens. Rien ne saurait excuser un Comptable qui........ acquitterait des dé- » penses non autorisées ou supérieures aux crédits ouverts, ou bien même qui, lorsque » les dépenses sont créditées au Budget, les paierait sans qu'elles fussent ordonnancées » par l'ordonnateur, et accompagnées des pièces requises pour la validité du paie- » ment. La moindre irrégularité en matière de comptabilité de deniers peut avoir » des résultats funestes pour les Établissemens : aussi la surveillance peut et doit même » être facile et indulgente à l'égard des Administrateurs, mais il faut qu'elle soit active » et rigoureuse à l'égard des Comptables. Les Commissions administratives sentiront » elles-mêmes la nécessité d'un contrôle journalier sur le mouvement de la caisse, et » c'est à elles surtout qu'il appartient de l'exercer avec zèle, dans l'intérêt des Établis- » semens qu'elles administrent.

» Ces considérations, sur lesquelles j'ai insisté, parce qu'elles touchent directement à » la prospérité des Établissemens de bienfaisance, démontrent combien il est indispen- » sable que les Receveurs aient une entière connaissance des divers réglemens qui pres- » crivent les formalités à suivre pour le bon ordre de leur comptabilité et de leurs écri- » tures. Je vous engage, Monsieur le Préfet, à remettre fréquemment sous leurs yeux » les différentes dispositions législatives et réglementaires qui concernent leur ser- » vice, etc. »

» reaux des fonds ordinaires de Secours à domicile sera ar-
» rêtée par le Conseil général, qui prendra, au préalable, l'avis
» des Présidens des Bureaux, réunis en assemblée.

Arrêté du Conseil général des Hospices, du 11 décembre 1822, art. 3.

136. » A compter du 1er. janvier 1823, les répartitions de » Secours en nature et en argent qui seront faites par le » Conseil général entre les différens Bureaux de charité se- » ront établies d'après le nombre effectif des ménages indigens » portés dans l'état général pour chacun des arrondissemens.

Même Arrêté, art. 4.

137. » Ne seront pas compris dans la disposition de l'article » précédent les fonds destinés aux Vieillards et Aveugles, et » ceux qui sont alloués pour frais de bureau et loyers de Mai- » sons de Secours et d'Écoles. »

CHAPITRE XIII.

COMPTABILITÉ, COMPTES.

Registres.

Dispositions résultant de l'*Instruction générale du Ministre des Finances, du 15 décembre 1826.*

138. Les Agens-Comptables des Bureaux de charité ont, pour leurs recettes et dépenses en argent,

1°. Un Registre-Journal de recette;

2°. Un Registre-Journal de dépense (1).

Ib.

139. Ces Registres doivent être cotés et paraphés sur chaque feuillet par le Maire Président du Bureau de charité; cette opération, qui doit précéder toute inscription, est constatée sur le premier feuillet du Registre de la manière suivante :

« Le présent Registre, contenant........ feuillets, a été » coté et paraphé sur chacun, par nous Maire du........... » arrondissement, Président du Bureau de charité, pour

(1) *Voyez* les Modèles de ces registres, Nos. 27 et 28.

» servir de Journal de......... à M.
» Agent-Comptable dudit Bureau.
» Paris, le »

140. L'Agent - Comptable enregistrera, jour par jour, article par article, et au même instant qu'elles ont lieu, sans rature ni surcharge, grattage, lacune ni intervalle, toutes ses opérations quelconques de comptabilité (1).

Instruction pour l'exécution de l'Ordonnance du Roi, du 31 octob. 1820.

141. « Tout ce qui est recette, tout ce qui est dépense, » doit figurer dans les écritures et la comptabilité du rece- » veur (2).

Omissions de Recettes.
—
Arrêté du 27 prairial an X, art. 4.

» Tout Receveur général ou particulier, et généralement » tout Comptable convaincu d'avoir omis ou retardé de se » charger en recette, sur ses journaux et bordereaux de » situation, des sommes qui lui auraient été versées pour » le service public, sera destitué et poursuivi comme cou- » pable de détournement des deniers publics (3).

Extrait du *Code d'administration des Établissemens publics, etc.*, au mot RECTIFICATION.

» En cas d'erreur ou d'omission involontaire dans un » article, la rectification se fait par un autre article motivé, » qui renvoie à celui qui doit être changé ou modifié. »

Recettes intérieures.
—
Disposition résultant de l'*Instruction du Ministre des Finances, du 15 décem.* 1826, art. 1114, 1116 et 1117.

142. Pour toute recette intérieure, de quelque part qu'elle vienne et de quelque nature qu'elle soit, le Comptable devra, sous sa responsabilité personnelle, en faire l'enregistrement sur le Registre des recettes, en présence, autant que possible, de la partie versante; remplir au même instant

(1) *Voyez*, à l'*Instruction sur la Comptabilité*, le *Libellé des articles de recettes et de dépenses.*

(2) *Voyez* le N°. 33 du *Recueil.*

(3) Pour la pénalité applicable au *détournement des deniers publics*, voyez les articles 169, 170, 171 et 172 du *Code pénal.*

une quittance portant le même numéro d'enregistrement, les mêmes noms et la même somme, et la remettre immédiatement à la partie versante.

Caisse.

Instruction du Ministre des Finances, du 15 décembre 1826, art. 796.

143. « Chaque Comptable ne doit avoir qu'une seule caisse, » dans laquelle sont réunis tous les fonds appartenant à ses » divers services.

» Le Comptable serait déclaré en *déficit* des fonds qui » n'existeraient pas dans cette caisse unique. »

Extrait du *Code d'administration des Établissemens publics, etc.*, au mot Caisse.

« On appelle *caisse* le Bureau dans lequel les Comptables tiennent leurs » fonds, et où ils effectuent leurs recettes et leurs paiemens.

» Les Réglemens de l'Administration des finances imposent à tout dépositaire » de deniers publics l'obligation spéciale de n'avoir qu'une seule Caisse pour » tous les fonds qui lui sont versés, à quelque titre que ce soit; c'est à dire » qu'il faut que ces fonds soient constamment réunis dans le même coffre, ou » du moins dans une même pièce, afin qu'ils puissent à chaque instant être » complétement représentés aux Vérificateurs.

» Cette obligation d'unité de Caisse est rappelée dans une circulaire adressée » par le Ministre des Finances à tous les Comptables, le 26 septembre 1821, » laquelle porte en outre que s'il arrivait qu'il manquât des fonds à la Caisse » d'un Comptable au moment où la vérification en serait faite, il serait con- » sidéré comme étant réellement en *déficit*, bien qu'il eût représenté plus tard » les fonds qui lui manquaient et prouvé qu'il les avait tenus en réserve hors de » sa caisse ou de son Bureau (1). »

Vol de la Caisse.

Instruction du Ministre des Finances, du 15 décembre 1826, art. 977.

144. « En cas de vol commis à leur Caisse, les Comptables » ne peuvent en obtenir la décharge s'ils ne justifient que » ce vol est l'effet d'une force majeure; qu'outre les précau- » tions ordinaires, ils avaient eu celle de faire coucher un » homme sûr dans le lieu où ils tenaient leurs fonds, et » que, si c'était au rez-de-chaussée, ils avaient eu soin de » le faire solidement griller.

(1) Pour le cas où un Comptable aurait avancé de ses deniers, *voyez* ci-après, N°. 155 du *Recueil* et l'*Instruction sur la Comptabilité*, N°. 3.

145. » Chaque Trésorier des Bureaux de bienfaisance pré- » sentera, dans la première séance du mois, le Bordereau de » sa caisse, et les quittances des sommes par lui payées dans » le cours du mois précédent. Lesdits mandats du Bureau et » les quittances resteront entre les mains du Trésorier, comme » pièces justificatives des comptes qu'il doit rendre.

Bordereaux de Caisse.
—
Arrêté du Conseil général des Hospices, du 29 octobre 1806, art. 4.

146. » Tous les mois, le Trésorier honoraire de chaque Bu- » reau de charité vérifiera la caisse de chaque Comptable, et » le Bordereau de vérification, certifié par lui et visé par le » Président, sera adressé à l'Ordonnateur général, qui en » donnera connaissance au Conseil (1). »

Vérification de Caisse.
—
Arrêté du Conseil général, du 4 août 1819, art. 4.

Les Registres-Journaux de recette et dépense seront aussi arrêtés chaque mois par le Trésorier honoraire.

Il résulte aussi de l'art. 4 de l'arrêté du Gouvernement, du 19 vendémiaire an 12, que les Administrateurs des établissemens publics doivent vérifier, chaque mois, les registres et la caisse de leurs Comptables.

147. « Le Membre de la Commission administrative chargé » de la quatrième Division et l'Ordonnateur général se trans- » porteront successivement dans les différens Bureaux de » charité, à l'effet d'y constater l'état des Caisses et de vérifier » les Registres des recettes et dépenses des Agens-Comptables » des Bureaux.

Arrêté du Conseil général des Hospices, du 30 avril 1823.

» Les mêmes Membres de la Commission feront, à l'avenir, » des inspections et des vérifications semblables, toutes les » fois qu'ils le jugeront nécessaire.

» Il sera rendu compte au Conseil général du résultat de » ces différentes inspections. »

Les Comptables sont tenus, conformément à la Loi du 24 novembre 1790

(1) *Voyez* le Modèle de ce Bordereau, sous le N°. 29.

Il en est aussi adressé une copie au Membre de la Commission administrative chargé de la quatrième Division.

et à l'Arrêté du 19 fructidor an IX, de représenter aux Administrateurs, Inspecteurs et fonctionnaires chargés de les vérifier, et sur leur réquisition, tous leurs registres, pièces de dépense, et les valeurs qu'ils ont en caisse ; ils doivent, en outre, leur fournir tous les renseignemens propres à éclairer leur situation.

Dispositions résultant de l'art. 1012 de l'*Instruction ministérielle, du 15 déc.* 1826.

Si le Comptable vérifié est reconnu en règle sous tous les rapports, il en est fait mention dans le procès-verbal de vérification.

Extrait du *Code de l'administration, etc.*, au mot Déficit.

« Lorsque, dans la vérification de la Caisse et de la comptabilité d'un Receveur, le Comptable ne représente pas en numéraire effectif, acquits, ou » pièces de dépenses régulièrement autorisées, la totalité des recettes qu'il a » effectuées, il est constitué en déficit de la somme qui manque.

» Les déficits dans les Caisses des Comptables peuvent être considérés comme » un détournement de deniers publics, et donner lieu aux poursuites extraordinaires et à l'application des peines portées par le Code pénal (1). »

Ordonnance du Roi, du 30 octobre 1821, art. 32.

148. « Les Préfets useront des mêmes moyens (la suspension et la révocation) contre tout Receveur dans la gestion » duquel des vérifications, faites comme il est réglé par la présente Ordonnance, auraient constaté soit une infidélité, soit » un déficit ou un désordre grave ou négligence coupable (2). »

Disposition résultant de l'art. 1015 de l'*Instruction du Ministre de l'Intérieur, du 15 déc.* 1826.

149. Si les irrégularités sont de nature à motiver la suspension du Comptable, les Membres de la Commission administrative qui procèdent à la vérification peuvent, immédiatement et sans attendre que la suspension soit prononcée, lui retirer les valeurs dont il serait dépositaire, en en informant, séance tenante, le Maire Président du Bureau de charité, et en en rendant compte au Conseil général des Hospices, qui prend, sous l'approbation du Préfet, les mesures nécessaires pour que le service soit continué comme il est dit ci-dessus (N°. 48).

Il est dressé procès-verbal de la situation du Comptable,

---

(1) (Art. 169, 170, 171, 172, 173.) Un avis particulier (inédit) du Conseil d'État, du 10 septembre 1808, établit « qu'un Comptable ne peut pas être affranchi des peines » pécuniaires qu'il a encourues, par le prétexte de l'ignorance de ses devoirs. » *Questions de droit administratif*, par M. Cormenin, tom. I, pag. 416.

(2) *Voyez* le N°. 165 et suivans, qui indiquent la manière de procéder en cas de suspension ou de révocation du Comptable.

et les valeurs en caisse doivent être déposées dans la caisse du Receveur des Hospices jusqu'à la nomination d'un Gérant provisoire.

Les Membres de la Commission administrative remettent au Comptable une expédition de ce procès-verbal, s'il le requiert, et ils en adressent immédiatement une copie au Préfet du département, avec leur rapport.

« En toute comptabilité, de simples certificats, quelles que soient les per- » sonnes dont ils sont émanés, ne peuvent détruire des faits constatés par des » procès-verbaux dûment dressés par un Agent de l'Administration, dans les » bornes de ses attributions. »

Questions de droit administratif, par M. Cormenin, tome Ier., p. 415.

Dépenses.

Ordonnance du Roi du 31 octobre 1821, art. 20. Instruction sur cette Ordonnance par M. le Conseiller d'État, Directeur général de l'Administration des Établissemens de bienfaisance, et art. 790, 791, 792, de l'Instruction du Ministre des Finances, du 15 décembre 1826.

150. « Les Commissions administratives et les Bureaux de » bienfaisance ne peuvent faire que les dépenses autorisées, » ainsi qu'il est réglé par les articles précédens (1). Les Rece- » veurs sont personnellement responsables de tout paiement » qui ne résulterait pas de ces autorisations ou qui les excéde- » rait (2). »

« Par suite de cette disposition, les Receveurs et Agens-Comptables ne » peuvent, dans leurs paiemens, excéder les allocations portées au Budget, à » moins d'une autorisation spéciale émanée de l'autorité qui a approuvé le » Budget, sous peine par eux de voir rejeter de leurs comptes les paiemens » qu'ils auraient faits sans cette autorisation (3). »

Décret du 7 floréal an XIII (27 avril 1805), art. 7.

151. « Doivent aussi être rejetés des comptes tous paiemens

(1) Les articles dont il s'agit ici sont ceux de la même Ordonnance, du 31 octobre 1821, qui sont relatifs aux budgets et à la comptabilité des Établissemens de bienfaisance.

(2) Pour faciliter l'exécution de cette disposition, l'Administration des Hospices avait adressé, en 1828, aux Bureaux de charité des *billets d'ordre* pour les diverses fournitures : ces billets contenaient 1°. l'autorisation de fournir et la désignation du fournisseur; 2°. le récépissé des objets fournis; 3°. la facture du fournisseur, toutes formalités indispensables.

Plusieurs Bureaux ayant préféré s'en tenir aux formes précédemment suivies, le modèle de billet d'ordre n'a été inséré dans la collection que pour ceux des Bureaux qui trouveraient de l'utilité ou de l'avantage à s'en servir.

(3) *Voyez* Chap. XII, *Budgets*.

» non appuyés du mandat de l'Ordonnateur et des pièces justificatives dont la dépense est susceptible (1).

Arrêté du Conseil général des Hospices, du 1er. février 1808, art. 1er.

152. » Les objets dont les Bureaux de bienfaisance auront » besoin pour les distributions en nature aux Indigens ne pourront être fournis par les Membres desdits bureaux.

Instructions du Ministre de l'Intérieur, du 30 mai 1827, art. 11, et du Ministre des Finances, du 15 décembre 1826, art. 793.

153. » Aucune dépense ne peut être acquittée par les Receveurs des Hospices et autres établissemens, si elle n'a été *préalablement* ordonnancée sur un crédit régulièrement ouvert.

» Les mandats doivent être délivrés au nom et au profit des » *créanciers directs* de l'Établissement.

» Les Receveurs ne peuvent se refuser à acquitter les mandats ni en retarder le paiement, excepté dans les cas,

» 1°. Où il y aurait insuffisance de fonds dans la caisse;

» 2°. Où la somme mandatée ne porterait pas sur un crédit » légalement autorisé;

» 3°. Où cette somme excéderait le crédit;

» 4°. Où les pièces produites seraient insuffisantes ou irrégulières;

» 5°. Où il y aurait une opposition dûment signifiée entre » les mains du Comptable contre le paiement réclamé.

» Dans ces diverses circonstances, le Receveur devra refuser » le paiement des mandats, sous peine de responsabilité personnelle.

» Tout refus, tout retard de paiement, doivent être motivés » dans une déclaration immédiatement délivrée par le Receveur au porteur du mandat, lequel peut se pourvoir auprès de la Commission administrative, pour être par elle » avisé aux mesures à prendre ou à provoquer.

(1) *Voyez* Chap. Ier., No. 11, et l'*Instruction sur la Comptabilité* pour les pièces justificatives à fournir à l'appui des mandats.

» Tout Receveur qui aurait indûment refusé ou retardé un » paiement régulier, ou qui n'aurait pas délivré au porteur » du mandat la déclaration motivée de son refus, serait res- » ponsable des dommages qui en résulteraient.

154. » Si le porteur du mandat ne sait pas signer, le Re- » ceveur peut, si le mandat n'excède pas *cent cinquante fr.*, » en effectuer le paiement en présence de deux témoins, qui » signent avec lui, sur le mandat, la déclaration faite par la » partie prenante qu'elle est illétrée.

Loi du 18 messidor an XII (7 juillet 1804).

» Si le paiement excède *cent cinquante francs*, la quittance » doit être donnée devant Notaire, aux frais de la partie pre- » nante, conformément à l'art. 1341 du Code civil, et à » l'art. 738 de l'Instruction du Ministre des Finances, du » 15 décembre 1826.

155. » L'ordre qui doit régner dans toute gestion de deniers » publics ne permet pas qu'un Comptable se présente en » avance, c'est à dire que les dépenses s'élèvent à une somme » plus forte que les recettes. Dans tout compte présentant un » pareil résultat, l'avance doit être rayée sans autre recours » pour le Comptable que celui qu'il pourrait exercer per- » sonnellement contre les Ordonnateurs des dépenses ou les » parties prenantes.

Avis du Conseil d'État, du 5 septembre 1810.

Comptes.

156. » Les Bureaux rendront, tous les ans, un compte dé- » taillé de leurs recettes et dépenses dans la forme qui sera » prescrite par le Conseil (1). »

Arrêté du Ministre de l'Intérieur, du 19 juillet 1816, art. 39.

« L'Autorité ne doit jamais oublier que la Loi, en imposant aux Adminis- » trations charitables l'obligation pure et simple d'un compte de gestion, ne » reconnait pour Comptables des recettes et dépenses acquittées que les Rece- » veurs à nommer hors de leur sein, et que de là résulte, pour les Préfets et » Sous-Préfets, la nécessité de prendre toutes les mesures qui les concernent

Instruction du Ministre de l'Intérieur sur le Décret du 27 avril 1805 (5 floréal an XIII).

(1) *Voyez* ci-après l'*Instruction sur la Comptabilité.*

» pour arriver à la centralisation de toutes les recettes sous quelque dénomi-
» nation qu'elles soient connues et quel que puisse en être l'objet ; tout doit ar-
» river dans une seule et même Caisse , pour n'en sortir que dans les formes
» prescrites par les réglemens. Il n'y a qu'un tel ordre de choses qui puisse
» éclairer complétement l'Autorité supérieure , et l'un des premiers devoirs
» de la Commission de révision des comptes sera de s'assurer et d'exprimer
» dans ses rapports si quelques Administrations continuent de s'en écarter ,
» ou s'y conforment. Sans doute on doit beaucoup à leur zèle et aux soins dé-
» sintéressés qu'ils apportent dans l'exercice des fonctions charitables qui leur
» sont déléguées ; mais de ce que leurs fonctions sont gratuites , et que l'ad-
» ministration qui leur est confiée doit être toute paternelle , il n'en faut pas
» conclure que, dans leur gestion , elles ne sont obligées de suivre que les
» règles qu'elles jugent utile de se donner à elles-mêmes : il en est d'autres
» auxquelles les lois ont sagement subordonné tous leurs actes. Leurs règles
» particulières ne doivent donc jamais être que la conséquence ou l'application
» des lois générales qui les concernent. S'il en était autrement , et si chaque
» Administration ou chacun des membres qui la composent pouvait, à son
» gré, en diriger tous les mouvemens , il n'existerait plus d'unité ni d'har-
» monie ; l'uniformité des principes serait rompue ; on n'administrerait plus à
» Paris comme à Lyon , et à Lyon comme ailleurs ; et l'on verrait insensible-
» ment renaître cette diversité qui subsistait dans la direction de ces établis-
» semens , et qu'un des premiers soins de l'Assemblée constituante fut de faire
» cesser, en les soumettant à des règles communes d'administration publique.»

Instruction générale du Ministre des Finances, du 15 décembre 1826, art. 1229.

157. « Les comptes de gestion des Receveurs des communes » et des Établissemens de bienfaisance doivent être adressés » en double expédition.

Même Instruction, art. 1230.

158. » Les comptes doivent être affirmés *sincères* et *véritables* tant en recette qu'en dépense, sous les peines de » droit , et être datés et signés par le Comptable.

Même Instruction, art. 1231.

159. » Ils doivent, en outre, être paraphés sur chaque feuillet, ne point offrir d'interlignes , et les renvois et ratures doivent être approuvés et signés par le Comptable.

Même Instruction, art. 1232.

160. » Après la présentation d'un compte , il ne peut y être » fait aucun changement.

Même Instruction, art. 1233.

161. » Il ne peut être présenté aucun compte devant l'Au-

» torité chargée de le juger, qu'il ne soit en état d'examen et » appuyé de pièces justificatives. »

« La présentation d'un compte qui ne serait pas en état d'examen serait » considérée comme nulle, et laisserait courir, contre le Comptable, les délais » de rigueur, après lesquels il peut être poursuivi. »

Instruction du Ministre de l'Intérieur, du 30 mai 1827.

162. « Pour que le compte d'un Receveur de commune ou » d'Établissement de bienfaisance soit en état d'examen, il » faut qu'après avoir été revêtu des formalités qui viennent » d'être prescrites, il soit accompagné d'une expédition du » Budget de chaque exercice, ainsi que de l'Arrêté approbatif » de ce Budget, de la délibération du Conseil municipal ou » de la Commission administrative sur le compte présenté; » d'une copie du compte d'administration; enfin, d'un in- » ventaire des pièces justificatives, classées par chapitres et » articles, cotées et numérotées.

Instruction du Ministre des Finances, du 15 décembre 1826, art. 1234.

163. » Les comptes des Receveurs des communes et des » Établissemens de bienfaisance, avant d'être présentés à l'au- » torité chargée de les juger (1), doivent être soumis à l'exa- » men des Conseils municipaux et des Commissions admi- » nistratives.

Même Instruction, art. 1236.

» A cet effet, une des expéditions du compte de chaque » année est remise au Maire, avant la fin du premier tri- » mestre de l'année suivante (2), et ce fonctionnaire la trans- » met au Conseil (3). »

---

(1) A Paris, c'est le Conseil général des Hospices qui juge en premier ressort les comptes des Bureaux de charité.

(2) L'Instruction du Ministre de l'Intérieur, du mois de septembre 1824, rappelant les dispositions de la loi du 28 pluviose an III et de celle du 16 septembre 1807, porte textuellement ce qui suit :

« Tout Comptable qui n'aurait pas remis son compte au Maire, à l'expiration du pre- » mier trimestre qui suit la clôture de chaque exercice, aurait, par ce seul fait, en- » couru la suspension de ses fonctions, sans préjudice des autres peines prévues par les » lois, dans les cas où les retards proviendraient de ses faits ou négligence. »

(3) A Paris, le compte est remis directement par l'Agent-Comptable au Bureau de cha-

Extrait de l'*Instruction du Ministre de l'Intérieur, du 8 févr. 1823.*

« Il est à propos que l'Administration délègue un de ses Membres pour » remplir les fonctions de rapporteur, à l'effet de vérifier le compte sur les » pièces justificatives produites à l'appui et sur les registres du Receveur (1). » Le Membre délégué rend compte des résultats de sa vérification dans une » assemblée de l'Administration, et la Commission arrête le compte par une » délibération, qui est transcrite sur l'original et rappelée sur les expéditions.

» En même temps qu'elle arrêtera le compte en deniers, la Commission ad- » ministrative doit arrêter le compte moral de sa propre administration pour » le même exerçice. »

L'extrait suivant d'une Instruction du Ministre de l'Intérieur sur l'art. 2 du Décret du 27 floréal an XIII (7 avril 1805) (2) fera connaître d'une manière plus précise la nature et l'objet de la vérification dont il s'agit :

« Par cette disposition, dit l'Instruction, les Membres des Administrations » charitables sont maintenus dans le droit qui leur appartient d'entendre les » comptes des Receveurs attachés aux établissemens dont la direction leur est » confiée. Un des Membres qui les composent peut être délégué par elles à » remplir les fonctions d'auditeur : ces fonctions se réduisent à faire l'examen » du compte présenté sur le compte de l'exercice précédent, sur les pièces jus- » tificatives produites à l'appui, etc., etc.; son travail n'est que préparatoire, » et lorsqu'il est fini il doit rapporter le compte dans une assemblée générale » de l'Administration, et transcrire ensuite sur l'original du compte les déli- » bérations qu'elle doit prendre pour certifier les différens articles exacts et » véritables, quant aux recettes, et conformes à ses autorisations quant aux » dépenses dont le Comptable a fait le paiement (3).

» Le compte moral de l'Administration et celui du Receveur, dit encore une

---

rité assemblé, et, après l'approbation du Bureau, envoyé à l'Administration des Hospices.

(1) Dans la plupart des Bureaux de charité, on nomme pour l'examen du compte une Commission de trois Membres, dont le Trésorier honoraire fait nécessairement partie : ce mode paraît préférable.

(2) Aux termes de la Loi du 26 thermidor an VII (24 juillet 1799), art. 9, et du Décret du 7 floréal an XIII, les comptes à rendre par les Receveurs devaient être transmis à l'Administration qui avait la surveillance immédiate. C'est encore ce qui s'observe à Paris, où les Bureaux de charité rendent leurs comptes de toute nature à l'Administration des Hospices, qui en comprend les résultats dans les comptes généraux et administratifs qu'elle rend elle-même pour tous les Établissemens dont la direction lui est confiée, comptes qui sont jugés suivant les formes prescrites par M. le Préfet en Conseil de Préfecture.

(3) On a vu plus haut, N°. 160, qu'après la présentation d'un compte il ne peut y être fait aucun changement.

» circulaire du Ministre de l'Intérieur, en date du 22 mars 1828, auront dû
» être préparés et déposés dans la dernière quinzaine du mois de mars. Comme
» ces deux comptes se contrôlent réciproquement, il était nécessaire qu'ils
» fussent présentés et examinés en même temps.

» L'examen des comptes (par les Conseils de charité) (1) a un double objet :
» le premier, de constater si les opérations de l'année pour laquelle les comptes
» sont rendus ont été régulièrement effectuées, et de déclarer s'il y a lieu de
» les approuver ou d'indiquer des rectifications. Sous ce rapport, le Conseil
» aura à s'assurer si les règles prescrites par les instructions.... ont été ob-
» servées, et si toutes les recettes et les dépenses sont justifiées, ainsi qu'il est
» ordonné. Après cette investigation, qui devra porter indistinctement sur
» toutes les parties du compte, le Conseil consignera dans sa délibération
» les observations auxquelles elle aura donné lieu. Il convient de remarquer ici
» que ce n'est point un jugement qu'il s'agit de prononcer : ainsi, il n'appar-
» tiendrait pas au Conseil d'ordonner des forcemens de recettes ou des rejets
» de dépenses : c'est un avis qu'il est appelé à donner sur la situation des
» comptes, et auquel on aura égard lors de leur apurement définitif.

» Le second objet de l'examen des comptes est de procéder au réglement dé-
» finitif des recettes et des dépenses de l'exercice clos. Pour cette opération,
» le Conseil constatera, en premier lieu, le montant réel des recettes effectuées
» pendant l'exercice, et appartenant audit exercice...; en second lieu, il cons-
» tatera tous les paiemens réellement effectués, pendant la même période et
» pour le même exercice, sur le crédit ouvert pour le budget ou pour des au-
» torisations supplémentaires. Rapprochant alors les recettes des dépenses, il
» déclarera que les recouvremens de l'exercice s'étant élevés à la somme de
» et les paiemens à la somme de
» il en résulte un excédant de recette de , applicable
» aux dépenses de l'exercice suivant. Il sera dit que toutes les opérations de
» l'exercice sont closes, et qu'en conséquence les crédits non employés sont
» annulés. »

164. « Les comptes que les Bureaux de charité doivent » rendre chaque année, aux termes de l'art. 39 de l'Arrêté du » 19 juillet 1816 (N°. 156), seront remis, au plus tard, à la fin » du premier trimestre de l'année suivante, à la quatrième

Époque de la remise des Comptes.

Arrêté du Conseil général, du 4 août 1819, art. 5.

(1) A Paris, par les Bureaux de charité.

12

» Division de l'Administration générale, et le Membre de la » Commission en accusera réception par écrit à la date du jour » de la remise.

» En cas de retard, le traitement de l'Agent-Comptable » sera suspendu, et il sera définitivement privé d'un douzième » de son traitement s'il laisse écouler un mois ou plus sans » avoir remis le compte; s'il y avait un second mois de retard, » il en sera fait rapport au Conseil, qui statuera suivant les » circonstances. »

Disposition résultant de l'*Instruction du Ministre des Finances, du 15 décem. 1826, art. 33.*

165. En cas de disparition, de cessation de fonctions par suite de suspension provisoire, ou faute par le Comptable, ses héritiers ou fondés de pouvoirs, de présenter les comptes dans les délais prescrits, le Conseil général désigne, sous l'approbation du Préfet, un *Commis d'office* pour la reddition des comptes. La rétribution qui serait due à ce Commis est à la charge du Comptable; elle est réglée de gré à gré entre ce Commis d'office et le Comptable ou ses représentans : en cas de contestation, il serait statué par le Préfet (1).

Dans le cas où le Comptable aurait été remplacé, le nouveau Titulaire pourrait remplir les fonctions de *Commis d'office*.

Instruction du Ministre des Finances, du 15 déc. 1826, art. 1225.

166. » Chaque Receveur n'étant comptable que de sa gestion personnelle doit, en cas de mutation, rendre compte » séparément des faits qui le concernent; en conséquence, » lorsque la mutation s'opère dans le cours d'une année, le » compte de cette année doit être divisé suivant la durée de » la gestion de chacun des Titulaires (2).

---

(1) *Voyez* le N°. 48.

(2) *Voyez* le N°. 49 et la note.

167. » Le compte du *Receveur remplacé* doit avoir pour » *premier article* l'excédant des recettes de son compte de » l'année précédente, et pour *dernier résultat* le montant » des valeurs qui représentent l'excédant des recettes au jour » de la cessation de son service.

Instruction du Ministre des Finances, du 15 déc. 1826, art. 1226.

168. » Le premier compte à rendre par le nouveau Receveur doit avoir pour premier article le solde ou excédant de recette résultant de la gestion de son prédécesseur, » et justifié par le procès-verbal qui a constaté la remise du » service, solde qui sera reporté à la fin du compte pour » faire ressortir l'excédant total des recettes au 31 décembre » de l'année pour laquelle le compte sera rendu.

Même Instruction, art. 1227.

Jugement des Comptes.

Même Instruction, art. 1238.

169. » Les comptes présentés dans les délais prescrits ci-» dessus doivent être jugés avant la fin de l'année.

» Les modifications dont la recette et la dépense d'un compte » sont susceptibles ne peuvent résulter que des faits qui vont » être indiqués; savoir,

» *Sur la recette*,

» 1°. Les *augmentations* provenant.... de sommes omises » par erreur au préjudice de la Commune ou de l'Établis-» sement;

» 2°. Les *diminutions* résultant de sommes portées de trop » en recette par suite d'erreurs au préjudice du Comptable;

» *Sur la dépense*,

» 1°. Les *diminutions*, soit pour dépenses rejetées comme » irrégulières, soit pour sommes portées de trop en dépense, » au préjudice de la Commune ou de l'Établissement;

» 2°. Les *augmentations* pour sommes omises par suite » d'erreurs au préjudice du Comptable (1).

» Les *augmentations de recette* et les *diminutions de dé-* » *pense* donnent lieu au versement en numéraire, dans la » Caisse de l'Établissement, des sommes mises à la charge du » Receveur (2).

» Les *diminutions de recette* et les *augmentations de dé-* » *pense* donnent lieu au paiement que le Receveur est au- » torisé à se faire à lui-même, sur les deniers de sa Caisse, » des sommes qu'il y avait versées de trop par suite d'erreurs » reconnues.

Notification des Arrêts.

— Disposition résultant de l'*Instruction ministérielle, du 15 déc. 1826, art. 1240.*

170. » Les Arrêts rendus sur les comptes des Receveurs des » Communes et des Établissemens de bienfaisance sont no- » tifiés *un mois au plus tard après qu'ils ont été rendus.* »

Les expéditions en sont adressées aux Maires, qui les remettent aux Agens-Comptables sur leur récépissé, constatant la date de la remise.

---

(1) Ou des parties prenantes.

(2) Un Avis du Conseil d'État, approuvé le 20 juillet 1808, porte ce qui suit :

« 1°. L'art. 1996 du *Code civil* est applicable de plein droit aux débets des Comp- » tables publics, qui doivent en payer les intérêts à cinq pour cent l'an ;

» 2°. Lorsqu'il s'agit de soustraction de recette ou de déficit quelconque dans la » Caisse au moment où les Comptables doivent solder leurs comptes, les intérêts com- » menceront à courir du moment où devait se faire le versement ;

» 3°. Pour les erreurs de calcul, qui, par leur modicité, ne peuvent être considérées » comme des infidélités, les intérêts ne doivent courir qu'à dater du jour de la signifi- » cation du procès-verbal, qui en constatera le montant, déduction faite de celles à la » charge du Comptable ;

» 4°. Pour les débets de force majeure, tels que vols de Caisse, les intérêts ne » doivent commencer à courir que du jour où la somme volée est mise à la charge » du Comptable. »

171. « Les charges et injonctions que les Arrêts imposent » aux Comptables doivent être exécutées dans le délai de » *deux mois, à partir du jour de la notification.*

Exécution des Arrêts.
—
Instruction ministérielle du 15 décembre 1826, art. 1242.

172. » S'il s'agit d'exercer des poursuites contre un Comp- » table en débet, on doit procéder selon les règles suivies par » l'Agent judiciaire du Trésor à l'égard des Comptables di- » rects du Ministère des Finances. On remet à l'Huissier dé- » signé à cet effet l'expédition de l'Arrêt rendu exécutoire. » Cet Arrêt est signifié au débiteur, avec commandement de » payer, et à défaut de paiement, le Maire, conformément » à la loi du 29 vendémiaire an V, charge l'avoué de la Com- » mune de procéder aux poursuites judiciaires. »

Même Instruction, art. 1243 et 1244.

Un avis du Conseil d'État du 24 mars 1812 décide que les arrêtés des Préfets fixant les débets des communes et des établissemens publics sont exécutoires sur les biens meubles et immeubles desdits Comptables sans l'intervention des tribunaux.

Un autre avis du Conseil d'État du 13 août 1804 (25 thermidor an II) porte :

« Les condamnations et les contraintes émanées des Administrateurs, dans » les cas et pour les matières de leur compétence, emportent hypothèque de la » même manière et aux mêmes conditions que celles de l'autorité judiciaire. »

173. « Lorsqu'il y a lieu de procéder à la vente des biens, » cette vente doit, aux termes de l'Avis du Conseil d'État, » approuvé le 3 mai 1806, être poursuivie dans les formes » prescrites par le *Code civil* et par le *Code de procédure;*

Même Instruction, art. 1246.

» Et attendu que le droit de suivre toutes les actions judi- » ciaires qui intéressent les Communes est exclusivement at- » tribué aux Maires par la loi du 29 vendémiaire an V, déjà » citée, ces fonctionnaires, ou leurs agens en cas d'absence, » ont seuls qualité pour faire suivre devant les tribunaux la » vente dont il s'agit. »

Disposition résultant de l'*Instruction ministérielle, du 15 déc.* 1826, art. 1248.

174. Les Conseils de Préfecture n'interviennent point dans la liquidation des frais résultant de la notification des arrêtés de compte, des inscriptions d'hypothèques légales requises sur les biens des Comptables, des commandemens de payer, de la saisie-exécution et de la vente des biens. L'application de ces divers moyens de poursuite doit être faite dans les formes prescrites par le *Code de procédure;* dès lors, les frais qui en résultent sont taxés par le tribunal devant lequel l'action est suivie, et en vertu de l'acte qui les établit, le recouvrement en est poursuivi contre le Comptable débiteur.

Pourvoi contre les Arrêts. — *Même Instruction*, art. 1249.

175. « Les Comptables, les Administrations locales, et les » Ministères de l'Intérieur et des Finances ont le droit de se » pourvoir contre les arrêtés de comptes (1).

» Ce pourvoi a *deux degrés :*

» La demande en révision *devant les premiers juges;*

» L'appel *devant une autre Autorité.*

Révision par les premiers juges. — *Même Instruction*, art. 1250.

176. » Il est procédé à la révision par les premiers juges, » soit sur la demande du Comptable ou des Administrations » locales, soit d'office.

» Cette révision peut avoir lieu, non seulement à raison des » *pièces justificatives recouvrées* depuis l'Arrêt, mais encore » pour cause d'*erreurs, omissions* ou *double emploi,* qu'un » nouvel examen du compte jugé ou la vérification d'autres » comptes pourrait faire reconnaître, sans qu'il y ait de nou- » velles pièces à produire.

» D'un autre côté, la production de pièces nouvelles suffit

(1) Lois des 28 pluviose an III et 16 septembre 1807. — Instructions du Ministère des Finances, des 30 novembre 1823, 15 juin 1824 et 30 mars 1826. — Instruction du Ministère de l'Intérieur, de septembre 1824.

» pour faire réviser un Arrêt, sans qu'il y ait *erreur, faux* ou » *double emploi,* mais seulement lorsqu'il y a *mal jugé,* faute » de pièces que l'on a recouvrées.

177. » Les lois et réglemens n'ont point fixé de délai au » delà duquel toute demande en révision dût cesser d'être ad» mise; mais l'exercice de ce droit est réglé ainsi qu'il suit :

Instruction du Ministre des Finances, du 15 déc. 1826, art. 1251.

» Les dispositions des Arrêts attaqués ne peuvent être sus» pendues et modifiées dans leur effet que par un Arrêt nou» veau qui remette en question l'état de la comptabilité du » Receveur, et il doit être pris immédiatement un Arrêt pré» paratoire ayant pour objet :

» 1°. D'admettre la révision, s'il y a lieu, et sauf la dis» cussion ultérieure du fond;

» 2°. De fixer, pour la production des pièces nécessaires au » travail de révision, un *délai semblable à celui qui est ac» cordé au Comptable pour satisfaire aux premiers Arrêts » rendus sur ses comptes;*

» 3°. D'ordonner les mesures de garantie à prendre sur les » biens du Receveur pour assurer les droits de la Commune » ou de l'Établissement pendant le temps qui doit s'écouler » entre l'Arrêt préparatoire et l'Arrêt de révision;

» 4°. D'accorder la suspension des poursuites qui auraient » été commencées contre le Comptable lorsque cette mesure » est sans inconvénient, à raison des actes conservatoires men» tionnés ci-dessus, et de circonstances particulières jugées » suffisantes par l'Autorité. »

Il résulte de ces dispositions,

Que les Arrêtés de comptes émanés en premier ressort du Conseil général des Hospices, et approuvés par le Préfet, ainsi que ceux émanés du Conseil de Préfecture, sont définitifs et exécutoires par toutes les voies de droit, si, dans

Dispositions résultant de la même instruction, même article.

le *délai de deux mois, à partir du jour où ils sont notifiés*, les Comptables ne se sont pas pourvus en révision, en produisant, à l'appui de leurs demandes, des justifications suffisantes;

Que les Comptables, obligés, dans ce cas, au versement des sommes dont ils sont constitués en débet, conservent néanmoins la faculté de réclamer ultérieurement la révision de leurs comptes dans les cas prévus et déterminés ci-dessus; mais qu'alors le Conseil général des Hospices ou le Conseil de Préfecture fixe, pour la production des justifications, un *délai de deux mois, à partir du jour où la révision est admise*, et que, faute par les réclamans de satisfaire à cette injonction, les premiers arrêtés seront rétablis et maintenus dans toute leur force.

Présentation des demandes en révision et envoi des pièces à l'appui.

Instruction du Ministre des Finances, du 15 déc. 1826, art. 1252.

178. « La présentation des demandes en révision formées » par les Comptables ou par les Administrateurs est soumise » aux règles suivantes :

» Ces demandes doivent d'abord être régularisées par le » *visa* du Juge de paix;

» Un double en est remis à la partie adverse, qui en donne » récépissé; si elle s'y refuse, cette copie lui est signifiée par » huissier;

» S'il s'agit de révision par le Conseil de Préfecture, les de- » mandes sont, dans le délai de *quinze jours au plus tard* » *après le visa* du Juge de paix, déposées et enregistrées au Se- » crétariat général de la Préfecture, qui en accuse réception, » ainsi qu'il a été dit pour les comptes eux-mêmes, et qui » les remet immédiatement au Préfet, chargé d'investir le » Conseil de Préfecture de la réclamation, et de provoquer » l'Arrêt qui, en cas d'admission, ordonne la production des » pièces justificatives; »

Disposition résultant de l'*Instruction du Ministre des Finances, du 15 déc. 1826, art. 1252.*

Et lorsqu'il y a lieu de réviser un compte jugé par le Conseil général des Hospices, la demande est adressée au Secrétaire général de cette Administration, qui procède, à l'égard du Conseil et du Comptable, ainsi qu'il vient d'être dit pour le Secrétaire général de la Préfecture.

179. « Dans le cas où les demandes en révision par les pre- » miers juges sont rejetées, ou s'il y a contestation sur l'Arrêt » de révision comme sur les résultats de l'Arrêt primitif, les » parties intéressées ont le droit de recours en *appel*, c'est à » dire

Appel des Arrêts rendus par les premiers juges.

Instruction du Ministre des finances, du 15 décembre 1826, art. 1253.

» Que les Receveurs dont les comptes sont jugés en pre- » mier ressort par les Sous-Préfets (1) peuvent se pourvoir » devant le Conseil de Préfecture.

180. » Le délai dans lequel un recours en appel doit être » formé est de *trois mois, à partir du jour de la notification* » *de l'Arrêt;* mais, d'après les principes rappelés plus haut au » sujet des demandes en révision par les premiers juges, et » qui sont entièrement applicables aux appels devant une » autre Autorité, *si le Comptable ou l'Administrateur* n'a » pas produit, à l'expiration du délai accordé, les pièces suf- » fisantes pour faire admettre son pourvoi, l'Arrêt contesté » est maintenu dans toute sa force, et doit être immédiate- » ment exécuté.

Même Instruction, art. 1254.

» Ainsi, les Comptables ou les Administrateurs qui se » croient fondés à appeler devant le Conseil de Préfecture d'un » Arrêté de compte pris par un Sous-Préfet (2) doivent former » leur pourvoi *dans les trois mois de la notification de l'Arrêt.*

» Le Conseil de Préfecture, par l'Arrêt interlocutoire qui » admet ou rejette le pourvoi, fixe, dans le premier cas, pour » la production des pièces, le *délai de deux mois* accordé

(1) Pour Paris, par le Conseil général des Hospices.

(2) *Idem.*

» par la loi du 16 février 1795, *et si ce délai expire sans que* » *les pièces indiquées aient été produites,* l'Arrêt contesté re- » prend toute sa force, et doit être mis à exécution par les » soins de l'Autorité locale.

Présentation des demandes en appel et envoi des pièces à l'appui.

Instruction du Ministre des Finances, du 15 déc. 1826, art. 1255.

181. » Les demandes en appel devant les Conseils de Pré- » fecture doivent, comme les demandes en révision par les » premiers juges, être légalisées par le *visa du Juge de paix,* » et être présentées selon les règles prescrites ci-dessus pour » ces dernières demandes.

Évocation à la Cour des Comptes.

Même Instruction, art. 1257.

182. » Les Ministres des Finances et de l'Intérieur peuvent » évoquer à la Cour des Comptes, en vertu d'une Ordonnance » du Roi, le jugement des comptes rendus par les Receveurs » des Communes et des Établissemens justiciables des Con- » seils de Préfecture, et dont l'apurement éprouverait des » retards.

» Cette évocation a lieu sur la demande des Préfets, des » Receveurs des Finances ou des Comptables eux-mêmes.

CHAPITRE XIV.

INVENTAIRES DU MOBILIER.

Arrêté du Conseil général des Hospices, du 20 février 1805.

183. » Les Bureaux de bienfaisance sont invités à fournir, » tous les ans, les inventaires du mobilier des Établissemens » de bienfaisance : ces inventaires (1) seront le complément » de la reddition de leurs comptes. »

184. Les inventaires devront être entièrement refaits tous

(1) Modèle, N°. 31.

les trois ans ; pour les années intermédiaires, il suffira d'un récolement dont le procès-verbal (1) sera joint aux comptes.

185. Ces inventaires et récolemens seront faits par l'Agent-Comptable, dans chacun des Établissemens, en présence de l'Administrateur chargé de la surveillance de l'Établissement.

CHAPITRE XV.

ENTRETIEN DES BATIMENS.

186. « Les Bureaux de charité ne peuvent faire aucune dé-» pense de bâtimens excédant la somme de *trois cents francs*, » sans y être spécialement autorisés par le Conseil général, » sur le rapport du Membre de la quatrième Division (2). »

Arrêté du Conseil général des Hospices, du 11 juin 1806.

187. Conformément aux dispositions du Décret du 4 novembre 1805 (10 brumaire an XIV), toutes les liquidations des travaux de bâtimens, de valeur inférieure à 1000 francs, devront être appuyées des pièces suivantes :

Dispositions résultant de l'*Arrêté du Conseil général des Hospices, du 11 août 1819.*

1°. D'un devis estimatif (3) contenant les évaluations partielles et détaillées desdits ouvrages, et un résumé présentant leur montant total : ces devis seront dressés par l'un des Inspecteurs des bâtimens, et visés par l'Architecte de l'Administration;

---

(1) Modèle, N°. 32.

(2) Les Bureaux de charité ne doivent supporter sur leurs fonds que les dépenses dites *locatives*; toutes les autres pour constructions, réparations sont à la charge de l'Administration des Hospices.

(3) Modèle, N°. 33. Pour les *menues dépenses d'entretien* qui ne peuvent être ni prévues ni retardées, il n'y a pas lieu de fournir de devis.

2°. D'un Arrêté du Bureau de charité portant autorisation ou approbation des travaux, et fixant leur montant total, sauf les réductions de prix à résulter des vérifications et réglemens;

3°. D'un mémoire détaillé de l'Entrepreneur qui aura exécuté les ouvrages, certifié par un Inspecteur de l'Administration, et par l'Agent-Comptable du Bureau de charité, qui en attestera l'exécution, et du réglement, aussi détaillé, qui aura été fait desdits travaux, après l'exécution, par l'un des vérificateurs des bâtimens.

Les mémoires, ainsi réglés, seront en outre visés par l'Architecte de l'Administration, et par le Membre du Bureau de charité chargé de la surveillance spéciale de l'Établissement.

Disposition résultant de l'*Arrêté du Conseil général des Hospices, du 4 avril 1804 (14 germinal an XII)*, art. 8.

188. Dans le mois après la réception des ouvrages, l'Entrepreneur sera tenu d'en remettre son mémoire en règle au Bureau de charité; s'il ne le remet pas dans ce délai, il ne sera payé qu'à la fin de l'année de ce qui lui sera dû.

Dispositions résultant de l'*Arrêté du Conseil général des Hospices, du 7 août 1822*, art. 3, 4 et 5.

189. Les Agens-Comptables enverront aux Vérificateurs nommés par l'Administration les mémoires des Entrepreneurs, avec un état conforme au Modèle, N°. 34, et, dans le délai de deux mois à partir de la date de l'envoi du mémoire, les Vérificateurs remettront à l'Administration, réglées et vérifiées, les pièces qui leur auront été adressées.

Toutes les fois qu'il sera fait aux Vérificateurs un envoi de pièces, ces pièces devront être accompagnées d'un état, au bas duquel le Vérificateur donnera un reçu, qu'il datera et signera. Cet état sera ensuite remis à l'Administration, et servira à déterminer l'époque à laquelle les pièces auront dû être renvoyées dans les bureaux (1).

CHAPITRE XVI.

DISPOSITIONS RELATIVES A L'EXÉCUTION DES RÈGLEMENS.

190. « Le Conseil général des Hospices prendra, dans les » formes ordinaires, les délibérations nécessaires pour l'exé- » cution de l'Arrêté du 19 juillet 1816. — Attributions du Conseil général. — *Arrêté du Ministre de l'Intérieur, du 19 juillet 1816*, art. 40.

191. » Tous les réglemens particuliers et les nouveaux pro- » jets que les Bureaux jugeront convenable de proposer pour » l'Administration des Secours dans leurs arrondissemens » seront soumis au Conseil général et à l'approbation du » Préfet. — *Même Arrêté*, art. 41.

192. » Les Membres de la Commission chargés de la qua- » trième Division veilleront à l'exécution de toutes les me- » sures et des délibérations relatives aux Secours à domicile, » et notamment au recensement et à la classification des In- » digens. — Attributions de la Commission administrative. — *Même Arrêté*, art. 42.

193. » Ils auront la correspondance avec les Bureaux de » charité, le droit d'assister à leurs séances quand ils le ju- — *Même Arrêté*, art. 43.

(1) M. le Préfet peut autoriser, en en rendant immédiatement compte à S. Ex. le Ministre de l'Intérieur, toutes les dépenses de constructions, reconstructions et réparations délibérées par le Conseil général, qui ne s'élèvent pas au delà de 20,000 francs.

Au dessus de cette somme, l'autorisation ne peut être accordée que par S. Ex. le Ministre de l'Intérieur, auquel les plans et devis doivent être soumis, avec un Mémoire expositif des projets à exécuter et des moyens de pourvoir à la dépense.

Les travaux autorisés, ainsi qu'il vient d'être dit, ne peuvent être adjugés qu'en présence du Préfet, après deux publications par affiches et par voie d'adjudication publique au rabais entre les entrepreneurs, dont les soumissions, déposées au Secrétariat de l'Administration, auront été jugées dans le cas d'être admises à concourir, et présenteront une garantie suffisante pour l'exécution.

» geront à propos, et de leur demander tous les renseigne-
» mens nécessaires à l'administration générale. »

Instruction de 1816.

« Le Conseil général, après avoir tracé la marche à suivre par les Bureaux » dans toutes les parties de leur administration, a un autre devoir non moins » important à remplir : c'est de veiller à l'exécution de toutes les mesures et » des délibérations relatives aux Secours à domicile.

» On a dû laisser aux Bureaux toute la latitude convenable dans ce qui n'est » pas essentiel pour l'ordre et la régularité de l'administration ; on aurait pu » même tout abandonner avec confiance à leur sagesse et à leur discernement, » si on n'avait voulu que faire le bien sans l'assujettir à un plan uniforme dans » ses parties principales ; mais pour maintenir un système commun, en assurer » la marche et en recueillir les avantages, on a dû tout soumettre à une di- » rection et à une surveillance centrales.

» Elle est dans les attributions du Conseil général d'Administration des » Hospices et Secours publics, et de M. le Préfet de la Seine, son Président.

» Le Conseil général ordonne et décide, soit de son propre mouvement, » soit sur la proposition des Bureaux, dans les formes ordinaires de ses dé- » libérations.

» Tous les réglemens particuliers et les nouveaux projets que les Bureaux » jugeront convenable de proposer pour l'administration des Secours dans leurs » arrondissemens doivent être soumis au Conseil général et à l'approbation de » M. le Préfet.

» La surveillance s'exerce par les Membres de la Commission chargés de l'exé- » cution des délibérations du Conseil; ils ont, à cette fin, la correspondance » avec les Bureaux, le droit d'assister à leurs séances et de leur demander tous » les renseignemens jugés nécessaires. »

Arrêté ministériel, du 19 juillet 1816, art. 44.

194. « Ils adresseront, tous les trois mois, au Préfet de la » Seine un relevé, classe par classe, des Indigens secourus » par les Bureaux, en y joignant l'État sommaire des Se- » cours en distribution pendant le trimestre précédent.

» Une copie de ces États sera transmise par le Préfet au » Ministre Secrétaire d'État de l'Intérieur (1).

---

(1) Modèle, N°. 35.

TITRE II.

SECOURS EXTRAORDINAIRES ACCORDÉS AUX INDIGENS PAR L'ADMINISTRATION GÉNÉRALE DES HOSPICES.

195. » La somme destinée à donner des secours aux Indigens, dans les cas extraordinaires, sera divisée en deux parties : la première, applicable seulement aux secours obligés par des cas fortuits de mort violente, inondation, incendie, etc. ;

Secours distribués par le Conseil.

Arrêté du Conseil général, du 30 vendémiaire an XI (22 octobre 1802).

» La deuxième, applicable aux Indigens qui ne reçoivent point de Secours des Bureaux de bienfaisance, et dont l'Indigence porte le caractère d'un besoin spécial et plus fort que ceux que peuvent distribuer les Bureaux de bienfaisance sur les sommes mises à leur disposition (1).

196. » Lorsqu'un Bureau de charité demandera au Conseil des Secours extraordinaires pour quelques Indigens, le Membre de la Commission administrative chargé de la quatrième Division prendra personnellement des informations, et s'assurera que l'individu qui les réclame en a réellement besoin.

Arrêté du Conseil général, du 6 janvier 1819.

197. » Toutes les fois qu'un Secours sera accordé par le Conseil, les Indigens en seront immédiatement informés.

Arrêté du Conseil général, du 10 mars 1819.

198. » Les rapports et les projets d'arrêtés relatifs aux Secours extraordinaires sollicités par les particuliers ne seront, à l'avenir, présentés au Conseil que dans la dernière séance de

Arrêté du Conseil général, du 6 octobre 1819.

(1) Les Secours accordés par suite de ces dispositions sont fixés par le Conseil général sur le rapport de l'un de ses Membres, ou d'un des Membres de la Commission.

» chaque mois, à moins qu'il n'y ait urgence ou des cas extraor-
» dinaires (1).

Secours distribués par le Membre de la Commission administrative chargé de la quatrième Division.

199. » Il sera délivré aux Membres chargés de la quatrième » Division un mandat de la somme de 3,000 fr. (2), pour les » mettre en état de donner des Secours dans les cas urgens et » imprévus, qui ne peuvent attendre l'approbation du Con- » seil, à la charge, par eux, d'en rendre compte lorsqu'ils en » auront fait l'emploi (3).

(1) Les rapports sont faits présentement à la séance la plus rapprochée du 15 de chaque mois.

(2) Depuis l'année 1810, le fonds est porté à 4,000 francs par an.

(3) La lettre suivante a été écrite, le 2 janvier 1824, à MM. les Maires, Présidens des Bureaux de charité, pour leur faire connaître les catégories d'Indigens que le Secours de 4,000 francs a pour objet de soulager :

« Monsieur le Maire, le Conseil général des Hospices met, tous les ans, à ma dispo- » sition une somme pour être employée à donner, dans le cours de l'année, quelques » Secours particuliers à des Indigens qui, par leur position de famille, des infirmités » graves, ou par quelque événement malheureux, paraissent mériter ce soulagement » extraordinaire.

» J'ai tâché, autant qu'il est possible, d'appliquer jusqu'ici ces Secours aux Indigens » porteurs de certificats délivrés par MM. les Administrateurs des Bureaux de charité ; » mais, depuis quelques années, le nombre des Indigens qui présentent ces certificats » s'est accru à un tel point, qu'après avoir réduit successivement la somme que j'étais » dans l'usage d'accorder à chacun d'eux, je me trouve aujourd'hui forcé de réduire » aussi l'application de ces Secours, et de ne les faire porter que sur les classes des In- » digens reconnus pour être les plus dénués de moyens d'existence et les plus » malheureux.

» Il m'a paru surtout nécessaire que MM. les Administrateurs de charité voulussent » bien concourir avec moi à écarter de ces Secours ces nombreux solliciteurs, qui, plus » entraînés par l'habitude de demander que par des besoins réels, y ont participé jus- » qu'ici au moyen des certificats que leur importunité leur a fait obtenir, et qui ont » par là amoindri les Secours que, d'après le vœu du Conseil général, je ne dois ac- » corder que dans les cas extraordinaires.

» J'ai pensé que le vrai moyen de remplir les vues du Conseil à cet égard était d'ap- » pliquer ces Secours d'après les principes qu'il a adoptés pour ceux qu'il accorde lui- » même ; et qu'il convenait de préciser les cas où les Indigens pourront y être admis,

200. » Les mères nourrices malades et indigentes, en exé- » cution de l'art. 23 du Réglement du 13 frimaire an X, » seront secourues par les Bureaux de bienfaisance.

Secours aux mères nourrices malades.

Arrêté du Conseil général, du 25 avril 1804, art. 1 et 2.

» A cet effet, il y aura un fonds extraordinaire de » 3,000 francs par an.

201. » Le Bureau central d'admission délivrera auxdites » nourrices des bulletins (1), et les dirigera sur leurs Bureaux » de bienfaisance respectifs : elles seront pourvues d'un certi- » ficat d'indigence.

Même Arrêté, art. 3.

» en observant de n'y appeler que ceux qui seront désignés dans les certificats délivrés » par MM. les Administrateurs de charité, avec les motifs détaillés qui les ont déter- » minés à les leur donner.

» En conséquence, pour qu'un Indigent puisse être admis à ces Secours extraordi- » naires, il faudra à l'avenir que les motifs des certificats à eux délivrés soient pris dans » les conditions ci-après :

» 1°. Des infirmités graves et dûment constatées par les Médecins du Bureau d'ad- » mission, et de nature à empêcher les chefs de ménage de se livrer à aucun travail ;

» Le défaut temporaire d'ouvrage ne doit pas être considéré comme un motif suffisant » pour obtenir des Secours extraordinaires, on a remarqué que c'est le prétexte dont » on peut le plus abuser ;

» 2°. Le nombre de quatre enfans au moins au dessous de douze ans, ou ayant des » infirmités, et pour les femmes veuves trois enfans en bas âge ;

» 3°. Enfin, les suites d'une maladie récente ou d'un accouchement laborieux, des » accidens imprévus et des malheurs propres à inspirer un grand intérêt.

» Je vous prie, Monsieur le Maire, de vouloir bien communiquer cette lettre à » MM. les Administrateurs de votre Bureau, et les inviter à ne donner les certificats pour » les secours délivrés par la quatrième Division, qu'à des Indigens compris dans les » classes ci-dessus déterminées, et en outre recommandables par leur bonne conduite.

» Au moyen de ces précautions, devenues indispensables, ces petits Secours attein- » dront désormais leur véritable destination, et j'aurai personnellement la satisfaction » de pouvoir les appliquer avec plus de discernement, et de mieux seconder dans leurs » soins pénibles MM. les Administrateurs, qui se trouvent souvent entourés d'infortunés » sans avoir des moyens suffisans pour les secourir. »

(1) Modèle, N°. 36.

Arrêté du Conseil général, du 25 avril 1804, art. 4.

202. » Les Membres du Bureau central d'admission sont » autorisés à régler la somme à accorder, comme Secours, à » chaque nourrice, selon la durée présumée ou la gravité de » la maladie, et aussi de celles qui auraient un ou plusieurs » enfans, outre leur nourrisson : le maximum est d'*un franc* » par jour, et si la maladie dure plus de quinze jours, il sera » délivré un nouveau Bulletin par le Bureau central (1).

Même Arrêté, art. 5.

203. » Le Bureau de bienfaisance du quartier de la malade » fera donner les Secours accordés par le Bulletin d'après les » formes déterminées par l'Administration des Secours à do- » micile : la dépense lui en sera remboursée par la Caisse des » Hospices, tous les mois, sur les états qu'il aura présentés (2). »

Secours de Vaccination.

204. Les parens indigens qui font vacciner leurs enfans reçoivent un Secours de cinq francs par enfant vacciné.

Ce Secours est payé sur le certificat des Médecins vaccinateurs, constatant que la vaccine a parcouru ses périodes (3).

Le paiement est fait par l'Agent-Comptable du Bureau dans l'arrondissement duquel demeurent les parens de l'enfant vacciné, quel que soit d'ailleurs l'arrondissement dans lequel la vaccination a eu lieu.

Lorsque les Médecins vaccinateurs sont autres que ceux du Bureau de charité de l'arrondissement du domicile de l'indigent, leur signature doit être légalisée par le Maire de leur arrondissement.

L'Agent est remboursé de ses avances par l'Administration, en rapportant l'État des paiemens par lui faits, dû-

(1) Il a été prescrit aux Membres du Bureau central de n'accorder les secours que *trois fois* au plus, dans une année, à la même nourrice, sauf les cas extraordinaires, pour lesquels il doit en être référé au Conseil général.

(2) *Voyez* le Modèle, N°. 37.

(3) *Voyez* le Modèle, N°. 38.

ment certifié, et le double des certificats de vaccination, visé par le Maire de l'arrondissement (1).

Bains.

205. » A l'avenir, les Bains accordés gratuitement aux Indigens de la ville de Paris seront donnés à l'Hôpital Saint-Louis (2). *Arrêté du Conseil général des Hospices, du 23 avril 1815, art. 1er.*

206. » Il sera également délivré des Bains de vapeur et des Fumigations aux Indigens qui pourront en avoir besoin. *Même Arrêté, art. 2.*

207. » Les bains ordinaires, les bains de vapeur, et les fumigations, donnés à l'Hôpital Saint-Louis, seront accordés sur les bons des Membres de la quatrième Division, d'après les certificats des Bureaux de bienfaisance, délivrés sur l'ordonnance des Médecins et Chirurgiens attachés à ces Bureaux. *Même Arrêté, art. 3.*

208. » Les bons indiqueront les noms, prénoms, domicile, maladie et signalement des Indigens (3). *Même Arrêté, art. 4.*

209. » Ces bons ne pourront être faits pour plus de douze Bains ou Fumigations, d'une heure chaque. *Même Arrêté, art. 5.*

210. » Les Bains pourront être simples ou composés, c'est à dire chargés de sulfure de potasse, pour la guérison des maladies de la peau. *Même Arrêté, art. 6.*

211. » Il sera tenu, à la quatrième Division, des Registres à souche, desquels seront détachés les bons des Bains à délivrer aux Indigens (4).

---

(1) *Voyez* le Modèle, N°. 39.

(2) L'Administration des Hospices fait aussi délivrer des Bains gratuits dans plusieurs Établissemens particuliers.

(3) *Voyez* le Modèle, N°. 40.

(4) *Voyez* le Modèle, N°. 41.

Bandages.

Arrêté du Conseil général des Hospices, du 15 mars 1802, art. 1er.

212. » A compter du 22 mars 1802 (1er. germinal an X), » les Membres du Bureau central d'admission distribueront » et appliqueront les Bandages aux Indigens, soit de Paris, » soit du dehors, qui seront attaqués de hernies.

Même Arrêté, art. 2.

213. » Ils exigeront un certificat d'indigence de ceux qui » demeurent à Paris, si ce n'est cependant lorsqu'il y aurait » danger évident à retarder l'application du bandage, auquel » cas ils dispenseront dudit certificat; et pour les Indigens qui » ne demeurent pas à Paris, ils prendront les précautions qui » leur seront indiquées par la Commission administrative. »

Actes de l'État civil.

214. L'Administration accorde la délivrance gratuite des actes de l'Etat civil (1) aux Indigens auxquels ces actes sont reconnus nécessaires, et qui sont porteurs d'un certificat des Bureaux de charité.

Remise des effets des individus décédés dans les Hôpitaux.

215. Les effets et hardes des Indigens qui meurent dans les Hôpitaux peuvent, dans certains cas, être rendus à leurs enfans orphelins ou à l'époux survivant.

Aux termes de l'avis du Conseil d'État, en date du 3 novembre 1809, les effets apportés par les malades décédés dans les Hospices où ils ont été traités gratuitement doivent appartenir auxdits Hospices à l'exclusion des héritiers, et du Domaine en cas de déshérence.

L'Administration ne fait jamais remettre aux parens les effets des Indigens morts dans les Hospices.

Elle autorise quelquefois la remise de ceux qui sont laissés en mourant dans les Hôpitaux, mais seulement au survivant de deux époux ou aux enfans orphelins des personnes décédées, et toujours sous la condition que le parent au degré ci-dessus, qui réclame, justifie qu'il est inscrit au contrôle des pauvres de son arrondissement.

---

(1) Les certificats pour l'obtention des actes de l'État civil ne doivent s'accorder qu'aux Indigens qui rapportent la preuve du *besoin actuel* qu'ils ont de ces actes, lesquels sont gratuits pour les Pauvres, mais non pour l'Administration, qui en rembourse le prix à la Préfecture de la Seine sur les fonds des Secours à domicile. Cette dépense ne s'élève pas annuellement à moins de 3,500 à 4,000 francs.

TITRE III.

FONDATION MONTYON

EN FAVEUR DES CONVALESCENS SORTANT DES HÔPITAUX.

216. « Les revenus de la Fondation faite par le sieur Antoine-
» Jean-Baptiste-Robert Auget, Baron de Montyon, en fa-
» veur des Pauvres de notre bonne ville de Paris, et dont
» notre Ordonnance du 29 juillet 1821 a autorisé l'accepta-
» tion, seront employés conformément au réglement arrêté
» par le Conseil général d'Administration des Hospices de
» ladite ville, dans sa délibération du 7 juillet 1824, et dont
» la copie restera annexée à la présente Ordonnance.

Ordonnance du Roi, du 27 octobre 1824, art. 1er.

217. » Les revenus du legs de M. le Baron Auget de Mon-
» tyon ayant été destinés par lui à donner des Secours aux
» Pauvres sortant des Hôpitaux, ils ne pourront être con-
» fondus avec les revenus ordinaires des Hospices.

» Ainsi il en sera tenu un Compte séparé en recette et en
» dépense, qui formera un registre particulier dans les
» Comptes généraux de l'Administration des Hospices.

» Ce Compte sera arrêté chaque année, et publié par la
» voie de l'impression.

Dispositions générales. — *Arrêté du Conseil général des Hospices, du 7 juillet 1824, art. 1er.*

218. » Un Secours sera donné aux Pauvres convalescens
» immédiatement à leur sortie des Hôpitaux.

Même Arrêté, art. 2.

» D'autres Secours leur seront distribués, s'il y a lieu,
» par l'intermédiaire des Bureaux de charité, après vérifica-
» tion et reconnaissance des besoins et de la position de chaque
» individu.

Même arrêté, art. 3.

219. » Chaque année, le Conseil général des Hospices fixera

Même Arrêté, art. 4.

» la somme applicable à l'une et à l'autre espèce de Secours, » et un fonds de réserve pour les frais particuliers d'admi- » nistration, et pour subvenir soit à un excédant de dé- » pense dans les Secours indiqués aux articles précédens, soit » à des Secours extraordinaires et non prévus en faveur des » convalescens.

Arrêté du Conseil général des Hospices, du 7 juillet 1824, art. 5.

220. » Tous les Registres, Bons et autres pièces employés » pour l'exécution du legs de M. de Montyon porteront en » tête ces mots : *Fondation de M. de Montyon.*

Secours à la sortie des Hôpitaux.

Même Arrêté, art. 6.

» 221. Tout Convalescent sortant d'un Hôpital (les Maisons » de santé, l'Hôpital des Vénériens et celui des Enfans ex- » ceptés), recevra, s'il le demande, un Secours, qui consis- » tera en *un pain de trois livres et soixante-quinze cen-* » *times en argent* (1).

Arrêté du Conseil général des Hospices, des 21 décembre 1825 et 11 avril 1827.

222. » Les Convalescens admis aux Hospices de la Vieillesse » pour y être traités d'aliénation mentale ou d'épilepsie, » et ceux sortant des Hôpitaux de Saint-Côme et de Saint- » Merri auront droit aux Secours de la Fondation Montyon,

(1) Ces dispositions ont été modifiées par un arrêté du 22 décembre 1825, portant :

Art. 1er. « Les individus qui auront séjourné *moins de cinq jours* dans un Hôpital, » y compris celui de l'entrée et de la sortie, n'auront droit à aucun secours, et ne » recevront pas de Bulletin de convalescent.

Art. 2. » Ceux qui auront séjourné moins de huit jours ne pourront recevoir des » Bureaux de charité qu'un secours de la valeur de *cinq francs* au plus.

Art. 3. » A partir du 1er. janvier 1826, il ne sera plus délivré de pain aux Conva- » lescens à la sortie des Hôpitaux. Le secours en argent, pour ceux qui y auront » droit, sera d'*un franc.* »

Cet Arrêté n'a pas encore reçu l'approbation du Ministre de l'Intérieur; cependant une partie de la délibération a été provisoirement mise à exécution, c'est celle qui concerne la substitution du Secours d'un fr. au pain de 2 kilog., et aux 75 cent. en argent.

» conformément aux règles établies pour les Convalescens
» des autres Hôpitaux, à l'exception du Secours immédiat,
» qui ne sera pas donné à la sortie de l'hôpital Saint-
» Côme (1).

Arrêté du Conseil général des Hospices, du 23 février 1825.

223. » Les états du paiement des Secours immédiats » aux Convalescens sortant des Hôpitaux seront certifiés

» Par l'Agent de surveillance,

» Par la Sœur chargée de la distribution du Secours, et » par l'Économe, s'il en existe un dans l'Hôpital.

» Ils seront visés par le Membre de la Commission admi- » nistrative chargé de l'Établissement, et par celui qui est » chargé de la Fondation Montyon, et admis ainsi par le » Receveur comme pièces justificatives de la dépense.

Secours aux Convalescens non domiciliés à Paris.

Arrêté du 2 février 1825, art. 1er.

224. » Les Convalescens non domiciliés à Paris qui, en » sortant des Hôpitaux, auront besoin de Secours pour re- » tourner dans le lieu de leur domicile, seront adressés, » avec leur billet de sortie (2), à la quatrième Division, » pour recevoir, s'il y a lieu, un Secours en argent.

Même Arrêté, art. 2.

225. » Ce Secours ne pourra excéder *trois francs*, et sera » délivré par l'Administrateur chargé de cette Division.

» Dans le cas où la situation du Convalescent, ou l'éloi- » gnement de son domicile, exigerait un Secours plus consi- » dérable, il pourra être porté jusqu'à *dix francs*, avec » l'autorisation du Membre du Conseil chargé de la sur- » veillance.

---

(1) Cette exception a été motivée sur ce que l'hôpital Saint-Côme n'était pas sous la direction de l'Administration des Hospices.

(2) Voir ci-après le N°. 232 et la note.

Arrêté du 2 février 1825, art. 3.

226. » Si un Convalescent non domicilié à Paris est hors » d'état de sortir de l'Hôpital où il a été malade, à cause de » son âge ou de ses infirmités, l'Administrateur chargé de » la Maison s'informera auprès de lui du lieu de son do- » micile ou de celui de sa famille, et après avoir recueilli » des renseignemens directs pour s'assurer de la vérité de ses » déclarations, il fera constater son état par le Médecin, et » transmettra les pièces avec son Avis à l'Administrateur de » la 4e. Division, qui en fera rapport au Membre du Conseil » chargé de la surveillance.

Même Arrêté, art. 4.

227. » Le Membre du Conseil pourra autoriser un Secours » jusqu'à concurrence de *vingt-cinq francs*.

» S'il juge qu'il soit nécessaire d'en accorder un plus con- » sidérable, il en sera fait rapport au Conseil pour deman- » der l'autorisation.

Même Arrêté, art. 5.

228. » Le Secours à accorder aux Convalescens non domi- » ciliés, ayant principalement pour objet de leur procurer » la facilité de retourner dans leur domicile, on prendra » tous les moyens convenables pour assurer leur départ.

» Les Agens de surveillance des Hôpitaux seront chargés » de ce soin à l'égard des Convalescens qui seront dans le » cas prévu par l'art. 3. (N°. 226.)

» Ils justifieront de l'emploi du Secours qui sera accordé » pour chaque individu.

Même Arrêté, art. 6.

229. » Une somme de *six mille francs*, à prendre sur le » fonds de réserve des revenus du legs Montyon, sera mise » d'avance et par quart à la disposition du Membre de la » Commission chargé de la 4e. Division, pour les Secours » à donner en exécution des articles précédens.

» Il sera tenu Registre de leur distribution jour par jour » et par individu.

230. » La somme destinée à donner des Secours, par l'intermédiaire des Bureaux de charité, aux Pauvres convalescens sortis des Hôpitaux, sera répartie proportionnellement à la population générale de chaque arrondissement (1), » et tenue à la disposition desdits Bureaux pour être employée par eux selon les besoins.

Répartition des revenus entre les Bureaux de Charité. — *Arrêté du Conseil général des Hospices, du 7 juillet 1824*, art. 7.

231. » Ces Secours seront applicables à tous les Convalescens sortant des Hôpitaux *qui en auront besoin*, qu'ils » soient ou non portés sur les Contrôles des Bureaux de charité; mais ils ne devront les recevoir qu'après des renseignemens recueillis sur leur position et sur le dommage résultant de la maladie.

Enquête sur les convalescens. — *Même Arrêté*, art. 8.

232. » Pour mettre les Bureaux à portée de prendre ces renseignemens, tout Convalescent sortant de l'Hôpital recevra de l'Agent de surveillance un billet qui énoncera ses noms, âge et domicile, la nature de sa maladie, le jour de l'entrée et de la sortie (2).

Même Arrêté, art. 9.

233. » Le double du billet de sortie délivré aux Convalescens sera envoyé, chaque jour, par l'Agent de surveillance

Même Arrêté, art. 10.

---

(1) Depuis l'année 1826, on a pris pour base de cette répartition le nombre des Convalescens de chaque arrondissement sortis des Hôpitaux pendant l'année précédente. Cette base a été reconnue beaucoup plus juste que celle de la population générale.

(2) *Voyez* le Modèle, N°. 55. — Actuellement il n'est plus remis de billet de sortie qu'aux Convalescens inscrits aux Secours des Bureaux de charité, afin de les mettre à portée d'aller réclamer les *Secours provisoires* qui leur sont attribués par le N°. 236 et suivans.

» de l'Hôpital, à la 4e. Division, où il en sera tenu un » Registre par arrondissement, avec toutes les indications » portées au billet.

Arrêté du 7 juillet 1824, art. 11.

234. » Dans le même jour, la 4e. Division adressera » à chaque Bureau de charité les billets des Convalescens » domiciliés ou logés dans son arrondissement, et l'Agent-» Comptable du Bureau, après en avoir pris note (1), en fera » la distribution aux Administrateurs ou aux Commissaires » et Dames de charité, chacun pour les Pauvres de son » quartier.

Arrêté du Conseil général des Hospices, du 30 mars 1825.

235. » Les Convalescens qui auront laissé passer *quinze* » *jours* après leur sortie d'un Hôpital sans se présenter » pour demander le Secours de la Fondation Montyon ne » pourront plus être admis à le recevoir (2).

Diverses natures de Secours.

236. » Les Secours à distribuer par les Bureaux sont divisés » en trois classes;

» Secours provisoires,

» Secours définitifs,

» Secours extraordinaires.

» Tous seront donnés, autant que possible, *en nature,*

(1) Ces billets sont inscrits jour par jour, par l'Agent-Comptable, sur un registre, Modèle, No. 56.

(2) L'un des considérans de l'Arrêté du 14 février 1827, interprétatif de celui du 30 mars 1825, qui accorde aux Convalescens sortant des Hôpitaux un délai de quinze jours pour réclamer les Secours de la Fondation Montyon, porte que la disposition ne prescrit, en aucune manière, aux Bureaux de charité de délivrer ces Secours dans le même délai; et que l'objet de cet Arrêté est évidemment bien moins de resserrer la limite dans laquelle les Administrateurs de charité doivent accorder des Secours, que de leur indiquer le terme après lequel ils sont autorisés à écarter les demandes des Convalescens qui doivent être considérés comme n'ayant pas besoin de ces Secours, à raison de leur peu d'empressement à venir les réclamer.

» et consisteront en alimens, vêtemens, linge, couvertures, » matelas, outils et combustibles.

» Cependant le *tiers* de la valeur totale du Secours pourra » être donné *en argent* pour un emploi déterminé, et qui » sera fait, sous la surveillance du Bureau, par l'intermé- » diaire des Administrateurs, Commissaires et Dames de » charité (1).

---

(1) Cette dernière disposition a été interprétée par un Arrêté du 30 juillet 1828, dont voici la teneur :

« Le Conseil général,

» Vu, etc.

» Vu les observations présentées par les Bureaux de charité sur la question de » savoir dans quel sens doit être entendu le dernier paragraphe de l'article 12 de » l'Arrêté réglementaire du 7 juillet 1824, portant :

» . . . . . Le tiers de la valeur totale du Secours pourra être donné en argent pour » un emploi déterminé. . . . .

» Considérant que cet article, en établissant le principe que tous les Secours seront » donnés autant que possible en nature, a néanmoins prévu le cas où les Secours » en argent seraient seuls nécessaires, mais qu'il ne s'est pas occupé de celui où ils » seraient seuls applicables, et qu'il importe cependant d'y pourvoir ;

» Qu'il résulte évidemment de l'article 12, que les Bureaux de charité, qui peuvent, » quand il leur plaît, donner les deux natures de Secours à la fois, doivent pouvoir » aussi, dans des circonstances particulières, n'en donner que d'une seule espèce ; » car une interprétation différente conduirait à ce résultat inadmissible, que les » Bureaux seraient nécessairement tenus de donner des Secours en nature lorsque les » Secours en argent sont seuls utiles, et que pour accorder à un Convalescent une somme » de 8 fr. 33 c., par exemple, il serait indispensable de lui remettre en outre une » valeur de 16 fr. 67 c. en effets dont il n'aura pas besoin ;

» Qu'en reconnaissant aux Bureaux de charité la faculté de donner aux Conva- » lescens des Secours uniquement en argent, il est utile de rappeler que ces Secours » ne doivent être accordés que dans des cas d'exception, et qu'il est à désirer, pour » se conformer autant que possible à la lettre du Réglement, que, dans les comptes de » chaque exercice, la somme des Secours en argent n'excède pas le tiers des deux » natures de Secours réunies ;

» Que la règle établie par l'article 12 étant fondée sur le principe généralement » reconnu que les Secours en nature sont ceux qui procurent aux Indigens le soulage- » ment le plus efficace et dont ils peuvent le moins abuser, il importe de le main-

Arrêté du 7 juillet 1824, art. 13.

237. » Il sera tenu un Registre particulier des délibérations » et décisions relatives à la distribution de ces Secours.

Secours provisoires.

Même Arrêté, art. 14.

238. » Les Secours *provisoires* ne seront donnés qu'aux » Pauvres inscrits sur le contrôle des Indigens.

» Ce secours ne pourra excéder la valeur de *trois francs*, » et consistera en pain, bouillon ou viande et combustibles; » le tout réparti en plusieurs jours.

Même Arrêté, art. 15.

239. » Le Secours provisoire sera accordé sur un *bon* » délivré par l'Administrateur chargé du quartier où le » Pauvre est domicilié, ou par le Commissaire ou la Dame » de charité, et visé par l'Administrateur.

» tenir par une disposition spéciale en harmonie avec le vœu dudit article,

» Sur le rapport d'un de ses Membres,

» Décide :

» Les Bureaux de charité sont autorisés provisoirement à accorder, dans des cir» constances particulières, des Secours *en argent seulement*, sur la Fondation Mon» tyon, aux Convalescens sortant des Hôpitaux, pourvu que ces Secours n'excèdent » pas le tiers du maximum qu'ils peuvent accorder sans autorisation spéciale. »

Un Arrêté du 28 décembre 1825 a élevé la quotité des Secours que les Bureaux ont la faculté de délivrer en argent. Cet arrêté porte :

« Considérant qu'il résulte des observations remises par la plupart des Bureaux de » charité, que la quotité fixée pour la portion de Secours à donner en argent ne » se trouve pas en proportion avec les besoins les plus ordinaires des Convalescens, ce » qui a induit plusieurs Bureaux à augmenter la valeur totale du Secours, afin d'aug» menter ainsi la portion qui peut se donner en argent,

» Arrête :

..... Art. 4. » Les Bureaux de charité sont autorisés à porter jusqu'à *dix francs* le Se» cours ou la portion de Secours à donner en argent aux Convalescens, réformant à » cet égard la disposition de l'Arrêté du 7 juillet 1824, qui fixait cette portion au » tiers de la valeur totale du Secours. »

» Ce bon indiquera la somme et spécifiera la nature du » Secours à délivrer (1).

» Le Pauvre à qui il sera remis le présentera à l'Agent-» Comptable du Bureau de charité, qui le visera, en fera » Registre (2), et adressera le Pauvre à la Maison de Secours » où il devra recevoir ce qui lui est accordé.

Secours définitifs. — *Arrêté du 7 juil.* 1824, art. 16.

240. » Les Secours *définitifs* seront accordés par les Bu-» reaux, qui en délibéreront, sur le rapport de l'Adminis-» trateur chargé du quartier où est domicilié le Pauvre » convalescent qui les réclame, qu'il soit ou non inscrit sur » les contrôles (3).

Même Arrêté, art. 17.

241. » Le rapport sera fait à la plus prochaine séance du » Bureau, qui statuera sur la quotité, la nature et la durée » du Secours, lequel ne pourra excéder la valeur de *vingt-» cinq francs*, y compris celle du Secours provisoire, s'il a » été accordé.

Secours extraordinaires. — *Même Arrêté,* art. 18.

242. » Les Secours *extraordinaires*, c'est à dire ceux dont » la valeur excédera vingt-cinq francs, ne pourront être » accordés que par le Conseil général des Hospices, auquel » les demandes et les propositions des Bureaux seront sou-» mises par le Membre de la Commission chargé de la » 4ᵉ. Division.

Même Arrêté, art. 19.

243. » Les demandes adressées au Conseil seront *motivées*, » et indiqueront l'emploi à faire de la somme demandée.

---

(1) *Voyez* le Modèle, N°. 57.

(2) *Voyez* le Modèle de ce registre, N°. 58.

(3) Les *Secours définitifs* s'accordent, ainsi que les *provisoires*, sur les bons délivrés par les Administrateurs. (*Voyez* le Modèle, N°. 59.).

» Cet emploi sera surveillé par le Bureau de charité,
» comme celui des Secours définitifs.

» Les sommes accordées pour Secours extraordinaires seront à la charge du Bureau qui en aura fait la demande, et imputées sur son crédit dans la répartition générale des revenus du legs.

Magasins.

Arrêté du 7 juillet 1824, art. 20.

244. » Pour subvenir à la distribution des Secours en nature, les Bureaux auront, dans leurs *magasins*, des chemises, des couvertures et des étoffes propres à l'habillement des hommes et des femmes (1).

» Ces objets ne seront pas confondus avec ceux de même nature destinés aux Secours ordinaires; il en sera tenu un compte spécial, et qui fera partie de celui que les Bureaux auront à rendre de l'emploi du legs de M. de Montyon.

» La pièce ou les tablettes et armoires où seront déposés ces effets seront distinguées par une inscription portant : *Legs de M. de Montyon.*

245. » Les fonds nécessaires pour former le Magasin seront pris sur les revenus échus, et il sera entretenu par les Bureaux au moyen des revenus courans sur la portion allouée à chacun d'eux (2).

---

(1) Il existe un Registre pour constater l'entrée en magasin et la sortie des objets en nature. (*Voir* le Modèle, N°. 60.)

(2) La lettre suivante a été écrite circulairement, le 14 juillet 1826, par le Membre de la Commission administrative chargé de la 4e. Division, à MM. les Maires, Présidens des douze Bureaux de charité :

« M. le Maire,

» Le Conseil général, auquel il a été donné connaissance de la situation des caisses » et des magasins des Bureaux de charité au 31 décembre 1825, a remarqué que, » pour plusieurs d'entre eux, les restans ne présentaient pas une valeur égale aux

» La somme à employer à cette destination sera réglée, » tous les ans, par le Conseil général, sur la proposition » des Bureaux, et le rapport du Membre de la 4e. Divi- » sion.

Comptabilité. — *Arrêté du 7 juillet 1824*, art. 22.

246. » La somme revenant à chaque Bureau par la répar- » tition générale sera tenue à sa disposition dans la caisse » du Receveur général des Hospices.

» Un *fonds d'avance*, qui ne pourra excéder le douzième » de la somme totale, sera versé dans la caisse de l'Agent- » Comptable pour acquitter les dépenses au fur et à mesure » des besoins.

» Pour obtenir le renouvellement du fonds d'avance,

» sommes accordées lors de la mise en activité du service de la Fondation Montyon, » pour la formation des magasins. Il a donc pensé qu'il convenait de rappeler aux » Bureaux qu'ils doivent entretenir les magasins au moyen des revenus courans ; que » le fonds de premier établissement, ne pouvant être renouvelé chaque année par l'Ad- » ministration générale, devait être transmis intact d'un exercice à l'autre, et qu'en » disposer une seule fois ce serait en effet augmenter les Secours d'une année aux » dépens de ceux des années suivantes, et déshériter d'autant les Convalescens qui au- » ront successivement les mêmes droits d'y participer.

» Le Conseil me charge donc de vous faire connaître, Monsieur le Maire, qu'à » partir de 1826, il espère que les valeurs en caisse et les restans en magasin, réunis, » présenteront dans les comptes une valeur au moins égale aux sommes accordées » pour premier établissement, lesquelles ne doivent être regardées que comme un » fonds de prévoyance, une sorte d'avance destinée à assurer constamment la distri- » bution des Secours, etc. »

Voici, par arrondissement, les sommes qui ont été allouées pour première formation des magasins.

Arrondissemens.	fr.	c.	Arrondissemens.	fr.	c.
1er. . . .	4,405	34	7e. . . .	4,726	70
2e. . . .	5,506	39	8e. . . .	5,274	03
3e. . . .	3,375	98	9e. . . .	3,607	90
4e. . . .	3,918	18	10e. . . .	6,818	22
5e. . . .	4,779	30	11e. . . .	4,350	29
6e. . . .	6,108	02	12e. . . .	6,729	65

» l'Agent-Comptable sera tenu de présenter, tous les mois, » un *compte sommaire*, visé et certifié par le Trésorier honoraire et par le Président ou le Vice-Président du » Bureau (1).

Comptes en Matières et Deniers.

247. » A la fin de chaque exercice, et dans les délais fixés » pour les comptes annuels, il sera rendu par l'Agent-Comptable de chaque Bureau un *compte particulier* en » recette et en dépense, matières et deniers, dans les formes » ordinaires de la comptabilité des Bureaux de charité, et » selon les modèles qui seront donnés par l'Administration (2).

Compte moral.

248. » Il sera en outre rendu par chaque Bureau, à la » fin de l'Exercice, un *compte moral et administratif* sur » l'emploi de la somme dépensée.

» Ce compte indiquera le nombre des Pauvres secourus, » la répartition du Secours entre eux, et les effets qu'il aura » produits. Il comprendra tous les détails qui peuvent intéresser la Société et l'Administration générale, faire connaître le bon usage d'une Fondation également importante » par sa valeur et sa destination, et fournir au Conseil » général les élémens du compte qu'il rendra. »

M. de Montyon avait aussi, de son vivant, donné aux Bureaux de charité une somme de 65,000 fr., qui, employée en rentes sur l'État, avait produit 4,210 fr. Ce revenu a été joint à celui de la Fondation générale, en vertu de l'Arrêté du Conseil, du 4 juillet 1827, dont la teneur suit :

ART. 1er. « *Les quatre mille deux cent dix francs* de rentes sur l'Etat, formant le revenu des 65,000 fr. donnés par M. de Montyon aux douze Bu-

(1) *Voyez* le Modèle, N°. 61.

(2) *Voyez* les Modèles, Nos. 62 et 63.

» reaux de charité, seront portés dans le Budget de 1828, au titre *Fon-*
» *dation Montyon,* mais dans un article séparé.

Art. 2. » Chaque Bureau de charité continuera à recevoir la portion de
» ladite rente qui lui appartient, pour être employée, selon les intentions du
» donateur, à distribuer aux Convalescens des Secours en argent, qui ne
» pourront excéder *dix francs* ni être moindres de *trois francs.*

Art. 3. » Le montant de la rente sera porté en recette et en dépense au
» compte particulier de la Fondation Montyon.

TITRE IV.

INSTRUCTION

SUR

LA TENUE DES ÉCRITURES ET LE MODE DE JUSTIFICATION

DES RECETTES ET DÉPENSES DES BUREAUX DE CHARITÉ.

NOTE PRÉLIMINAIRE.

Le Recueil des Réglemens, qui précède, sur l'Administration des Secours à domicile, indique à MM. les Membres des Bureaux de charité en quoi consistent les honorables fonctions dont ils veulent bien consentir à se charger. On s'est efforcé d'y réunir toutes les dispositions qu'il leur est utile de connaître pour être à même de bien remplir les devoirs attachés à ces fonctions.

Les Agens-Comptables trouveront dans le même Recueil la plupart des renseignemens qui leur sont nécessaires pour les diverses parties de leur service. Mais leur comptabilité avait besoin de règles spéciales et positives qui en fixassent tous les détails d'une manière uniforme. Il était indispensable d'indiquer avec précision la forme de l'inscription des recettes et dépenses de toute nature, le mode d'en justifier, la classification à suivre dans les comptes à rendre, et les pièces à produire à l'appui. Ces renseignemens sont l'objet de l'Instruction qui va suivre. Les comptes des Agens-Comptables qui s'y seront conformés strictement ne donneront lieu, de la part de l'Administration générale, qu'à des observations qui ne porteront plus que sur de légères erreurs de chiffres, inséparables d'une comptabilité qui comporte un grand nombre de détails. L'Instruction sera donc à l'avenir la règle commune des Agens-Comptables et des Vérificateurs de leurs comptes. Pour en rendre l'application plus facile, on l'a fait suivre d'un Modèle de compte, dans lequel on a prévu, autant qu'il était possible, tous les cas qui peuvent se présenter, ou ceux du moins qui se présentent le plus ordinairement. Ce modèle, dans lequel les règles tracées par l'Instruction sont réduites en pratique, contribuera, on n'en doute pas, à rendre parfaitement uniformes et réguliers les comptes des douze Agens-Comptables.

CHAPITRE PREMIER.

DISPOSITIONS GÉNÉRALES.

Responsabilité du Comptable.

249. L'Agent-Comptable est soumis aux dispositions des lois relatives aux *Comptables de deniers publics* et à leur responsabilité. (N°. 31 du *Recueil des Réglemens.*)

Ses attributions. — Réunion de tous les fonds dans une même caisse.

250. Il a seul qualité pour recevoir et pour payer.

Tout ce qui est recette et dépense doit figurer dans ses écritures, et tous les fonds appartenant au Bureau de charité doivent être réunis dans sa Caisse de manière à pouvoir toujours être représentés complétement aux personnes chargées d'en faire la vérification. (N°s. 143, 146 et 147.)

251. Il est expressément interdit au Comptable de confondre ses propres deniers avec ceux du Bureau de charité.

En ne se conformant pas à cette disposition, il s'exposerait à être chargé en recette de toutes les sommes existantes dans sa caisse.

Il ne peut non plus se mettre en avance, c'est à dire présenter une dépense plus forte que la recette. (N°. 155.)

252. Le Comptable ne doit, sous sa responsabilité personnelle, acquitter que les dépenses autorisées par le Bureau dans les limites du Budget (1), et en vertu des *mandats ordonnancés* par les officiers du Bureau, appuyés des pièces justificatives dont il sera parlé ci-après (2). Paiement des Dépenses.

253. Les dépenses de toute nature doivent toujours être soldées sur les fonds de l'Exercice pendant lequel elles ont eu lieu.

Il ne peut y avoir d'exception que pour les dépenses qui ne seraient connues qu'après le compte rendu. Ces dépenses devraient former dans le compte de l'année suivante un chapitre particulier, sous le titre *Dépenses arriérées*, et ne pas être confondues avec les dépenses du dernier Exercice.

254. Tout *mandat* doit être *timbré* (3), rédigé d'une manière sommaire, et indiquer seulement le nom, la qualité de la partie prenante et la nature de la dépense. Les autres détails, tels Forme des mandats de paiement.

(1) *Voyez* le Modèle de Budget, N°. 26 des Modèles.

(2) *Voyez* le N°. 155 du *Recueil*.

(3) La formalité du timbre pour les quittances ou mandats, prescrite par la Loi du 13 brumaire an 7, par les Instructions et Décisions ministérielles des 28 janvier 1820, 1er. mai 1822, 12 septembre 1823, 31 mars 1824, 15 décembre 1826, et par diverses Lettres de M. le Préfet de la Seine, ne s'applique qu'aux mandats délivrés aux *fournisseurs*, *marchands* ou *entrepreneurs*. Les mandats ou quittances de sommes inférieures à *dix francs* en sont affranchis lorsqu'ils n'ont pas pour objet un à-compte ou une quittance finale sur une plus forte somme;

L'art. 751 de l'Instruction générale du Ministre des Finances, du 15 décembre 1826, porte textuellement :

« Lorsque les communes (*a*) n'ont pas pris les mesures convenables pour faire supporter » les frais du timbre des quittances par ceux à qui elles ont à faire des paiemens, elles » doivent porter ces frais dans leurs Budgets, comme les autres frais d'adminis- » tration. »

(*a*) Cette disposition s'applique également à tous les Établissemens de bienfaisance.

que l'objet de la dépense, et, lorsqu'il y a fourniture, la quotité et le prix des objets fournis, l'Établissement auquel la fourniture est faite, et l'époque à laquelle elle a eu lieu, doivent être consignés dans la *facture* ou le *mémoire* joint à l'appui du mandat.

255. Le Comptable ne peut se refuser à acquitter les mandats ni en retarder le paiement que dans les cas prévus par le N°. 153 du *Recueil*.

De l'acquit de la partie prenante.

256. Toute partie prenante doit donner son acquit *au bas du mandat de paiement*. La facture ou le mémoire, joint à l'appui du mandat, doit seulement être certifié par elle; il doit, en outre, être revêtu du récépissé des objets fournis, et visé par un Administrateur.

257. Si le mandat de la somme à payer n'excède pas *cent cinquante francs*, et que la partie prenante ne sache signer, elle peut être admise à faire une croix *en présence de deux témoins* ou *d'un Administrateur*, qui certifient que la croix a été faite en leur présence.

En aucun cas, les employés ou garçons de bureau de l'Agence ne peuvent servir de témoins. (N°. 154 du *Recueil*.)

258. Si le mandat excède *cent cinquante francs*, la quittance doit être donnée *devant notaire* aux frais de la partie prenante. (N°. 154 du *Recueil*.)

259. La femme ne peut signer pour le mari sans y être autorisée par une *procuration générale* ou *spéciale*, qui doit être jointe au mandat, et qui, si elle est générale, n'a plus besoin d'être renouvelée pour les paiemens ultérieurs.

Récépissés des Fournitures.

260. Les *récépissés* des fournitures faites et des objets déli-

vrés en vertu des Arrêtés du Bureau aux Maisons de Secours, ouvroirs, asiles, bureaux des Agens-Comptables, ou locaux particuliers, seront respectivement donnés, sur les mémoires ou factures, par les Sœurs supérieures, Frères directeurs, Agens-Comptables, et, dans les locaux particuliers, par les personnes chargées de la garde de ces locaux ou de celle des objets livrés.

Ces récépissés, emportant responsabilité, ne peuvent, en aucun cas, être donnés par MM. les Administrateurs. (*Voir* le N°. 8 du *Recueil des Réglemens*, l'instruction à la suite, et la note de la page 9.)

261. Les récépissés seront *en toutes lettres* et devront rappeler, *article par article*, chacun des objets compris dans le mémoire ou la facture.

Fourniture d'objets en nature, distribués aux Indigens.

262. Pour toutes les fournitures *d'objets en nature*, distribués aux Indigens sur cartes ou bons de MM. les Administrateurs, l'Agent-Comptable doit certifier sur les mémoires ou factures que les cartes ou bons des objets délivrés lui ont été remis par les fournisseurs.

Production des extraits de délibérations.

263. Comme il n'y a de dépenses régulières que celles qui sont faites en vertu des délibérations du Bureau, déterminant la somme à employer, la nature, la quotité et le prix des objets à fournir, et désignant les fournisseurs, les *extraits de ces délibérations*, signés par M. le Secrétaire honoraire, doivent toujours être rapportés à l'appui des mandats de paiement.

Ces extraits seront produits, non en cahiers, ou en une seule liasse, mais sur les imprimés fournis par l'Administration, et détachés de manière à ce que chaque extrait soit annexé au mandat de la dépense à laquelle il se rapporte.

264. Lorsqu'un crédit pour une dépense qui se renouvelle chaque mois a été ouvert pour toute l'année, ou qu'une dépense qui doit avoir lieu par parties ou à divers intervalles a été autorisée, il suffit, dans le compte à rendre, de rapporter une fois *l'extrait de la délibération* qui a ouvert le crédit ou autorisé la dépense, en le joignant au mandat du premier paiement fait pour cette nature de dépense, et de rappeler sur les autres mandats, dans la case à ce destinée, la date de la délibération.

Délibérations pour autoriser les paiemens.

265. Nul paiement ne peut avoir lieu, même sur des crédits ouverts ou sur des dépenses délibérées, sans avoir été autorisé par une *délibération nouvelle,* dont la date est également indiquée aux mandats dans une case disposée à cet effet.

Emploi des Dons et Legs.

266. Les *dons* ou *legs* sans destination spéciale, pouvant être employés selon que le Bureau de charité le juge convenable, ne formeront point un article particulier en dépense; mais ceux auxquels le Donateur ou Testateur aura assigné *un emploi déterminé* devront ressortir dans la dépense de manière à prouver que la volonté du bienfaiteur a été exécutée. (N°. 132 du *Recueil* et la note.)

Il résulte de là que si un don, legs ou portion de legs doit être distribué en argent, la dépense sera portée au Chapitre II du Compte,

Et que, de même, l'emploi de tout don, legs, ou portion de legs qui devra être fait en nature ou en faveur des Établissemens, devra, selon son objet, figurer au Chapitre Ier. ou au Chapitre III. (*Voyez* le Modèle de compte N°. 54.)

Dépenses pour l'entretien des Bâtimens.

267. Les dépenses relatives à l'*entretien des bâtimens* doivent, avant le paiement, être réglées par le Vérificateur de l'Administration, et les pièces revêtues des formalités prescrites au Chapitre XV du *Recueil*.

Les *certificats des travaux exécutés* seront délivrés par les chefs des Établissemens, c'est à dire, dans les Maisons de Secours par les Sœurs supérieures; dans les Écoles, par les Sœurs, Frères, Instituteurs ou Institutrices, et par le Comptable pour son bureau.

Ces certificats seront en outre visés par un Administrateur.

268. Les employés et garçons de bureau ne pouvant être fournisseurs ni entrepreneurs des travaux à exécuter pour le compte des Bureaux de charité auxquels ils sont attachés, tout paiement qui leur serait fait pour l'une ou l'autre de ces causes *serait rejeté du compte*. (N°. 152, et instruction à la suite du N°. 29.)

Les Employés et Garçons de Bureaux ne peuvent être ni Fournisseurs ni Entrepreneurs.

269. Les dépenses suivantes pour *mobilier* ne peuvent être acquittées par le Comptable qu'après avoir été réglées par le Vérificateur attaché à l'Administration :

Boissellerie,
Balancerie,
Brosserie,
Chaudronnerie,
Coutellerie,
Faïencerie et verrerie,
Ferblanterie,
Menue mercerie,
Ouvrages de tourneur,
Papeterie,
Poterie d'étain,
Quincaillerie,
Treillagerie,
Vannerie,
Verres à vitrer,
Meubles et tapisserie.

Néanmoins, les dépenses de toute nature qui n'excéderaient pas *dix francs* ne seront pas sujettes à réglement.

Sont également affranchies de cette formalité les dépenses faites *à prix débattu* pour toiles, percales et calicots, à moins que la fourniture de ces étoffes n'ait été faite par un tapissier.

Dans le premier cas, les délibérations du Bureau devront toujours faire mention de cette circonstance.

CHAPITRE II.

REGISTRES-JOURNAUX DE RECETTE ET DÉPENSE.

Registres de Recette et Dépense.

270. Le Comptable a, pour l'enregistrement de ses recettes et dépenses, deux journaux (Modèles, N°s. 27 et 28), qui, préalablement à toute inscription, doivent être *cotés et paraphés* par M. le Maire, Président du Bureau de charité. (N°s. 138 et 139 du *Recueil.*)

Enregistrement des Recettes et Dépenses.

271. Le Comptable enregistre jour par jour ses *recettes* et ses *dépenses*. Ses journaux sont arrêtés *chaque mois* par M. le Trésorier honoraire. (N°s. 140 et 146.)

Forme de l'enregistrement.

272. L'Enregistrement des recettes et des dépenses a lieu dans la forme et avec les détails qui seront indiqués ci-après.

En cas d'*erreur* ou d'*omission* involontaire dans un article ou dans les reports et additions, la rectification se fait sans rature, surcharge, ni grattage, par un autre article motivé, qui renvoie à celui qui doit être changé ou modifié. (N°s. 33 et 141.)

Diverses natures de Recettes.

273. Il n'existe pour les Bureaux de charité que trois natures de recettes :

1°. Celles provenant des *versemens* qui leur sont faits par *l'Administration des Hospices ;*

2°. Celles qu'ils font directement et qui sont désignées sous le titre de *Recettes intérieures ;*

3°. Les *Recettes d'ordre.*

Classification et Inscription des Recettes provenant des versemens de l'Administration.

274. Les recettes provenant de *versemens de l'Administration* sont classées de la manière suivante et inscrites dans le même ordre et avec les mêmes détails sur le Journal de Recette :

N^os. D'ORDRE.	DATES	NATURE DES RECETTES.	DÉTAILS SUR LES RECETTES.			SOMMES.
7	Mars 2.	Versemens de l'Administration.	Reçu de l'Administration des Hospices la somme de *six mille trois cent vingt-sept francs trente centimes*, montant du mandat du mois de février, savoir :			
			VERSEMENS ORDINAIRES.			
			Fonds généraux.			
			Distribution ordinaire en argent.	2,050 »		
			Frais de fabrication de pain.....	130 »		
			Farine pour les Nourrices........	145 50		
			Encouragement aux Écoles de Charité..........	209 10	2,713 20	
			Frais de Bureau..	108 60		
			Intérêts de legs sans destination spéciale...........	70 »		
			Fonds spéciaux.			3,760 25
			Vieillards et Aveugles.................	605 »		
			Infirmes............	69 »		
			Boni sur le fonds des vieillards et aveugles..........	106 25		
			Vaccinations......	40 »		
			Mères nourrices malades..........	35 40	1,047 05	
			Secours individuels accordés par le Conseil général..........	66 »		
			Intérêts de legs avec destination spéciale..........	125 40		
			A reporter.			3,760 25

17.

Nos D'ORDRE.	DATES	NATURE DES RECETTES.	DÉTAILS SUR LES RECETTES.			SOMMES.
7	Mars 2.	Versemens de l'Administration.	*Report*.		3,760 25	6,327 20
			VERSEMENS EXTRAORDINAIRES.			
			Legs une fois payés	300 »		
			Secours du Conseil général pour frais de Ier. établissement..............	250 »		
			Indemnité de mobilier............	200 »		
			— de trousseau..	240 28	2,567 05	
			Don du Conseil municipal.......	300 »		
			Don du Conseil général des Hospices pour achat de combustibles...........	456 37		
			Don de la Compagnie d'assurances	820 40		

Recettes intérieures.

275. Les *Recettes intérieures* se composent :

1°. Des *dons* qui se versent directement entre les mains de l'Agent-Comptable ;

2°. Des *collectes* faites par MM. les Administrateurs, Commissaires, et par les Dames de charité ;

3°. Du produit des *troncs* placés dans les Églises, dans les Établissemens publics, etc. ;

4°. Du montant des *quêtes* faites dans les églises ;

5°. Des *souscriptions* ou *abonnemens* consentis en faveur des Pauvres ;

6°. Du produit des *concerts, représentations théâtrales,* et autres réunions qui ont lieu au profit des Pauvres ;

7°. Des sommes qui, après avoir été portées sur les États de

Secours spéciaux, n'ont pu recevoir leur destination pour diverses causes;

8°. Du produit de la vente faite de *vieux meubles et ustensiles*, en vertu d'une délibération du Bureau.

276. Ces diverses recettes s'inscrivent au Journal de la manière suivante (1). Forme d'inscription des Recettes intérieures.

N^os. D'ORDRE.	DATES	NATURE DES RECETTES.	DÉTAILS SUR LES RECETTES.	SOMMES.	
1	Janv. 4	Dons volontaires.	Reçu de M... la somme de *vingt-cinq francs*, versée au profit des pauvres de l'Arrondissement.	25	»
2	7	*Idem.*	— de M....., Proviseur du Collége......, la somme de *douze cent vingt-six francs*, versée au nom des professeurs et élèves dudit établissement.	1,226	»
3	15	Collectes.	— de M......, Administrateur, la somme de *huit cents francs*, montant de la collecte par lui faite en faveur des Pauvres de l'Arrondissement.	800	»
4	19	Troncs.	— de M..., Administrateur, la somme de *trois cent quinze francs vingt-cinq centimes*, trouvée dans le tronc placé........, suivant procès-verbal dudit jour.........	315	25
5	25	Quêtes.	— de M....... la somme de *neuf cent quarante-sept francs dix-sept centimes*, produit de la quête faite par N...., dans l'Eglise de...., le..... 182	947	17
			A reporter.	3,313	42

(1) Ces recettes doivent toujours être inscrites au Journal de l'Exercice pendant lequel le versement a lieu entre les mains du Comptable.

Nos. D'ORDRE.	DATES	NATURE DES RECETTES.	DÉTAILS SUR LES RECETTES.	SOMMES.
			Report.	3,313 42
6	Jan. 30	Souscriptions . .	Reçu de M..... la somme de *vingt francs* pour le..... de son abonnement, en faveur des pauvres.	20 »
7	Févr. 2	Représentations théâtrales.	— de M...... la somme de *quatre mille deux cent vingt-sept francs dix centimes*, produit de la représentation donnée le 28 janvier dernier, au bénéfice des pauvres, sur le théâtre de.	4,227 10
8	4	Sommes non employées sur les états de Secours spéciaux.	— de M....., Administrateur, la somme de *seize francs*, restée sans emploi sur les états d'octogénaires, septuagénaires et infirmes du mois de....., par suite du décès des nommés N......... Octogénaire. . . . . . . 8 N......... Septuagénaire . . . . . 5 N......... Infirme. 3	16 »
9		Vente de vieux meubles, etc.	— du S..... la somme de *trente-six francs vingt-cinq centimes*, produit de la vente de vieux meubles et ustensiles.	36 »

Reliquat de Compte.

277. Aussitôt que l'Agent-Comptable a rendu le compte d'un Exercice, il doit inscrire ce *reliquat* au Journal des recettes de l'Exercice suivant, sauf à rectifier ses écritures ainsi qu'il vient d'être dit à l'article 272 ci-dessus, si les vérifications de l'Administration des Hospices amenaient quelque changement dans ce résultat.

Forme de l'inscription des Dépenses.

278. Les *dépenses* (1) sont inscrites au Journal avec les détails suivans :

(1) Pour la nature et la classification des Dépenses, *voir* le N°. 284.

Nos. d'ord.	DATES.	NATURE DES DÉPENSES.	DÉTAILS SUR LES DÉPENSES.	SOMMES.
				fr. c.
61	182 Avril. 15	COMESTIBLES. Fourniture de farine.	Payé à M..., marchand de farines, la somme de *trois cent cinquante-cinq francs* pour fourniture de cinq sacs de farine à divers prix, pour le Service des indigens, pendant le . . . . de la présente année. . . . . ci. .	355 »
62	»	Cuisson de pain.	— à M....., Boulanger, la somme de *cinquante francs* pour cuisson de mille pains, à raison de 05 centimes par pain, pendant le mois de . . . . ci. .	50 »
63	»	Fourniture de pain	— au même, la somme de *trente-trois francs quinze centimes* pour fourniture de *quarante pains* à divers prix, pour le service des apprentis, pendant le. . . . trimestre de la présente année . . ci. .	33 15
64	»	Viande.	— au Sieur....., marchand Boucher, la somme de *cent cinquante francs* pour fourniture de...... kilog. de viande à.... pour la marmite de la Maison de Secours du quartier de. . . . pendant le. . . .	150 »
65	»	*id.*	— au même la somme de *cent francs* pour fourniture de.....kilog. de viande distribués aux indigens des . . . . . . divisions, pendant le. . . . . . . ci. .	100 »
66	Mai 15	Farine pour les nourrices.	— à M......., marchand de farines, la somme de *deux cent cinquante francs* pour fourniture de trois sacs de farine à divers prix, pour le service des mères nourrices, pendant le. . . . . . . ci. .	250 »
67	»	Sel.	— à M....... la somme de *trente francs* pour fourniture de..... kilog. de sel pour la marmite de la Maison de Secours du quartier de . . . . ci. .	30 »
68	»	Eau et légum.	— à Madame la Supérieure de la Maison de Secours du quartier...... , la somme de *quinze francs dix centimes* pour rem-	
			A reporter.	968 15

N^os. d'ord.	DATES.	NATURE DES DÉPENSES.	DÉTAILS SUR LES DÉPENSES.	SOMMES.
	182			fr. c.
			Report.	968 15
			boursement de pareille somme par elle avancée pour achat d'eau et légumes pour la marmite des Pauvres pendant le . ci. .	15 10
69	Mai 15	COMBUSTIBLES. Bois de corde.	Payé au Sieur....., marchand de bois, la somme de *quatre cents francs* pour fourniture de..... voies de bois par lui livrées à la Maison de Secours du quartier de.... pour le service de la marmite, pendant le. . . . . ci .	400 »
70	»	*id.*	— à Madame la Supérieure de ladite Maison de Secours la somme de *trente francs* pour remboursement de pareille somme par elle avancée pour le sciage de ces..... voies de bois. . . . . ci. .	30 »
71	»	Falourdes, fagots, cotrets, etc.	— à M......, marchand de bois, la somme de *cent vingt francs* pour fourniture de. . . . . . à . . . . le cent, pour les Indigens du quartier. . . ci. .	120 »
72	»	HABILLEMENT. Chemises.	— à M......., marchand d'étoffes, la somme de *huit cents francs*, pour fourniture de. . . . . aunes de toile à chemises, l'aune, pour les Indigens du quartier. . . . . ci. .	800 »
73	»	Chemises.	— à Madame........., Supérieure de la Maison de Secours du quartier.. . . . , la somme de *deux cents francs* pour remboursement de pareille somme par elle avancée pour le prix de la confection de . . . . chemises, à raison de.... chaque. . . . . ci .	200 »
74	»	Habillement de première Communion.	— à M......, marchand de nouveautés, la somme de *trois cent soixante francs* pour fourniture de. . . . . . aunes de draps, à. . . . . , pour l'habillement des Enfans admis à faire leur première communion, ... ci. .	360 »
			A reporter.	2,893 25

Nos. d'ord.	DATES.	NATURE DES DÉPENSES.	DÉTAILS SUR LES DÉPENSES.	SOMMES.
	182		*Report*.	2,893 25
75	Mai 15	COUCHER. Paille.	Payé à M......, grènetier, la somme de *quatre-vingts francs* pour fourniture de. . . . . bottes de paille à . . . . . . et de. . . . . . . boisseaux de paille d'avoine à . . . . . distribués aux Indigens du quartier de.. pendant le. ci. .	80 »
76	Juin 25	Blanchissage du linge des Pauvres.	— à Madame la Supérieure de la Maison de Secours du quartier de . . . . . la somme de *vingt francs vingt centimes* pour blanchissage du linge des Pauvres de ce quartier, pendant le . . . . ci. .	20 20
77	Juillet 25	SECOURS EN ARGENT. Vieillards et Aveugles.	— à divers Indigens admis aux Secours de Septuagénaires, Octogénaires, Aveugles et Infirmes, la somme de *quinze cents francs* pour Secours spécial du mois de	
			SAVOIR :	
			80 Octogénaires. . . . . . . 640 f. 120 Septuagénaires . . . . . . 600 40 Aveugles. . . . . 200 20 Infirmes. 60	1,500 »
78	Août 25	SECOURS PAR LE BUREAU. Habillement de première Communion.	— à M. le Curé de la Paroisse de. . . . . la somme de *trois cent vingt francs* pour contribuer à l'habillement de. . . . . . Enfans indigens admis à faire leur première communion . . . . ci. .	320 »
79	»	MAISONS DE SECOURS. Appointem.	— à Madame la Supérieure de la Maison de Secours du quartier de. . . . . . . la somme de *quatre cents francs* pour ses appointemens et ceux de. . . . . . Sœurs attachées au service de la Maison, pendant le mois de. . . . . ci. .	400 »
			A reporter	5,213 45

Nos. d'ord.	DATES.	NATURE DES DÉPENSES.	DÉTAILS SUR LES DÉPENSES.	SOMMES.
	182		*Report*	5,213 45
80	»	COMESTIBLES. Pain.	Payé à M....., Boulanger, la somme de *quarante francs* pour fourniture de ...... pains à divers prix, pendant le.. . . . . pour la nourriture des Sœurs attachées à la Maison de Secours du quartier de. . . . . ci..	40 »
81	»	Menues dépenses.	— à Madame la Supérieure de la Maison de Secours du quartier de. . . . . . la somme de *douze francs* pour menues dépenses par elle payées pour le service de sa Maison pendant le cours du.....ci..	12 »
				5,265 45
		Rectification.	Déduction de *dix francs* pour erreur de pareille somme, commise au n°. 14 du présent Journal, dans l'enregistrement du mandat pour dépense d'habillement de première communion, qui n'est que de 296 francs . . . . ci..	10 »
				5,255 45

Registres de détail ou de décomposition.

279. Outre ses journaux de recette et de dépense, le Comptable tient deux *Registres de détail* ou *de décomposition*, conformes aux Modèles Nos. 42 et 43, et relève jour par jour les recettes et dépenses de toute nature par lui effectuées.

CHAPITRE III.

COMPTES.

SECTION PREMIÈRE.

CLASSIFICATION ET JUSTIFICATION DES RECETTES.

Reddition des comptes.

280. Les comptes de l'Agent-Comptable sont rendus dans les délais prescrits par le N°. 156 du *Recueil*, et dans la forme indiquée par le Modèle, N°. 54.

281. Les *Recettes* sont classées de la manière suivante : Classification des Recettes dans les comptes.

CHAPITRE Ier. *Restant en caisse de l'Exercice précédent;*

CHAPITRE II. *Versemens de l'Administration des Hospices;*

CHAPITRE III. *Recettes intérieures,*

Et, s'il y a lieu, un CHAPITRE IV, *Recette d'ordre,* lorsqu'un Bureau reçoit d'un autre Bureau une subvention ou contribution pour la dépense commune des Écoles.

Hors ce cas, il ne doit point être formé de chapitre d'ordre, à moins que l'Administration ne l'ait formellement prescrit.

Il n'y a également lieu à former un plus grand nombre de chapitres de recette que sur l'indication précise de l'Administration.

282. Le Comptable doit justifier de ses recettes comme de ses dépenses à l'Administration des Hospices. Justification des Recettes.

Cette justification a lieu dans ses comptes annuels de la manière suivante pour les recettes :

Nature des Recettes.	*Pièces justificatives.*
VERSEMENS DE L'ADMINISTRATION.	Un tableau détaillé, conforme au Modèle, N°. 45.
RECETTES INTÉRIEURES.	Un tableau général de toutes les Recettes intérieures, (Modèle N°. 46).
Dons.	Extraits des délibérations du Bureau, prises conformément au N°. 133 du *Recueil.*
Collectes.	Un certificat pour chacune, de la personne qui en a été chargée.
Troncs	Les procès-verbaux prescrits par le N°. 130 du *Recueil.*
Quêtes dans les Églises. . .	Le certificat pour chacune des Quêtes, des personnes qui en ont été chargées.
Souscriptions ou Abonnemens.	La liste des Souscripteurs, indiquant le montant des souscriptions, visée par les Officiers du Bureau.

Nature des Recettes.	*Pièces justificatives.*
Représentations théâtrales .	Le Bordereau de la Recette, signé du Directeur ou du Caissier de l'établissement qui a donné la représentation, et visé par les Officiers du Bureau.
Sommes restées sans emploi sur les États de Secours spéciaux	Extraits des Délibérations du Bureau, prises conformément au N°. 133 du *Recueil*.
Vente de vieux meubles, etc.	La délibération du Bureau qui autorise cette vente.

Tableaux des Recettes.

283. Dans le compte à rendre, ces diverses recettes sont détaillées *mois par mois* et *par nature* dans deux tableaux conformes aux Modèles, N°s. 45 et 46.

SECTION II.

CLASSIFICATION DES DÉPENSES.

Classification des Dépenses dans les Comptes.

284. Les dépenses sont classées dans les Comptes de la manière suivante :

CHAPITRE PREMIER.

Dépenses pour Secours en Nature.

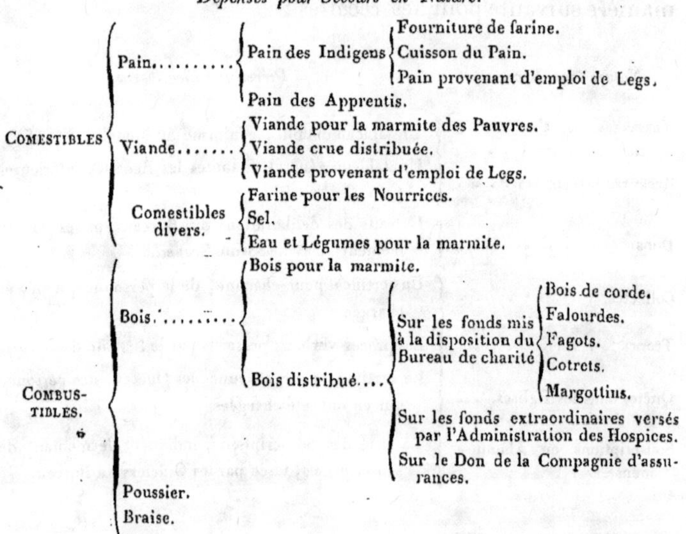

- COMESTIBLES
  - Pain. . . . .
    - Pain des Indigens
      - Fourniture de farine.
      - Cuisson du Pain.
      - Pain provenant d'emploi de Legs.
    - Pain des Apprentis.
  - Viande. . . . . . .
    - Viande pour la marmite des Pauvres.
    - Viande crue distribuée.
    - Viande provenant d'emploi de Legs.
  - Comestibles divers.
    - Farine pour les Nourrices.
    - Sel.
    - Eau et Légumes pour la marmite.
- COMBUSTIBLES.
  - Bois. . . . .
    - Bois pour la marmite.
    - Bois distribué. . .
      - Sur les fonds mis à la disposition du Bureau de charité
        - Bois de corde.
        - Falourdes.
        - Fagots.
        - Cotrets.
        - Margottins.
      - Sur les fonds extraordinaires versés par l'Administration des Hospices.
      - Sur le Don de la Compagnie d'assurances.
  - Poussier.
  - Braise.
  - Mottes.

- **Habillement**
  - des Indigens.
    - Chemises.
    - Pantalons.
    - Jupons.
    - Étoffes diverses.
    - Façon d'habillement.
    - Bas.
    - Souliers.
    - Sabots.
  - de première Communion.
  - des Apprentis.

- **Coucher....**
  - Toile à draps.
  - Toile à paillasse.
  - Paille.
  - Couvertures.
  - Thibaudes.
  - Lits de sangle.
  - Bois de lit.

Médicamens.

Blanchissage du linge des Pauvres.

CHAPITRE II.

Dépenses pour Secours en Argent.

- **Sur les fonds spéciaux versés par l'administration**
  - Vieillards, Aveugles et Infirmes.
    - Octogénaires.
    - Septuagénaires.
    - Aveugles.
    - Infirmes.
  - *Boni* sur le fonds des Secours spéciaux.
  - Secours individuels accordés par le Conseil général.
  - — de vaccination.
  - — aux mères nourrices malades.
  - Legs.
  - Intérêts de legs.

- **Sur les fonds mis a la disposition du bureau de charité.**
  - Secours d'apprentissage.
  - Pour Habillemens de première Communion.
  - Secours individuels.
  - Transport de malades aux Hôpitaux.
  - Actes de l'État civil.

CHAPITRE III.

Dépenses des Établissemens dirigés par le Bureau.

- **Maison de secours du quartier (1).** ....
  - Entretien des bâtimens.
  - Appointemens.
  - Comestibles. ....
    - Pain.
    - Viande.
  - Combustibles. ...
    - Bois.
    - Huile à brûler.
    - Chandelle.
    - Charbon de bois.
  - Mobilier.
  - Blanchissage du linge des Sœurs.
  - Menues dépenses.
- **École des garçons située (2)** ....
  - Entretien des bâtimens.
  - Appointemens.
  - Livres.
  - Papeterie.
  - Combustibles.
  - Menues dépenses.
- **Ouvroir situé.** ..
  - ....
  - ....
  - ....
- **Asile situé.** ....
  - ....
  - ....
  - ....
- **Frais de bureau.**
  - Appointemens.
  - Gratifications.
  - Papeterie.
  - Impressions.
  - Combustibles...
    - Bois.
    - Huile à brûler.
    - Chandelle.
  - Menues dépenses.

CHAPITRE IV.

Dépense d'ordre.

Voyez le N°. 281 et le Modèle de compte, N°. 54.

---

(1) Les dépenses doivent être ainsi détaillées pour chacune des Maisons de Secours.

(2) Détailler de la même manière et dans le même ordre la dépense de chaque École, Ouvroir et Asile.

SECTION III.

JUSTIFICATION DES DÉPENSES.

Dépenses pour Secours en nature (CHAPITRE Ier.).

285. Le Chapitre Ier. comprend toutes les dépenses faites pour *secours en nature.* Divers Secours en nature.

Il se compose des six articles suivans :

1°. Comestibles,

2°. Combustibles,

3°. Habillement,

4°. Coucher,

5°. Médicamens,

6°. Blanchissage du linge des Pauvres.

Chaque article se divise ou se subdivise en autant de parties qu'il est nécessaire pour établir la distinction des diverses natures de secours et des diverses classes d'Indigens auxquels ils ont été distribués.

§ I. *Comestibles.*

286. Dans la dépense *pain* de l'article COMESTIBLES, il faut distinguer la partie relative aux *Indigens*, et celle relative aux *apprentis*, et porter sous un titre spécial les sommes payées pour *fourniture de farine*, et celles pour *cuisson de pain.* Pain.

287. Pour toute fourniture de farine, le marchand ou le boulanger est tenu de rapporter, à l'appui de sa facture, un *extrait de la mercuriale*, qui constate que le prix de la fourniture est établi d'après le cours du jour de la livraison, ou, ce qui est équivalent, un certificat du Contrôleur de la Halle-au-Blé. Fourniture de Farine.

Mandat pour fourniture de Farine.

288. Le mandat pour le paiement de cette dépense est libellé de la manière suivante :

« L'Agent-Comptable paiera à M. N....., marchand boulanger (ou négo-
» ciant), la somme de.......... pour fourniture de..... sacs de farine, suivant
» la facture ci-jointe. »

Lorsque la farine est fournie par un marchand autre que le boulanger, celui des boulangers auquel elle est livrée doit en donner récépissé sur la facture, ainsi qu'il suit :

« DOIT le Bureau de charité du.... arrondissement au sieur N...., négo-
» ciant, rue...., n°. , pour *fourniture de farine*, savoir :
» Fourni aux Indigens du quartier...... la quantité de *six sacs de farine*,
» première qualité, à 50 francs le sac, ci. . . . . 300 francs.

» Paris, le 10 janvier 1830.

» *Certifié véritable.*

» N.....

» Je soussigné, boulanger du Bureau de charité pour le quartier..., certifie
» avoir reçu du sieur N....... la quantité de *six sacs de farine*, première
» qualité, pour le pain des Pauvres dudit quartier.

» Paris, le 10 janvier 1830.

» B.....

» *Vu par l'Administrateur soussigné.*

» A..... »

Mandat pour cuisson de Pain.

289. Le mandat pour la *cuisson du pain* est libellé de la manière suivante :

« L'Agent-Comptable paiera à M. N...., marchand boulanger, la somme
» de....... pour cuisson de..... sacs de farine, suivant la facture ci-jointe. »

L'Agent-Comptable n'acquitte la dépense qu'après avoir constaté par lui-même le nombre de pains distribué par celui des bons ou cartes rapportés par le boulanger; il certifie au bas de la facture que les cartes lui ont été remises ainsi qu'il est indiqué dans le Modèle ci-après. (*Voyez* le N°. 70 du *Recueil.*)

« Compte des *farines livrées* par le Bureau de charité du....... arrondis-
» sement au sieur N......, boulanger, rue......., n°.   , pour le pain des
» Pauvres du quartier d.........
» Et Facture de *cuisson de pain.*

» 1°. *Compte de farine.*

	Sacs de farine.	Représentant pains.
» Au 31 janvier 1830, » je restais devoir au Bureau de charité la quantité » de..	3	315
» Il m'a été délivré dans le cours du mois de février	8	840
» Totaux.	11	1155
» J'ai distribué en pain aux Pauvres pendant ledit » mois de février, suivant la facture ci-après. . .	9	945
» Partant, je redois au Bureau de charité, au » 1er. mars 1830..	2 sacs *ou* 210 pains.	

» 2°. *Facture de cuisson de pain.*

» Doit le Bureau de charité du..... arrondissement,
» Pour cuisson de *neuf sacs* de farine à 5 francs le sac, représentant 945
» pains de 2 kilogrammes, distribués aux Pauvres du quartier....., sur cartes
» de MM. les Administrateurs, pendant le mois de février 1830, la somme
» de. . . . . 45 francs.

» Paris, le 1er. mars 1830.

» *Certifié véritable.*

» N.....

» L'Agent-Comptable du Bureau de charité certifie que le sieur N......,

» boulanger, lui a remis *neuf cent quarante-cinq* cartes de pains de 2 kilo-
» grammes, délivrées aux Pauvres pendant le mois de février 1830.

» Paris, le 1er. mars 1830.

» C.....

» *Vu par l'Administrateur soussigné.*

» A..... »

Pain des Apprentis. **290.** A l'appui de la dépense pour le *pain des apprentis*, le Comptable doit rapporter, chaque année, outre les Factures des fournisseurs dûment visées, l'Arrêté du Bureau qui détermine la somme à employer pour frais d'apprentissage, et l'état des apprentis, avec les renseignemens suivans :

N[os]. d'inscrip. des parens au livre des Pauvres.	NOMS des APPRENTIS.	PRÉNOMS.	DEMEURES.	ÉPOQUES du commencement et de la fin de l'apprentiss.	SECOURS ACCORDÉS par année, suivant l'Acte d'apprentissage.

La facture jointe à l'appui du mandat devra indiquer que la fourniture du pain est faite aux apprentis de tel quartier ou de telle division.

Si le pain a été délivré sur cartes ou bons de MM. les Administrateurs, l'Agent-Comptable certifie, au bas de la facture, que les cartes ou bons lui ont été remis.

Viande. **291.** L'Arrêté qui ouvre un crédit pour dépense de *viande* doit désigner les bouchers, déterminer le prix de la fourniture et les quantités à fournir à chaque Maison de Secours.

Les fournisseurs nommés et les prix établis ne peuvent être changés qu'en vertu d'une délibération du Bureau, dont extrait sera joint aux pièces.

292. La *viande* fournie *pour la marmite* des Maisons de Secours doit être distinguée de celle *distribuée crue* aux Indigens.

Chacune de ces dépenses formera un total séparé, et donnera lieu à des mandats spéciaux :

« L'Agent-Comptable paiera au sieur N....., marchand boucher, la somme » de. . . . . pour fourniture de. . . . kilogr. . . . de viande, suivant la » facture ci-contre. »

La facture doit toujours indiquer le quartier auquel la fourniture a été faite, énoncer si la viande a été distribuée crue aux Pauvres, ou fournie à une Maison de Secours pour la marmite (1), et dans le premier cas relater le nombre de cartes, le poids et le prix, et le mois ou le trimestre pendant lequel la fourniture a eu lieu, de la manière suivante :

« Doit le Bureau de charité du.... arrondissement au sieur N...., marchand » boucher, pour *fourniture de viande* aux Pauvres du quartier........, sur les » cartes de MM. les Administrateurs pendant le mois de...... 18..... (ou le » .... trimestre de 18.....)

» Savoir :

» 200 cartes de 1 kilogr. formant 200 kilogr. de viande à 80 c., ci.. 160 fr.

» *Certifié véritable.*

» N.....

---

(1) La dépense de la viande pour la nourriture des Sœurs doit être portée à l'article de chacune des Maisons de Secours auxquelles la fourniture est faite. (*Voyez* le N°. 327 du présent Recueil, et le Modèle de compte, N°. 54.)

» L'Agent-Comptable certifie que les *deux cents* cartes d'un kilogramme de » viande, énoncées dans la présente facture, lui ont été remises par le sieur N.., » marchand boucher.

» Paris, le.....

» C.....

» *Vu par l'Administrateur soussigné.*

» A..... »

Lorsque la viande est fournie à une Maison de Secours pour la marmite des Pauvres, la facture porte :

« Doit le Bureau de charité de... pour *fourniture de viande* faite à la Maison » de Secours du quartier.... pendant le.... pour la marmite des Pauvres, etc. »

Le récépissé de la fourniture est donné par la Supérieure de la Maison de Secours, dans la forme suivante :

« Je, soussignée, Supérieure de la Maison de Secours du quartier......., » certifie avoir reçu du sieur N....., marchand boucher, la quantité de...... » (en toutes lettres) kilogrammes de viande pour le service de la marmite des » Pauvres pendant le mois de.....

» S..... »

Comestibles divers.

293. Sous le titre de *Comestibles divers*, on comprendra :

1°. La farine, le lait ou autres comestibles pour les mères nourrices,

2°. Le sel,

3°. L'eau et les légumes pour la marmite.

Farine pour les Nourrices.

294. Pour les pièces à produire à l'appui de la dépense de la *farine pour les nourrices*, le Comptable se conformera à ce qui a été prescrit ci-dessus, N°. 287 et suivans.

Si la farine a été distribuée par les boulangers sur les bons de MM. les Administrateurs, le Comptable certifiera, au pied de chaque facture, que les bons de distribution lui ont été remis par les boulangers.

La facture indiquera l'objet de la dépense, les quantités fournies, les prix et les quartiers auxquels les fournitures ont été faites.

295. La dépense du *sel* sera justifiée de la manière prescrite pour toutes les autres dépenses. Sel.

Pour *l'eau et les légumes* de la marmite, le Comptable rapportera, à l'appui des mandats de paiement, les notes de la dépense faite pour ces deux objets par les Sœurs supérieures des Maisons de Secours, lesdites notes certifiées par elles et visées par MM. les Administrateurs chargés de la surveillance spéciale de ces établissemens. Eau et légumes.

Ces notes doivent indiquer séparément la somme dépensée pour l'eau, et celle pour les légumes, de la manière suivante :

« *Maison de Secours du quartier d*

» Dépense faite pour l'eau et les légumes de la marmite des Pauvres du
» quartier d. . . . , pendant le mois d savoir :

» Eau. . . . . »
» Légumes. . . . . »

» Total. . . . . »

» *Certifié véritable par moi, Sœur supérieure,*

» *Vu par l'Administrateur, soussigné,*

§ 2. *Combustibles.*

Combustibles. **296.** L'article *Combustibles* du Chapitre Ier. ne comprend que le bois destiné au service de la marmite, et les combustibles de toute nature distribués aux Indigens.

Le combustible pour l'usage particulier des Maisons de Secours, Écoles, Ouvroirs, Asiles, Bureau de l'Agent-Comptable, est porté, dans le compte, à l'article de chacun de ces établissemens. (*Voyez* le Modèle de compte, N°. 54.)

Bois. **297.** La dépense pour le *bois* destiné au *service de la marmite,* et celle du *bois distribué* aux Indigens, doivent être présentées séparément.

Il doit être également formé un total particulier pour le bois acheté, soit sur les fonds du Bureau, soit sur les fonds qui pourraient être accordés pour cet objet par le Conseil général des Hospices, soit enfin sur ceux provenant de dons et legs spéciaux. (*Voyez* le Modèle de compte.)

Les factures et mémoires devront indiquer, avec les mêmes détails que ceux prescrits plus haut pour le pain et la viande, la quantité, le prix du bois et sa destination (pour le service de la marmite, ou pour être distribué aux Indigens), et être revêtus du récépissé des Sœurs supérieures des Maisons de Secours, ainsi qu'il est prescrit par le N°. 260.

Les *Frais accessoires,* tels que transport (1), sciage et rentrée du bois, sont portés à la suite de la dépense principale et totalisés avec elle. (*Voyez* le Modèle de compte.)

Si ces menus frais ont été acquittés par les Sœurs supé-

(1) Si le fournisseur a été chargé du transport et l'a compris dans sa facture, il n'y a pas lieu d'en faire une dépense particulière parmi les frais accessoires. (*Voyez,* à cet égard, le Modèle de compte.)

rieures, les notes de leurs déboursés devront être appuyées des quittances des parties prenantes.

La dépense pour les diverses autres natures de combustibles ne donne lieu à aucune disposition particulière.

§ 3. *Habillement.*

298. Dans l'article *Habillement,* le Comptable devra distinguer la dépense pour habillement *d'Indigens,* celle pour habillement *de première communion,* et celle pour habillement *d'apprentis.*

299. Plusieurs Bureaux achètent pour les jeunes Communians des effets tout confectionnés; d'autres, des étoffes qu'ils font confectionner; d'autres enfin contribuent dans la dépense de l'habillement pour une certaine somme, qui est versée entre les mains de MM. les Curés.

Habillement de première communion.

Dans le premier cas, le Comptable doit ouvrir, sous le titre d'*Habillemens de première Communion,* autant d'articles qu'il aura été acheté de natures d'objets. Dans le second, il portera, sous le même titre, un article : *Étoffes diverses,* et un autre : *Façon d'habillement.* Dans le troisième, cette Dépense sera portée aux Secours en argent, Chapitre II.

Aux pièces justificatives de la Dépense il devra être joint un *Etat des Enfans admis à la première Communion,* indiquant 1°. le N°. d'inscription des parens au contrôle des Pauvres; 2°. les noms et prénoms des enfans; 3°. leur demeure; 4°. la somme dépensée pour chacun.

Pour les Enfans de parens qui ne seraient pas inscrits au Livre des Pauvres, le Comptable rapportera l'*Extrait de la Délibération spéciale* du Bureau, qui les admet à participer aux Secours d'habillement de première Communion, et qui détermine la quotité de ce Secours.

Habillement des Apprentis.

300. Pour l'*habillement des Apprentis*, la Dépense comprendra également le détail des effets confectionnés, ou des étoffes achetées et des confections.

Si l'état des Apprentis et l'indication des conditions de l'apprentissage ont été fournis à l'article *Pain*, il sera inutile de les reproduire à l'*Habillement*, et il suffira de renvoyer à l'article où ils ont été fournis.

En aucun cas, les effets d'habillement, ou étoffes et confections y relatives, pour Apprentis et Communians, ne devront être confondus dans les Dépenses avec les objets de même nature distribués comme Secours ordinaires aux Indigens.

§ 4. *Objets de Coucher.*

Objets de Coucher.

301. Au nombre des *objets de coucher*, le Comptable devra comprendre la toile destinée à être convertie en *draps pour prêts* aux Indigens. Ces draps seront portés sur l'Inventaire de la Maison de Secours dans laquelle ils sont déposés.

Les justifications pour la dépense des objets de coucher ne donnent lieu à aucune autre prescription spéciale.

Néanmoins, on rappelle que si la paille a été délivrée aux Pauvres par le fournisseur, sur cartes ou bons de MM. les Administrateurs, le Comptable doit certifier au bas de la facture que ces cartes ou bons lui ont été remis. (*Voyez* les N°s. 288, 289 et 292.)

§ 5. *Médicamens.*

Médicamens.

302. A l'appui de la Dépense pour *Médicamens* fournis par

la Pharmacie centrale, le Comptable rapportera les quittances du Receveur des Hospices; et pour ceux fournis *par urgence*, il devra joindre au Mémoire du Pharmacien les prescriptions des Médecins du Bureau de charité (1) et l'Arrêté du Bureau, qui approuve la Dépense et en autorise le paiement.

§ 6. *Blanchissage du linge des Pauvres.*

303. Il sera formé, à la fin du chapitre des Secours en nature, un article spécial pour la Dépense du *Blanchissage du linge des Pauvres*. Blanchissage du linge des Pauvres.

A l'appui du mandat devra être joint le Mémoire détaillé du Blanchisseur ou la Note de la Sœur supérieure de la Maison de Secours, indiquant le nombre de draps, de chemises, etc.

Si la pièce de dépense produite est le mémoire du blanchisseur, elle doit être revêtue du certificat de la Sœur supérieure, constatant que tous les objets portés au mémoire ont été blanchis.

Si la Sœur a fait l'avance de la Dépense, le Mémoire ou la Note qu'elle rapporte doit être acquitté par le Blanchisseur.

Dépenses pour Secours en argent. (CHAPITRE II.)

304. Le Chapitre II, *Secours en argent*, se divise en Secours accordés aux Pauvres sur les fonds spéciaux versés par l'Administration, et en Secours sur les fonds mis à la disposition du Bureau de charité.

---

(1) *Voyez* le N°. 123 du *Recueil*, et la note.

§ 7. *Secours sur les fonds spéciaux versés par l'Administration.*

Secours sur les fonds spéciaux versés par l'Administration.

305. Cet article comprend :

1°. Les *Secours spéciaux* aux Vieillards, Aveugles et Infirmes ;

2°. Les Secours accordés sur le *Boni* qui peut provenir des sommes restées sans emploi sur le fonds des Secours spéciaux ;

3°. Les *Secours individuels* accordés par le Conseil général à divers Indigens ;

4°. Les Secours de *Vaccination ;*

5°. Les Secours aux *Mères nourrices* malades, en remplacement d'hôpital ;

6°. Les *Legs ;*

7°. Les *Intérêts des Legs ;*

Forme des États de Secours spéciaux.

306. Les États mensuels de paiement pour les *Secours spéciaux* doivent contenir, pour le mois de janvier de chaque année, tous les renseignemens indiqués par les colonnes de ces États.

Pour les autres mois, il suffit de donner les noms des Indigens, les Nos. des Registres et des Contrôles, et les changemens qui surviennent dans les demeures.

307. Les Indigens admis aux Secours spéciaux sont inscrits, *pour le premier mois*, à la fin de l'État avec tous les renseignemens qui les concernent.

A la suite des Inscriptions nouvelles, sont portés les Indigens *rayés pendant le mois*, avec mention des causes de radiation, et indication des époques des décès, placement dans les Hospices, déménagement et autres causes de sortie.

308. A la suite des Indigens rayés, le Comptable établit un *Résumé numérique* dans la forme suivante :

« Indigens anciennement admis.	»	} »
» — Nouvellement admis.	»	
» — Rayés pendant le mois..		»
» Restant au..		»

» Certifié

» *L'Agent-Comptable*,

» Vu et certifié

» Paris, le 183

» *Le Président du Bureau*,

L'État est ensuite adressé au Membre de la Commission administrative chargé de la 4ᵉ. Division, qui l'arrête et le renvoie au Comptable pour en effectuer le paiement.

Si MM. les Administrateurs se chargent de la distribution des Secours spéciaux, ils émargent les états pour le montant des sommes qui leur sont remises (1).

Si le Comptable fait le paiement, il doit en justifier au Bureau de charité par la représentation des cartes ou des bons par lui acquittés.

309. Le paiement effectué, le Bureau approuve la dépense dans la forme suivante :

---

(1) *Voyez* le Chap. VIII du *Recueil*, et notamment les Nos. 99, 100, 101 et 102.

« Le Bureau de charité du...... Arrondissement autorise l'Agent-Comp-
» table à porter en dépense la somme de...... par lui remise à MM. les Ad-
» ministrateurs, ainsi qu'il résulte de leurs émargemens (1). »

Ou, si le Comptable a fait le paiement aux Indigens eux-mêmes,

« Le Bureau de charité du..... Arrondissement autorise l'Agent-Comp-
» table à porter en dépense la somme de...... dont il a justifié avoir fait le
» paiement aux Indigens dénommés au présent État.

» Paris, le 183

» *Le Président*,

» *Le Trésorier honoraire*, *Le Secrétaire honoraire*,

Secours sur le *boni* des Secours spéciaux.

310. Les paiemens faits pour l'emploi du *Boni* provenant du fonds des *Secours spéciaux* sont justifiés par un état d'émargement conforme au Modèle, N°. 47.

Secours individuels accordés par le Conseil général.

Les *Secours individuels accordés par le Conseil général* sont payés sur mandats aux Indigens eux-mêmes, à moins que le Conseil général n'ait décidé qu'ils le seraient sur l'acquit de l'Administrateur ou de toute autre personne, et, dans ce cas, le mandat doit en faire mention.

311. La dépense, pour ces deux natures de Secours, doit

(1) Dans le cas où, après l'enregistrement de la dépense, MM. les Administrateurs remettraient au Comptable des sommes restées sans emploi, celui-ci procédera conformément à ce qui a été prescrit N°s. 101 et 276.

balancer la recette, à moins que, s'il s'agit de Secours individuels, l'Indigent ne soit décédé ou parti avant d'avoir touché celui qui lui était destiné : dans ce cas, le Comptable doit expliquer la différence.

Secours de Vaccination.

312. Dans la dépense pour *vaccination*, on ne doit comprendre que les sommes payées pour Secours.

Si la vaccination donnait lieu à quelques nouveaux frais, soit d'impression, d'apposition d'affiches ou autres, cette dépense devrait être portée à l'article *Frais de bureau*, Chap. III.

L'Agent-Comptable est remboursé des avances par lui faites pour ce genre de Secours, en rapportant, chaque trimestre, un État conforme au Modèle N°. 39, et les certificats de vaccination ou le registre constatant que les vaccinations opérées ont réussi.

Secours aux Mères nourrices malades.

313. Les Secours aux *Mères nourrices malades* sont accordés par les Membres du Bureau central d'admission, qui délivrent un bon (Modèle N°. 36) indiquant la somme accordée par jour, et le nombre de jours pendant lequel le Secours est jugé nécessaire. (N°. 200 et suivans du *Recueil*.)

Ces bons sont payables à vue par l'Agent-Comptable, qui est remboursé de ses avances par l'Administration des Hospices, en rapportant chaque trimestre les bons par lui acquittés, avec un *État nominatif* conforme au Modèle N°. 37.

314. Les bons et états relatifs à ces deux dernières natures de Secours sont rendus au Comptable pour être par lui rapportés à l'appui de son compte.

Legs ou intérêts de Legs.

315. Les *Legs* ou *Intérêts de Legs* doivent recevoir l'em-

ploi indiqué par le Testateur (N°. 132 du *Recueil*); ceux destinés à être distribués en argent doivent l'être en vertu d'une délibération du Bureau, désignant les individus admis à y participer.

Extrait de cette délibération doit être rapporté à l'appui des mandats du paiement fait aux Pauvres désignés par le Bureau, ou joint à un état de distribution conforme au Modèle, N°. 47.

§ 8. *Secours en argent sur les fonds mis à la disposition du Bureau.*

Secours sur les fonds du Bureau.

316. Les Secours en argent *sur les fonds mis à la disposition du Bureau de charité* se composent de

Secours d'apprentissage;

— Pour habillement de première communion;

— Individuels;

Frais de transport de malades aux hôpitaux;

Actes de l'état civil.

Secours d'Apprentissage.

317. Les Secours en argent pour *apprentissage,* s'il en a été stipulé dans l'acte (N°. 72 du *Recueil*), peuvent être payés, soit à l'Administrateur de la division à laquelle appartient l'Indigent, soit au maître chez lequel l'Indigent est placé.

Le Bureau arrête celui des deux modes suivant lequel le paiement aura lieu, et la pièce justificative de la dépense est conforme à cette disposition de l'arrêté ou de l'acte d'apprentissage.

Secours pour Habillement de première communion.

318. A l'appui du paiement des Secours en argent pour *habillement de première communion,* paiement fait soit entre les mains de MM. les Administrateurs, soit entre celles de

MM. les Curés ou des Supérieures des Maisons de Secours, le Comptable rapportera un *état certifié* par eux, chacun pour les Enfans de sa division, de sa paroisse ou de son quartier.

Cet état doit indiquer:

1°. Le N°. d'inscription des parens au contrôle des Pauvres;

2°. Les noms et prénoms des enfans;

3°. Leurs demeures;

4°. Les sommes payées pour chacun.

Il doit être visé et arrêté dans la forme ordinaire par MM. les officiers du Bureau.

319. Les paiemens des *Secours individuels* accordés aux Indigens par le Bureau sont constatés par la production de mandats dressés dans la forme ordinaire. Secours individuels.

Si le Bureau a décidé que le paiement sera fait sur l'acquit de l'Administrateur, du Commissaire, de la Dame de charité ou de toute autre personne, le mandat doit en faire mention.

320. Si la distribution a eu lieu simultanément sur un *fonds spécial* en faveur d'un certain nombre d'Indigens, le Comptable peut produire, en remplacement des mandats particuliers, un *état général et nominatif*, dressé par division, émargé par MM. les Administrateurs, et arrêté par MM. les officiers du Bureau.

L'imprimé, Modèle, N°. 47, peut servir à cet usage.

321. En aucun cas, les bons, mandats ou états de Secours accordés à des *anonymes* ne seront admis en dépense.

322. A l'appui de la dépense pour *transport de malades* aux Hôpitaux, dépense qui sera acquittée sur mandats particuliers, le Comptable rapportera *la liste des individus transportés*, indiquant leur demeure, la somme payée pour Transport de malades aux Hôpitaux.

chacun d'eux, et le nom de l'hôpital où ils ont été envoyés, ladite liste visée par un Administrateur.

Frais d'actes de l'État civil.

323. La dépense pour *frais d'actes de l'Etat civil* sera appuyée d'une délibération du Bureau qui l'autorise, et d'un état donnant tous les détails de cette dépense, indiquant les sommes qui auraient pu être payées pour *ports de lettres, affranchissemens et frais d'actes*, certifié par l'Agent-Comptable et visé par deux Administrateurs.

Secours urgens.

324. Si le Bureau met chaque mois, chaque trimestre ou chaque année, à la disposition de MM. les Administrateurs un certain nombre de *centimes par ménage*, pour être distribués en *Secours urgens*, le Comptable rapportera à l'appui de cette dépense les états émargés par MM. les Administrateurs, et arrêtés dans la forme ordinaire par les officiers du Bureau.

Dépenses des Etablissemens dirigés par le Bureau. (CHAPITRE III.)

§ 9. *Maisons de Secours, Écoles, Ouvroirs et Asiles.*

Réparations ou entretien des bâtimens.

325. Tout ce qui concerne l'*Entretien des bâtimens* et les pièces à produire à l'appui de cette dépense est réglé par le Chapitre XV du *Recueil* et par le N°. 267.

Tous les mémoires doivent être réglés par le vérificateur attaché à l'Administration.

Appointemens.

326. Les *appointemens* des Sœurs des Maisons de Secours, Écoles et autres Établissemens à la charge des Bureaux de Charité sont fixés chaque année par un arrêté qui sera joint aux pièces. Ils pourront être payés aux Sœurs des Maisons de Secours, sur l'acquit des Supérieures, en rapportant à l'appui de chaque mandat un *état nominatif* des Sœurs em-

ployées dans ces Établissemens, certifié par la Supérieure et visé par l'Administrateur chargé de la surveillance spéciale.

Toute nomination de nouvelles Sœurs en augmentation de celles déjà existantes, devant être approuvée par le Conseil général (N°. 24 du *Recueil*), les paiemens qui leur auraient été faits avant cette approbation seraient rejetés du Compte.

327. Dans les *Comestibles* et *Combustibles*, on ne comprendra que ceux achetés pour la nourriture et l'usage particulier des Sœurs. Comestibles et Combustibles.

Il sera justifié de ces dépenses ainsi qu'il a été prescrit au N°. 286 et suivans.

328. Les objets de *Mobilier* dont la dépense ne peut être acquittée par le Comptable qu'après le réglement des vérificateurs attachés à l'Administration des Hospices sont indiqués au N°. 269 (1).

Ils doivent être portés sur l'inventaire de l'Établissement à l'usage duquel ils sont destinés. (Chap. XIV et N°. 342.)

329. Sous le titre *Blanchissage*, on ne comprendra dans le Chapitre III que celui du linge des Sœurs et de la Maison, le blanchissage du linge des Pauvres devant figurer au Chap. I (2). Blanchissage du linge des Sœurs.

Le Comptable joindra à l'appui de chaque mandat une simple note de la Supérieure de la Maison de Secours, qui certifiera que le blanchissage du linge des Sœurs s'est élevé à la somme de... pour le mois ou le trimestre; cette note devra en outre être acquittée par le blanchisseur, et visée par l'Administrateur chargé de la surveillance spéciale de la Maison.

---

(1) *Voyez* aussi le N°. 342.

(2) *Voyez* les N°s. 285 et 303.

Menues dépenses.

330. On ne doit comprendre dans les *Menues dépenses* que celles non susceptibles d'être classées ailleurs.

Les menus meubles, vases, ustensiles divers doivent toujours figurer au mobilier de la maison pour laquelle l'acquisition en a été faite (1).

Abonnement pour menues dépenses.

Si, avec l'approbation du Conseil général (N°. 121), le Bureau a consenti avec les Supérieures des Maisons de Secours des abonnemens pour les *Menues dépenses*, il n'y aura d'autre pièce à produire, à l'appui des mandats de paiement, que la délibération du Bureau, approuvée par le Conseil général.

Fournitures de papeterie.

331. Les *fournitures de papeterie* pour l'usage des Maisons de Secours doivent être comprises dans les dépenses de ces Maisons.

Écoles. — Appointemens.

332. Les dispositions qui précèdent, relatives aux Maisons de Secours, s'appliquent également aux Écoles de charité.

Si elles sont dirigées par plusieurs Frères, les *Appointemens* peuvent être payés sur l'acquit du Frère Directeur (2).

Si le Bureau a jugé à propos d'augmenter le nombre des Frères, Instituteurs ou Institutrices, les appointemens ne peuvent leur être payés qu'après que le Conseil général a approuvé la délibération qui les nomme.

Abonnement pour livres, papeterie, etc.

333. Lorsque le Bureau a consenti avec les Frères ou Sœurs, Instituteurs ou Institutrices des Écoles, avec l'approbation du Conseil général (N°. 121 du *Recueil*), un *abonnement* pour les livres, la papeterie, les plumes, l'encre et les menues dépenses, la délibération du Bureau, approuvée par le Conseil

---

(1) *Voyez* les N°s. 269 et 342.

(2) *Voyez* la note de la page 20.

général, est la seule pièce à rapporter à l'appui du premier mandat relatif à cette nature de dépense.

334. Si un Bureau reçoit d'un autre Bureau une certaine somme pour contribution dans la dépense commune des Écoles, le Comptable la déduit de cet article de dépense, et ne comprend dans le total que la somme qui a été réellement à la charge de son Bureau (1). Contribution d'Écoles.

Il forme ensuite un chapitre d'ordre de la même somme (2).

§ 10. *Frais de Bureau.*

335. Nulle *augmentation d'appointemens* ou *gratifications* ne pouvant être accordée aux employés du Bureau qu'avec l'approbation du Conseil général des Hospices, toute dépense de cette nature, faite sans l'approbation dont il s'agit, sera rejetée du Compte. (Nos. 58 et 61 du *Recueil.*) Appointemens et Gratifications.

Il en sera de même pour les *augmentations de gages* accordées aux garçons de Bureau et gens de service, à quelque titre que ce soit.

336. A l'appui des dépenses pour *impressions*, le Comptable devra rapporter un exemplaire de chacun des modèles imprimés. Impressions.

Les dépenses relatives à l'impression de modèles que fournit l'Administration ne seraient pas allouées dans les Comptes (3).

---

(1) *Voyez* le Modèle, N°. 54.

(2) *Voyez* le même Modèle et le N°. 341 ci-après.

(3) L'Administration des Hospices fournit tous les imprimés compris dans le présent *Recueil*.

Menues dépenses 337. Les *Menues dépenses* se composent des sommes payées pour passe de sacs, frais de transport d'argent reçu à la Banque en échange de billets remis par la Caisse des Hospices, et de quelques autres menus frais.

Toutes ces dépenses doivent être détaillées, le nombre des sacs indiqué pour chaque échange de billets, etc.

338. Il n'est rien alloué aux Comptables pour *mauvaises pièces*, attendu qu'ils doivent vérifier les espèces qui leur sont remises, avant d'en faire recette.

339. En aucun cas, les *Menus frais* ne doivent être portés en masse ; chaque article de cette nature de dépense doit faire l'objet d'une indication précise et séparée.

340. L'article *Dépenses diverses,* qui existait précédemment dans les Comptes, est supprimé. Les dépenses qui en faisaient partie sont transportées à chacun des articles ou Établissemens auxquels elles se rapportent.

Il reste toujours un article *Menues dépenses,* pour toutes celles qui ne sont pas susceptibles d'être classées sous un autre titre.

Dépense d'ordre. (Chapitre IV.)

§ 11. *Contribution d'un arrondissement dans la dépense commune des Écoles situées sur un autre arrondissement.*

341. On a dit, aux Nos. 281, 284 et 334, que lorsqu'un Bureau de charité recevait d'un autre Bureau une *contribution pour dépense commune d'une École,* il y avait lieu de former un Chapitre d'ordre.

Le Modèle, N°. 54, indique la forme dans laquelle ce chapitre doit être porté dans le Compte.

Cette dépense, n'étant que pour ordre, n'est susceptible d'aucune justification.

CHAPITRE IV.

INVENTAIRES DU MOBILIER.

342. Le Comptable doit rapporter, à l'appui du Compte, l'*inventaire* du mobilier de chacun des Établissemens dépendans du Bureau de charité, ou le procès-verbal de récolement, ainsi que le prescrit le Chapitre XIV du *Recueil.*

Cet inventaire ou ce récolement est dressé par le Comptable, conformément aux Modèles, N°s. 31 et 32.

CHAPITRE V.

COMPTABILITÉ DE LA FONDATION MONTYON.

SECTION PREMIÈRE.

REGISTRES DE RECETTE ET DÉPENSE.

343. Pour la comptabilité de la fondation Montyon, le Comptable tient les registres suivans : Registres.

1°. Un journal de recette et un journal de dépense,

2°. Un registre des distributions d'objets en nature,

3°. Un registre de magasin.

344. Les *Journaux de recette* et *dépense* sont entièrement semblables à ceux du service ordinaire (1), et les inscriptions ont lieu de la même manière. Journaux de Recette et Dépense.

---

(1) *Voyez* les Modèles, N°s. 27 et 28.

Registre de distributions. **345.** Le *Registre de distributions* (1) est destiné à l'inscription jour par jour, et sous une même série de numéros, des Secours de toute nature distribués aux convalescens.

Ces divers registres sont cotés et paraphés, préalablement à toute inscription, par M. le Maire, président du Bureau de charité. Ils sont arrêtés, chaque mois, par M. le Trésorier honoraire, et le montant des Secours en argent délivrés pendant le mois est reporté du registre des distributions sur le journal des dépenses en argent.

Lorsqu'un convalescent reçoit, à raison de la même sortie, plusieurs Secours (provisoire, définitif ou extraordinaire), ces Secours doivent être inscrits, à quelque époque qu'ils aient été accordés, sous le même N°. du registre des distributions, de manière à ce que le nombre des N^{os}. d'ordre coïncide avec celui des convalescens secourus, et qu'il soit facile de reconnaître les différens Secours qui ont pu être accordés au même individu.

Registre de Magasin. **346.** Le *Registre de magasin* (2) a pour objet de constater l'entrée et la sortie des effets de toute espèce qui sont emmagasinés et distribués aux convalescens, et de faire connaître, à la fin de chaque mois, la situation du magasin.

SECTION II.

COMPTES.

Comptes. **347.** Le Comptable rend, pour la fondation Montyon, un *Compte en deniers* et un *Compte en nature* (N°. 247).

---

(1) *Voyez* le Modèle, N°. 58.
(2) *Voyez* le Modèle, N°. 60.

Ces Comptes sont adressés à l'Administration des Hospices, dans le délai prescrit pour ceux du service ordinaire (Nos. 280 et 340).

§ 1. *Compte en deniers.*

348. Les Recettes et Dépenses du Compte en deniers sont classées de la manière suivante (1): Compte en deniers.

1°. RECETTE.

Chap. Ier. Reliquat de l'Exercice précédent.
— II. Versemens de l'Administration des Hospices.

2°. DÉPENSE.

Chap. Ier. Dépense pour Secours en nature,
— II. Dépense pour Secours en argent,
— III. Frais de Bureau.

349. Le Comptable justifie de ses recettes et de ses dépenses en deniers, dans les formes et par la production des pièces prescrites pour le Compte du service ordinaire.

A l'appui de la dépense pour *Frais de Bureau*, il rapporte la délibération du Bureau de charité qui détermine l'emploi de la somme allouée pour cet objet par le Conseil général.

Toute dépense qui excéderait cette allocation serait rejetée du Compte.

§ 2. *Compte en Nature.*

350. Ce Compte est rendu dans la forme indiquée par le Modèle, N°. 63, et les pièces à produire à l'appui sont les Bons Compte en nature.

(1) *Voyez* le Modèle, N°. 62.

de Secours (1) délivrés par MM. les Administrateurs et classés par mois, dans l'ordre où ils sont inscrits au registre des distributions.

La production des billets de sortie est désormais jugée inutile.

351. Si le Bureau de charité achète des étoffes en pièces et les fait confectionner, le *Compte en nature* se compose de deux parties :

1°. Etoffes et confections,

2°. Objets distribués.

352. Le Modèle, N°. 63, dispense de toute instruction à l'égard de ce Compte ; il donne toutes les indications nécessaires pour que le Comptable puisse se conformer aux vues de l'Administration.

La seule observation qu'il importe de faire, c'est qu'on ne doit comprendre dans le Compte en nature que les objets dont le paiement a été effectué; ceux qui auraient été fournis et non soldés ne doivent pas y figurer.

Restans en caisse et en magasin.

353. Les sommes restant en caisse et les objets en magasin devant toujours présenter, à la fin de chaque Exercice, une valeur au moins égale à la somme accordée pour premier établissement (2), tout Compte qui offrirait un résultat différent serait réduit en dépense de la somme nécessaire pour que le reliquat représentât la valeur du fonds de prévoyance alloué originairement à chaque Bureau.

---

(1) *Voyez* les Modèles, Nos. 57 et 59.

(2) *Voyez* le N°. 245 et la note.

CHAPITRE VI.

DISPOSITIONS COMMUNES AUX COMPTES DES DEUX SERVICES.

SECTION PREMIÈRE.

FORMALITÉS RELATIVES AUX COMPTES ET CLASSEMENT DES PIÈCES JUSTIFICATIVES.

Formalités relatives aux Comptes.

354. Les Comptes sont rendus en *double expédition* (N°. 157). Ils sont affirmés *sincères* et *véritables* par le Comptable, *datés* et *signés* par lui (N°. 158), *paraphés* sur chaque feuillet, et ne doivent point offrir d'interlignes.

Les ratures et les renvois doivent être approuvés et signés par le Comptable (N°. 159).

355. A la suite du Compte, doit se trouver la *délibération du Bureau* de charité qui approuve, qui certifie les différens articles exacts et véritables quant aux recettes, et conformes à ses autorisations quant aux dépenses, ou qui indique les rectifications dont le compte lui aurait paru susceptible (1).

Classement de pièces justificatives.

356. Le nombre des *pièces justificatives* produites à l'appui du Compte est inscrit en regard de chaque article de recette ou de dépense, dans la colonne à ce destinée (2).

Ces pièces sont réunies dans des *bordereaux* récapitulatifs, ainsi qu'il suit :

---

(1) *Voyez* les Nos. 162, 163, l'Instruction à la suite, et le Modèle, N°. 54.

(2) *Voyez* le Modèle, N°. 54.

PAIN DES INDIGENS.

EXERCICE
183

FOURNITURE DE FARINE.

Sr. *N......* *Négociant.*

NOMBRE de PIÈCES.	NUMÉROS des MANDATS.	NOMBRE de SACS.	SOMMES PAYÉES.
3	126	2	126
3	217	3	212
3	425	2	176
9	.	7	514

S'il y a eu plusieurs fournisseurs de farine, il est dressé un bordereau semblable pour chacun, et ces divers bordereaux sont réunis en un seul, de la manière suivante :

PAIN DES INDIGENS.

EXERCICE
183

FOURNITURE DE FARINE.

NOMBRE de PIÈCES.	NOMS des FOURNISSEURS.	NOMBRE de SACS.	SOMMES PAYÉES. fr. c.
9	Sr. *B*...............	7	514 »
12	Sr. *C*...............	9	630 »
6	Sr. *M*...............	5	325 »
4	Sr. *N*...............	2	110 »
31		23	1,579 »

357. Les bordereaux pour *cuisson de pain* sont dressés d'une manière analogue :

PAIN DES INDIGENS.

EXERCICE
183

CUISSON.

S[r]. *D*........., boulanger.

NOMBRE de PIÈCES.	NUMÉROS des MANDATS.	MOIS.	NOMBRE de SACS.	SOMMES PAYÉES.
				fr. c.
2	40	Janvier...........	12	60 »
2	105	Février..........	12	60 »
2	206	Mars............	9	45 »
....	....	....	....	....
....	....	....	....	....
24			135	675 »

Des bordereaux semblables, dressés pour chaque boulanger, sont réunis en un seul, ainsi qu'il suit :

PAIN DES INDIGENS.

EXERCICE
183

CUISSON.

NOMBRE de PIÈCES.	NOMS des BOULANGERS.	NOMBRE de SACS.	SOMMES PAYÉES.
			fr. c.
24	S[r]. *D*.............	135	675 »
24	S[r]. *L*.............	45	225 »
24	S[r]. *R*.............	49	245 »
24	S[r]. *S*.............	38	190 »
96		267	1,335 »

358. La dépense pour *fourniture de farine* et la dépense pour *cuisson de pain* sont réunies en un seul bordereau de la manière suivante :

PAIN DES INDIGENS.

EXERCICE 183

NOMBRE de PIÈCES.	NATURE de LA DÉPENSE.	SOMMES PAYÉES.
		fr. c.
31	Fourniture de farine...	1,479 »
96	Cuisson de pain.......	1,335 »
127		2,814 »

359. Des bordereaux du même genre sont dressés pour la viande, pour l'habillement, en un mot, pour chaque nature de dépense, par partie prenante, par article et par chapitre, et ils sont classés, les uns par rapport aux autres, de la même manière et dans le même ordre que les dépenses le sont dans le compte, dont ces bordereaux sont destinés à reproduire et à résumer tous les détails avec une parfaite coïncidence.

SECTION II.

RECTIFICATIONS DES COMPTES.

360. Les rectifications résultant de l'examen du Compte par l'Administration des Hospices sont faites par le Comptable en marge des deux expéditions de son Compte ; elles le sont également sur les journaux de recette et de dépense par des articles

motivés, et sur les bordereaux récapitulatifs des pièces justificatives.

Les ratures, surcharges et changemens qui seraient opérés dans les mandats, par suite de ces rectifications, doivent être approuvés par M. le Trésorier honoraire.

361. Si le Comptable ne consentait pas les changemens prescrits par l'Administration, il devrait, dans le *délai de trois mois*, se pourvoir en révision auprès des autorités compétentes, en remplissant les formalités indiquées par l'article 175 et suivans du présent *Recueil*.

TITRE V.

DONS ET LEGS FAITS AUX PAUVRES DE LA VILLE DE PARIS.

NOTE PRÉLIMINAIRE.

On a exposé, à la page 75 du présent Recueil, les diverses considérations qui exigent impérieusement que l'emploi des *dons* et *legs* faits aux Pauvres ait lieu d'une manière entièrement conforme à la volonté exprimée par les Bienfaiteurs. Pour que ce but puisse être complétement atteint, il est indispensable de placer sous les yeux de MM. les Administrateurs des Bureaux de charité le Tableau des sommes léguées aux Indigens, et d'indiquer en regard la destination qui leur a été assignée.

C'est d'ailleurs un juste hommage à rendre à la mémoire des Bienfaiteurs du Pauvre, que de livrer leurs noms à la publicité, de même que c'est un devoir de prouver que leurs intentions sont toujours respectées, et que leurs offrandes arrivent à ceux qu'ils avaient en vue de secourir.

Le tableau suivant fait connaître, par arrondissement, tous les legs en rentes sur l'État et revenus de toute nature qui appartiennent aux Pauvres de Paris, au 15 octobre 1829. On a eu soin de séparer les sommes qui doivent recevoir un emploi déterminé, de celles auxquelles il n'a été assigné aucune destination spéciale.

ÉTAT DES RENTES

ET

AUTRES REVENUS LÉGUÉS AUX PAUVRES

ET VERSÉS ANNUELLEMENT PAR L'ADMINISTRATION DES HOSPICES

DANS LES CAISSES DES BUREAUX DE CHARITÉ,

AVEC OU SANS INDICATION DE L'EMPLOI.

NOMS des BIENFAITEURS.	MONTANT des RENTES ou Revenus annuels.	DESTINATION DES REVENUS.	*Observations.*
		1er. ARRONDISSEMENT.	
		RENTES AYANT UNE DESTINATION SPÉCIALE.	
	fr. c.		
Melle. DESNOYERS....	538 »	A distribuer aux Pauvres du quartier de la place Vendôme.	
M. CHAMEAU.........	100 »	Destinés à acheter des livres pour les Écoles de charité du quartier des Tuileries.	
Mme. DE THALOUET...	67 »	A distribuer aux Pauvres de la paroisse Saint-Louis (Chaussée-d'Antin).	
Mme. Ve. DUREY DE MENNIÈRES......	47 41	A distribuer aux Pauvres vieillards des deux sexes de Chaillot et aux pauvres familles chargées d'enfans.	
M. SABATIER.........	120 »	A distribuer aux Pauvres de la paroisse Saint-Louis (Chaussée-d'Antin).	
M. GUEUDEVILLE, ancien curé..........	495 »	A distribuer aux Pauvres de la même paroisse, de concert avec M. le Curé.	

NOMS des BIENFAITEURS.	MONTANT des RENTES ou Revenus annuels.	DESTINATION DES REVENUS.	Observations.
Suite du 1er. ARRONDISSEMENT.			
M. le duc CAMBACÉRÈS	fr. c. 350 »	A remettre à MM. les Curés et Desservans des paroisses, pour être distribués par leurs soins aux Pauvres desdites paroisses.	
M. GASSE.	45 »	A distribuer à des Pauvres honteux de la paroisse de l'Assomption.	
RENTES N'AYANT PAS DE DESTINATION SPÉCIALE.			
M. BASTERÈCHE.	553 »	Legs faits aux Pauvres de l'arrondissement, sans autre indication.	
M. PERRÉGAUX.	120 »		
Mme. VASTEL.	100 »	*Idem.*	
2e. ARRONDISSEMENT.			
RENTES AYANT UNE DESTINATION SPÉCIALE.			
M. JAUME.	100 »	A distribuer aux Pauvres du quartier du Palais-Royal.	
M. HAUDOUART (GUISLAIN).	134 »	A distribuer aux Pauvres de la paroisse Saint-Roch.	
M. MINVIELLE.	100 »	A distribuer aux Pauvres de la même Paroisse.	
M. PATAUD DES CHAUVINS.	40 »	A distribuer aux Pauvres du quartier de la Butte-des-Moulins.	
Mme. Ve. CHÉRIER.	48 »	A distribuer aux Pauvres du quartier Feydeau.	
Mme. Ve. BOURGOGNE.	64 »	A distribuer aux Pauvres de la paroisse Saint-Roch.	

NOMS des BIENFAITEURS.	MONTANT des RENTES ou Revenus annuels.	DESTINATION DES REVENUS.	*Observations.*
	Suite du 2e. ARRONDISSEMENT.		
	fr. c.		
M. GARNIER (GERMAIN)	161 »	A distribuer aux Pauvres de la paroisse Notre-Dame-de-Lorette.	
Mlle. DORET..........	100 »	A distribuer aux Pauvres de la paroisse Saint-Roch.	
Mme. WALCKENAER..	213 »	A verser à l'Établissement de Charité de la paroisse Saint-Vincent-de-Paule, pour faire apprendre un métier à un enfant pauvre.	
M. le duc CAMBACÉRÈS	275 »	A remettre à MM. les Curés et Desservans des paroisses, pour être distribués aux Pauvres par leurs soins.	
M. CAUCHOIS.........	500 »	Legs fait aux Pauvres de la paroisse Saint-Vincent-de-Paule, et à remettre annuellement aux Sœurs de Charité.	
M. PÉRIER (PATRICE)..	108 »	A distribuer aux Pauvres de la paroisse Saint-Roch.	
RENTES N'AYANT PAS DE DESTINATION SPÉCIALE.			
M. DOLLÉ............	213 92	Legs faits aux Pauvres de l'arrondissement, sans autre indication.	
M. FONTAINE........	48 »		
Mme. Ve. COLLET.....	29 »		
M. TOBLER...........	100 »		

NOMS des BIENFAITEURS.	MONTANT des RENTES ou Revenus annuels.	DESTINATION DES REVENUS.	*Observations.*
		3e. ARRONDISSEMENT.	
		RENTES AYANT UNE DESTINATION SPÉCIALE.	
M. GIRARD..........	fr. 94 c. »	A remettre à M. le Curé de la paroisse Notre-Dame-des-Victoires, pour être distribués aux Pauvres par ses soins.	
MM. COLLINEAU et SALADIN.............	135 »	A distribuer aux Pauvres du culte protestant, à Paris.	
M. CAUCHY..........	81 »	A distribuer aux Pauvres de la paroisse Saint-Eustache.	
Mme. Ve. BINET........	50 »	A employer pour moitié aux dépenses des Écoles de Charité du faubourg Poissonnière,	
Mme. Ve. BINET........	50 »		
Mme. Ve. BINET........	131 »	Et pour l'autre moitié au soulagement des Pauvres du même faubourg.	
Mme. Ve. BINET........	66 »		
M. COMBERT........	400 »	A remettre aux Sœurs de Charité de la paroisse Saint-Eustache, qui distribueront 300 fr. aux Pauvres de ladite paroisse et retiendront 100 fr. pour leurs dépenses personnelles.	
M. le duc CAMBACÉRÈS	200 »	A remettre à MM. les Curés et Desservans des paroisses, pour être distribués par leurs soins.	
		RENTE N'AYANT PAS DE DESTINATION SPÉCIALE.	
M. COTTART..........	82 »	Legs fait aux Pauvres de l'arrondissement, sans autre indication.	

NOMS des BIENFAITEURS.	MONTANT des RENTES ou Revenus annuels.	DESTINATION DES REVENUS.	Observations.

4e. ARRONDISSEMENT.

RENTES AYANT UNE DESTINATION SPÉCIALE.

	fr. c.		
M. JULIEN............	80 »	A distribuer en *pains* à des Pauvres de la paroisse Saint-Germain-l'Auxerrois.	
M. DIÉULAFOY.......	25 »	A distribuer aux Pauvres de la même paroisse.	
M. le duc CAMBACÉRÈS	125 »	A remettre à M. le Curé de la paroisse Saint-Germain-l'Auxerrois, pour être distribués par lui aux Pauvres de ladite paroisse.	

5e. ARRONDISSEMENT.

RENTES AYANT UNE DESTINATION SPÉCIALE.

MM. VANDENYVER et HUPPIN............	202 »	A distribuer aux Pauvres de la paroisse de Bonne-Nouvelle.	
M. BERTRAND........	1,004 »	A remettre à M. le Curé de Saint-Laurent sur sa quittance, pour être distribués aux Pauvres de la paroisse par une Commission présidée par M. le Curé.	
M. FLORIET..........	600 »	A distribuer aux Pauvres de la paroisse de Bonne-Nouvelle par MM. les Curé et Marguilliers.	
M. FLORIET (le même).	600 »	A distribuer aux Pauvres de Saint-Laurent par MM. les Curé et Marguilliers de la paroisse.	

NOMS des BIENFAITEURS.	MONTANT des RENTES ou Revenus annuels.	DESTINATION DES REVENUS.	*Observations.*
		Suite du 5e. ARRONDISSEMENT.	
M. FAVRE, anc. Curé..	fr. c. 217 »	A remettre à MM. les Curés de la paroisse Saint-Laurent, pour être distribués aux Pauvres.	
M. le duc CAMBACÉRÈS	200 »	A remettre à MM. les Curés et Desservans pour les Pauvres de leurs paroisses.	
M. LEBEAU..........	125 »	A remettre à M. le Curé de la paroisse Bonne-Nouvelle pour le soulagement des Pauvres et pour prières et services religieux.	
M. HUET............	100 »	A distribuer aux Pauvres de la paroisse Bonne-Nouvelle.	

6e. ARRONDISSEMENT.

RENTES AYANT UNE DESTINATION SPÉCIALE.

NOMS des BIENFAITEURS.	MONTANT des RENTES ou Revenus annuels.	DESTINATION DES REVENUS.	*Observations.*
M. DE MONTGINOT...	17 20	A distribuer aux Pauvres de la paroisse Saint-Merry.	A prendre dans une rente de 64 fr.
M. CHIPON..........	50 »	A remettre à M. le Curé de la paroisse Saint-Nicolas-des-Champs, pour être distribués par lui aux Pauvres.	
M. le duc CAMBACÉRÈS	275 »	Arrérages à remettre à MM. les Curés et Desservans, pour être distribués par eux aux Pauvres des paroisses.	

RENTE N'AYANT PAS DE DESTINATION SPÉCIALE.

NOMS des BIENFAITEURS.	MONTANT des RENTES ou Revenus annuels.	DESTINATION DES REVENUS.	*Observations.*
M. LEMOINE..........	57 »	A distribuer aux Pauvres de l'arrondissement.	

NOMS des BIENFAITEURS.	MONTANT des RENTES ou Revenus annuels.	DESTINATION DES REVENUS.	*Observations.*
		7e. ARRONDISSEMENT.	
		RENTES AYANT UNE DESTINATION SPÉCIALE.	
UN INCONNU (M. GALIS mandataire)......	300 »	150 fr. sont remis annuellement à M. le Curé de Saint-Merry, pour être distribués par lui aux Pauvres les plus nécessiteux. 150 fr. sont employés annuellement par le Bureau à l'entretien des Écoles de charité de la paroisse.	
M. CAROUGE.........	94 50	A employer au soulagement des Pauvres de la paroisse des Blancs-Manteaux.	A prendre dans une rente de 100 fr.
M. HILSCHER.........	75 »	A remettre à M. le Président de l'Église de la Confession d'Augsbourg, pour les dépenses d'instruction des enfans Pauvres de cette communion.	
M. CHAIS-OLIER.....	625 »	A remettre à M. le Curé de la paroisse des Blancs-Manteaux, pour être distribués aux Pauvres.	
Mlle. DORE............	65 »	Rente destinée au soulagement des Pauvres malades de l'Hôpital Saint-Merry.	
M. MONTGINOT.......	46 80	A employer au soulagement des Pauvres de la paroisse Saint-Merry.	A prendre dans une rente de 64 fr.
M. RUDEMARE, Curé des Blancs-Manteaux.	575 »	A remettre à M. le Curé de la paroisse des Blancs-Manteaux, pour le soulagement des Pauvres de la paroisse.	
M. RUDEMARE (le même)...............	25 »	Même destination.	

NOMS des BIENFAITEURS.	MONTANT des RENTES ou Revenus annuels.	DESTINATION DES REVENUS.	*Observations.*
		Suite du 7e. ARRONDISSEMENT.	
Mlle. HÉRAULT.......	fr. c. 100 »	A remettre à M. le Curé des Blancs-Manteaux pour le *pain* des Pauvres de la paroisse.	
M. le duc CAMBACÉRÈS	275 »	A remettre à MM. les Curés et Desservans des paroisses pour être distribués par eux aux Pauvres.	
Mme. la comtesse DE JOLLIVET..........	27 »	A employer au soulagement des Pauvres de la paroisse Saint-Paul.	A prendre dans une rente de 400 fr.
M. LEVEYER DE POULCOUQUE...........	3 50	Même destination.	A prendre dans une rente de 50 fr.
Mlles. JUMELIN et Mme. Ve. LEMAITRE.	44 »	A employer au soulagement des Pauvres de la division des Droits de l'Homme et du quartier du Marché Saint-Jean.	
Mme. Ve. LECOMTE....	59 26	A employer au soulagement des Pauvres de l'Hospice Saint-Merry.	
		8e ARRONDISSEMENT.	
		RENTES AYANT UNE DESTINATION SPÉCIALE.	
M. CAROUGE.........	5 50	A employer au soulagement des Pauvres de la paroisse des Blancs-Manteaux.	A prendre dans une rente de 100 fr.
M. MOREAU..........	76 »	A distribuer aux Pauvres de la paroisse Sainte-Marguerite.	

NOMS des BIENFAITEURS.	MONTANT des RENTES ou Revenus annuels.	DESTINATION DES REVENUS.	*Observations.*
		Suite du 8e. ARRONDISSEMENT.	
M. MIDY DE MAULÉON	fr. c. 168 »	A distribuer par moitié aux Pauvres malades de la paroisse Sainte-Marguerite, et, pour l'autre moitié, à employer à l'habillement des Enfans pauvres des Écoles.	
M. le duc CAMBACÉRÈS	350 »	A remettre à MM. les Curés et Desservans, pour être distribués par eux aux Pauvres des paroisses.	
M. PANAY DE LA TORRETTE............	250 »	A distribuer aux Pauvres de la paroisse de Saint-Denis-du-Saint-Sacrement au Marais.	
Mme. la comtesse DE JOLLIVET..........	138 »	A employer au soulagement des Pauvres de la paroisse Saint-Paul.	A prendre dans 400 fr. de rente.
M. LEVEYER DE POULCOUQUE...........	17 50	Même destination.	A prendre dans une rente de 50 fr.
		9e. ARRONDISSEMENT.	
		RENTES AYANT UNE DESTINATION SPÉCIALE.	
M. BLOUQUIER.......	287 »	L'acquittement des frais de l'établissement et l'entretien des Sœurs de charité dans le 9e. arrondissement.	
M. JULIEN...........	80 »	A distribuer en *pains* aux Pauvres de la paroisse Saint-Louis-en-Ile.	
M. LAURENT.........	24 »	Le soulagement des Pauvres du quartier de la Cité.	

NOMS des BIENFAITEURS.	MONTANT des RENTES ou Revenus annuels.	DESTINATION DES REVENUS.	*Observations.*
		Suite du 9e. ARRONDISSEMENT.	
M. RICHARD, ancien chanoine...........	fr. c. 300 »	L'acquittement des dépenses d'entretien du quartier de la Cité.	
Mme. Ve. LAMY........	750 »	Rente destinée à contribuer à l'entretien de deux Sœurs de charité pour la paroisse Saint-Gervais.	
Mme. la comtesse DE JOLLIVET..........	235 »	Le soulagement des Pauvres de la paroisse Saint-Paul.	A prendre dans une rente de 400 fr.
M. BRION...........	38 »	Le soulagement des Pauvres de la paroisse Saint-Gervais.	
M. le duc CAMBACÉRÈS	350 »	A remettre à MM. les Curés et Desservans des paroisses et succursales de l'arrondissement, pour être distribués par eux aux Pauvres.	
M. LEVEYER DE POULCOUQUE..........	29 »	Le soulagement des Pauvres de la paroisse Saint-Paul.	A prendre dans une rente de 50 fr.
		RENTE N'AYANT PAS DE DESTINATION SPÉCIALE.	
M. COLLINET.........	50 »		

NOMS des BIENFAITEURS.	MONTANT des RENTES ou Revenus annuels.	DESTINATION DES REVENUS.	*Observations.*

10e. ARRONDISSEMENT.

RENTES AYANT UNE DESTINATION SPÉCIALE.

NOMS des BIENFAITEURS.	MONTANT des RENTES ou Revenus annuels.	DESTINATION DES REVENUS.	*Observations.*
M. LEGRAND.........	fr. c. 350 »	A employer en Secours pour les Pauvres de la paroisse Saint-Thomas-d'Aquin, de concert avec M. le Curé, que le Bureau s'adjoindra pour cette distribution.	
M. COUPRY-DUPRÉ...	1,175 »	Legs fait à la Société d'Assistance charitable du 10e. arrondissement. Les arrérages de cette rente doivent être employés à des Secours aux Pauvres et à l'instruction des Enfans.	
M. CRETET DE CHAMPMOL...............	63 »	A employer au soulagement des Pauvres de la paroisse Saint-Thomas-d'Aquin.	
Mme. DE BÉTHUNE DE SULLY.............	67 »	A distribuer en Secours aux Pauvres de la paroisse Saint-Thomas-d'Aquin.	
Mme. Ve. CHARTRAIRE DE BOURBONNE....	328 »	A distribuer aux Pauvres de la paroisse de l'Abbaye-aux-Bois.	
M. le duc CAMBACÉRÈS	425 »	A remettre à MM. les Curés et Desservans des paroisses de l'arrondissement, pour être distribués par eux aux Pauvres.	
M. FABRE...........	24 »	A distribuer en Secours aux Pauvres du 10e. arrondissement, division de l'Unité.	

NOMS des BIENFAITEURS.	MONTANT des RENTES ou Revenus annuels.	DESTINATION DES REVENUS.	*Observations.*
		Suite du 10e. ARRONDISSEMENT.	
M. CUESNES DESBORDES	fr. c. 78 25	Arrérages destinés à procurer du *bouillon* aux malades de la division et du quartier des Invalides.	
Mme. DELAPORTE SAINT-SAUVEUR	20 »	A distribuer en Secours aux Pauvres de la paroisse de Saint-Germain-des-Prés.	
M. et Mme. LEPRINCE (Hospice). 1re. fondat.	5,207 » de rente. 2,280 » de loyer de maison.	La nourriture et l'entretien de Vieillards et Infirmes des deux sexes admis dans l'établissement, fondé dans le quartier du Gros-Caillou, sous le nom d'*Hospice Leprince*.	
M. et Mme. LEPRINCE (les mêmes). 2e. fond.	3,400 »	Même destination.	
M. ÉRARD DE BELLISLE	15 »	A distribuer en *pains* aux Pauvres de la paroisse de Saint-Thomas-d'Aquin.	
		RENTE N'AYANT PAS DE DESTINATION SPÉCIALE.	
M. le Comte DEJEAN	60 »	A employer au soulagement des Pauvres de l'arrondissement	
		11e. ARRONDISSEMENT.	
		RENTES AYANT UNE DESTINATION SPÉCIALE.	
M. DUBOIS DE ROCHEFORT	360 »	A employer à l'entretien des Pauvres de la Maison de Secours fondée par le Donateur, rue des Poitevins (1).	
M. HUART-DUPARC	75 »	A remettre à M. le Curé de la paroisse Saint-Sulpice, pour être distribués aux Pauvres de cette paroisse.	

(1) Cette Maison a été transférée rue Saint-André-des-Arts.

NOMS des BIENFAITEURS.	MONTANT des RENTES ou Revenus annuels.	DESTINATION DES REVENUS.	*Observations.*
		Suite du 11e. ARRONDISSEMENT.	
M. TRUMEAU.........	fr. c. 1,000 »	Rente léguée aux Pauvres de la paroisse Saint-Severin, qui seront nés ou qui naîtront avec les infirmités déterminées par le Donateur. Les arrérages seront partagés entre eux, d'après l'avis des Curés et Marguilliers de la paroisse.	
Le même..............	651 »	A appliquer au soulagement des Pauvres de la paroisse Saint-Severin.	
Le même..............	100 »	A employer annuellement en achat de livres pieux pour les enfans des Écoles de la paroisse Saint-Severin.	
M. POULLEAU........	120 »	A distribuer aux *Pauvres malades* de la paroisse Saint-Severin.	
M. CORDIER..........	1,013 »	A remettre annuellement à la Sœur supérieure de la Maison de Secours de la rue Mézières, paroisse Saint-Sulpice, pour être distribués aux Pauvres de ladite paroisse, et acquitter divers services religieux.	
M. BERBIGUIER......	95 »	A distribuer en Secours aux Pauvres de la paroisse Saint-Sulpice.	
M. le duc CAMBACÉRÈS	200 «	A remettre à MM. les Curés et Desservans des paroisses de l'arrondissement, pour être distribués par eux aux Pauvres.	

NOMS des BIENFAITEURS.	MONTANT des RENTES ou Revenus annuels.	DESTINATION DES REVENUS.	Observations.
		Suite du 11e. ARRONDISSEMENT.	
M. DECESNE.........	fr. c. 49 »	A distribuer aux Pauvres de la paroisse Saint-Sulpice.	
Mme. LAUDIER - DU - PARC	246 91	A prendre dans une rente de 493 fr. 83 c. sur particuliers, léguée au Bureau de bienfaisance de la division des Thermes, à l'effet d'entretenir une École de charité de Filles dans la circonscription de la succursale Saint-Benoît.	Les 246 fr. 92 c. faisant l'autre moitié de ladite rente sont versés au 12e. arrondissement. (*Voy.* page 190.)
M. DUCHESNE.......	300 »	A distribuer aux Pauvres de la paroisse Saint-Sulpice.	
		RENTE N'AYANT PAS DE DESTINATION SPÉCIALE.	
Mme. PREVOST - CRÈVECOEUR..........	19 »	Arrérages à remettre au Comité de bienfaisance de l'arrondissement, pour être distribués aux Pauvres.	
		12e. ARRONDISSEMENT.	
		RENTES AYANT UNE DESTINATION SPÉCIALE.	
M. le comte DULAU....	fr. c. 214 »	A remettre à M. le Curé de la paroisse Saint-Jacques-du-Haut-Pas, pour être distribués par lui aux Pauvres de ladite paroisse.	
M. CHEVALIER.......	1,000 »	A remettre à M. le Curé de la paroisse Saint-Étienne-du-Mont et à ses successeurs, pour être distribués par eux aux Pauvres les plus nécessiteux de la paroisse.	

NOMS des BIENFAITEURS.	MONTANT des RENTES ou Revenus annuels.	DESTINATION DES REVENUS.	*Observations.*
		Suite du 12e. ARRONDISSEMENT.	
M. CHEVALIER.......	fr. c. 1,000 »	A remettre à M. le Curé de Saint-Nicolas-du-Chardonnet pour les Pauvres de sa paroisse.	
M. CHEVALIER.......	1,000 »	A remettre à M. le Curé de Saint-Jacques-du-Haut-Pas pour les Pauvres de sa paroisse.	
M. PHILIBERT-BREUILLARD.....	500 »	A remettre à M. le Curé de la paroisse Saint-Nicolas-du-Chardonnet et à ses successeurs, pour être distribués par eux aux Pauvres, soit en nature, soit en argent.	
M. l'abbé BOURGAREL.	3,000 »	Rente léguée au Bureau de charité du douzième arrondissement pour le paiement du traitement des Frères des Écoles chrétiennes dans les quatre quartiers de l'arrondissement, et sous la condition que le Bureau formera deux Écoles nouvelles, et que la nomination des Instituteurs des deux nouvelles Écoles appartiendra aux légataires universels de M. Bourgarel.	—
Mme. Ve. DE FLOISSAC.	48 »	Intérêts payés par le Mont-de-Piété, à remettre annuellement au Bureau de charité du douzième arrondissement, pour être distribués par lui aux Pauvres de la paroisse Saint-Jacques-du-Haut-Pas.	
M. le duc CAMBACÉRÈS	330 »	A remettre annuellement à MM. les Curés et Desservans des paroisses, pour être distribués par eux aux Indigens.	

NOMS des BIENFAITEURS.	MONTANT des RENTES ou Revenus annuels.	DESTINATION DES REVENUS.	*Observations.*
	Suite du 12e. ARRONDISSEMENT.		
Mme. LAUDIER-DUPARC..............	246 92	A prendre dans une rente de 493 fr. 33 c. sur particuliers, léguée au Bureau de bienfaisance des Thermes, à l'effet d'entretenir une École de charité de Filles dans la circonscription de la ci-devant succursale de Saint-Benoît (onzième et douzième arrondissemens).	Le surplus de la rente est versé au 11e. arrondissement, dans le territoire duquel se trouve une moitié de la circonscription de l'ancienne paroisse Saint-Benoît. (*Voyez* page 188.)

DONS ET LEGS MONTYON.

EN FAVEUR DES CONVALESCENS SORTANS DES HÔPITAUX.

ARRONDISSEMENS.	DONS.	LEGS FAIT AUX 12 ARRONDISSEM.	*Observations.*
	fr. c.		Pour l'emploi de ces Dons et Legs, *voy.* le Titre III, page 109, et le Chapitre V, page 165.
1er.......	269 »		
2e.......	269 »		
3e.......	316 »		
4e.......	316 »		
5e.......	736 »		
6e.......	269 »		
7e.......	360 »		
8e.......	269 »		
9e.......	350 »		
10e.......	370 »		
11e.......	336 »		
12e.......	350 »		
	4,210 »	248,790 »	
TOTAL...	253,000 fr. c. »		

RÉSUMÉ.

Arrondissemens.	RENTES Ayant une destination spéciale (1).	Sans destination spéciale.	TOTAL.	Observations.
	fr. c.	fr. c.	fr. c.	(1) Les Dons et Legs Montyon sont compris dans cette colonne.
1er.	2,031 41	773 »	2,804 41	
2e.	2,112 »	490 92	2,602 92	
3e.	1,523 »	82 »	1,605 »	
4e.	546 »	» »	546 »	
5e.	3,784 »	» »	3,784 »	
6e.	611 20	57 »	668 20	
7e.	2,675 06	» »	2,675 06	
8e.	1,274 »	» »	1,274 »	
9e.	2,443 »	50 »	2,493 »	
10e.	13,799 25	60 »	13,859 25	
11e.	4,545 92	19 »	4,564 92	
12e.	7,708 92	» »	7,708 92	
Fondation Montyon en faveur des 12 arrondissemens.	248,790 »	» »	248,790 »	
	291,843 76	1,531 92	293,375 68	

TITRE VI.

MODÈLES ADOPTÉS POUR L'ADMINISTRATION DES SECOURS A DOMICILE.

NOTE PRÉLIMINAIRE.

La Collection des Modèles de toute nature adoptés pour l'Administration des Secours à domicile a paru devoir être placée à la suite du présent *Recueil* de réglemens et instructions, dont elle forme le complément nécessaire.

Ces Modèles, réunis sous une même série de numéros, dans l'ordre des matières suivi pour le *Recueil*, faciliteront l'intelligence du texte et permettront d'embrasser d'un seul coup-d'œil l'ensemble du système des Secours. Utiles aux Administrateurs en exercice, qui les connaissent et qui ont souvent besoin d'y recourir, ils sont indispensables aux Administrateurs nouvellement nommés, qu'il est juste d'entourer de tous les renseignemens propres à leur rendre plus facile l'exercice des fonctions charitables dont ils veulent bien consentir à se charger.

MODÈLES POUR LES SECOURS ORDINAIRES.

MODÈLES,

N°. 1. *Bulletin* blanc, *pour l'inscription des* Pauvres admis aux Secours.

N°. 2. *Livre des* Pauvres admis aux Secours.

N°. 3. *Bulletin* vert, *pour l'inscription des Pauvres admis aux Secours* annuels.

N°. 4. *Bulletin* jaune, *pour l'inscription des Pauvres admis aux Secours* temporaires.

N°. 5. *Fiche mobile, pour les* Répertoires alphabétiques.

N°. 6. *Livre de* radiation *des Pauvres par suite de décès, placement dans les Hospices, changement de domicile et autres causes.*

N°. 7. *Liste des Pauvres qui ont* changé de domicile *sans quitter l'arrondissement.*

N°. 8. *Mouvement trimestriel et annuel de la* Population indigente.

N°. 9. *Liste des Pauvres non trouvés à domicile lors du* recensement.

N°. 10. *Bon général pour la délivrance des* farines *aux Bureaux de Charité par l'Administration des Hospices.*

N°. 11. *Bon partiel pour la délivrance des* farines *aux Boulangers.*

N°. 12. *Extrait du Livre des Pauvres ou* Certificat *constatant l'Indigence.*

N°. 13. *État de paiement des* Secours spéciaux *aux* Vieillards.

N°. 14. *État de paiement des* Secours spéciaux *aux* Aveugles.

N°. 15. *Certificat des Médecins du Bureau central d'admission pour constater la* cécité.

N°. 16. *État de paiement des Secours spéciaux aux* Infirmes.

N°. 17. *Registre pour l'*inscription *des Vieillards, des Aveugles ou des Infirmes admis aux* Secours spéciaux.

N°. 18. *Certificat de* radiation *des registres des* Secours spéciaux.

N°. 19. *Liste des Pauvres domiciliés à Paris, âgés de plus de 70 ans, et des Aveugles,* décédés dans les Hôpitaux.

N°. 20. *Liste des Pauvres* admis dans les Hospices.

N°. 21. *Liste des Pauvres admis aux Secours spéciaux, non trouvés, lors du* recensement, *aux domiciles indiqués.*

N°. 22. *Bon pour l'admission des Enfans dans les* Écoles de Charité.

MODÈLES,

N°. 23. *État nominatif des Enfans qui fréquentent les* Écoles de Charité.

N°. 24. *Demande de* drogues *et* médicamens *à fournir par la Pharmacie centrale pour le Service des Bureaux de Charité.*

N° 25. *Procès-Verbal de levée de* Tronc.

N°. 26. *Modèle de* Budget *pour les Bureaux de Charité.*

N°. 27. *Registre-Journal des* Recettes.

N°. 28. *Registre-Journal des* Dépenses.

N°. 29. *Bordereau des* Recettes *et* Dépenses *et Procès-Verbal de* Vérification de Caisse.

N°. 30. *Billets d'ordre.*

N°. 31. *Inventaire des* effets mobiliers *des Établissemens de Charité dirigés par les Bureaux.*

N°. 32. *Procès-Verbal de* récolement *annuel desdits Inventaires.*

N°. 33. *Devis pour* Travaux *et* Réparations d'entretien de Bâtimens *et pour* fournitures d'objets mobiliers.

N°. 34. *État des Mémoires de* Travaux *et* Fournitures d'objets mobiliers *envoyés en réglement aux Vérificateurs par les Bureaux de Charité.*

N°. 35. *Relevé des* Recettes *et* Dépenses *des Bureaux, et Renseignemens sur la* Population indigente.

N°. 36. *Bulletins pour la délivrance des Secours aux* Nourrices *ou aux* Enfans malades, *en remplacement d'admission à l'Hôpital.*

N°. 37. *État de Paiement des Secours aux* Mères nourrices.

N°. 38. *Certificats de* Vaccination *pour l'obtention des Secours.*

N°. 39. *États des Secours accordés à des Indigens pour* Vaccination.

N°. 40. *Certificats des Bureaux de Charité pour la délivrance des* Bains gratuits *aux Pauvres malades ou infirmes.*

N°. 41. *Registre à souche tenu à l'Administration des Hospices pour la délivrance des cartes de* Bains.

N°. 42. *Relevé des* Recettes *d'après les Registres-Journaux des Comptables.*

N°. 43. *Relevé des* Dépenses *d'après les mêmes Registres.*

Modèles,

N°. 44. *Extraits des* Registres des Délibérations *des Bureaux de charité.*

N°. 45. *Relevé des* Versemens *ordinaires et extraordinaires faits par l'Administration des Hospices aux Bureaux de charité.*

N°. 46. *Relevé des Recettes* intérieures.

N°. 47. *États nominatifs pour les Distributions extraordinaires de* Secours temporaires, *faites par les Bureaux de charité à divers Indigens malades ou infirmes.*

N°. 48. *Certificats de* maladie *ou* d'infirmité, *délivrés aux Pauvres par les Médecins des Bureaux de charité.*

N°. 49. *Mandats pour le* Paiement des Dépenses *du Service des Secours.*

N°. 50. *Certificat de* cautionnement *envers la filature des Indigens.*

N°. 51. *Certificat de* cautionnement *pour Prêts aux Indigens.*

N°. 52. *Certificat pour constater la* cécité, *délivré par les Médecins du Bureau central d'admission.*

N°. 53. *Acte de nomination par les Bureaux aux places vacantes dans la* Maison d'Éducation, *rue Saint-Antoine, Passage Saint-Pierre.*

N°. 54. *Compte en* deniers.

MODÈLES POUR LA FONDATION MONTYON.

N°. 55. *Billet de* sortie *d'Hôpital.*

N°. 56. *Registre pour l'*inscription des convalescens *sortant de l'Hôpital.*

N°. 57. *Bon de Secours* provisoire.

N°. 58. *Registre-Journal pour l'*inscription *des Secours distribués.*

N°. 59. *Bon de* Secours définitif.

N°. 60. *Registre de* situation du Magasin.

N°. 61. *Bordereau des* Recettes *et* Dépenses, *Procès-Verbal de* Vérification de Caisse *et* situation du Magasin.

N°. 62. *Compte en* deniers.

N°. 63. *Compte en* nature.

ADMINISTRATION GÉNÉRALE
des Hospices
et Secours à domicile
de Paris.

(MODÈLES, Nos. 1, 3 et 4.)

BUREAU DE CHARITÉ DU ARRONDISSEMENT.

Quartier

Division

N°. D'INSCRIPTION.

Date de l'inscription.

BULLETIN D'INSCRIPTION.

SECOURS (1)

(1) Annuels ou Temporaires.

Rue   N°.

NOM ET PRÉNOMS DU CHEF DE MÉNAGE.	Nombre des Enfans au-dessous de 12 ans. Garçons.	Filles.	DATES des Naissances.	*Observations.*
N Né à dép. d Marié à avec Née à dép. d Profession du chef de ménage				

(*) Mentionner les dates de naissance des enfans, en commençant par les plus âgés.
Indiquer si les enfans ont été vaccinés ou s'ils ont eu la petite-vérole, et s'ils vont aux écoles.

Renseignemens particuliers relatifs au Ménage.

Prix du Loyer. . . . . fr. Nombre de Chambres.
Infirmités. . . . .
Secours de Vieillards ou d'Aveugles. . . .

Si l'indigent change de domicile et sort de l'arrondissement, il devra, avant de déménager, se présenter à l'Agent-Comptable du Bureau de Charité de l'arrondissement qu'il quitte, avec son bulletin d'inscription, qui lui sera remis *annulé* par l'administrateur de sa division.

L'Agent-Comptable mettra son *visa* et fera les annotations nécessaires au *verso* de ce bulletin, qui sera porté par l'indigent à l'Agent-Comptable du Bureau de Charité du nouveau domicile.

Nota. Ce Bulletin est imprimé sur papier *blanc* pour les propositions de Secours (Modèle, N°. 1), sur papier de couleur *verte* pour les Secours *annuels* (Modèle, N°. 3), et en papier de couleur *jaune* pour les Secours *temporaires* (Modèle, N°. 4).

(MODÈLE, N°. 2.)

ADMINISTRATION générale des Hospices et Secours à domicile de Paris.

BUREAU DE CHARITÉ

DU ARRONDISSEMENT.

LIVRE DES PAUVRES
ADMIS AUX SECOURS.

N^{os}. d'admission.	NOMS DES Chefs de Ménage.	DEMEURES.		Ménages.	INDIVIDUS composant LES MÉNAGES.				TOTAL DES Individus par Ménage.	DATES des ADMISSIONS aux Secours		N^{os}. du Livre de radiation.	Observations.
					ADULTES.		ENFANS au dessous de 12 ans.						
		RUES.	N^{os}.		Hommes.	Femmes.	Garç.	Filles.		Annuels.	Temporaires		
Report du nombre des individus. .													

[*Nota.* Les Modèles, N°s. 3 et 4, sont compris dans la page 195.]

(Modèle, N°. 5.)

Administration générale des Hospices et Secours à domicile de Paris.

BUREAU DE CHARITÉ

DU ARRONDISSEMENT.

Fiche mobile pour l'ordre alphabétique.

Nom

Prénoms

N°. d'inscription.	Arrond^t.

Demeures successives.

RUES.	N°s.	Divisions.

(Modèle, N°. 6.)

ADMINISTRATION générale des Hospices et Secours à domicile de Paris.

BUREAU DE CHARITÉ

DU ARRONDISSEMENT.

LIVRE DE RADIATION DES PAUVRES

PAR SUITE DE DÉCÈS, PLACEMENT DANS LES HOSPICES, CHANGEMENT DE DOMICILE ET AUTRES CAUSES.

N°s. d'Ordre.	DATES DES RADIATIONS.	NOMS et PRÉNOMS.	DEMEURES.		RADIATIONS.						N°s. du Livre des Pauvres.	MOTIFS des RADIATIONS.
						ADULTES.		ENFANS.				
			RUES	N°s.	Ménages.	Hommes.	Femmes.	Garçons.	Filles.	TOTAL des Individus.		
			Report. .	. .								Indiquer si la radiation a lieu par suite de Décès, Déménagement, Placement dans les Hospices, ou autres causes.

(Modèle, N°. 7.)

ADMINISTRATION générale des Hospices et Secours à domicile de Paris.

CHANGEMENT de DOMICILE.

BUREAU DE CHARITÉ

DU ARRONDISSEMENT.

LISTE DES PAUVRES

Qui ont *changé de domicile* pendant le cours du 183 sans quitter l'arrondissement.

Nota. On comprend dans cet état, 1°. les changemens de demeure de rue à rue, dans la même division; 2°. les changemens d'une division à une autre dans le même arrondissement.

NOMS ET PRÉNOMS des CHEFS DE MÉNAGE.	N°s. du Livre des Pauvres.	DEMEURES ANCIENNES.			DEMEURES NOUVELLES.			DATES des Déménagemens.	*Observations.*
		RUES.	N°s.	Divisions.	RUES.	N°s.	Divisions.		

(Modèle, N°. 8.)

ADMINISTRATION générale des Hospices et Secours à domicile de Paris.

BUREAU DE CHARITÉ

DU ARRONDISSEMENT.

POPULATION.

MOUVEMENT DE LA POPULATION INDIGENTE

du arrondissement, pendant

le 183

	Nombre de Ménages.	NOMBRE D'INDIVIDUS COMPOSANT LES MÉNAGES. Adultes.		Enfans au dessous de 12 ans.		Total des Individus.
		Homm.	Femm.	Garçons	Filles	
EXISTANS le 1er. 18						
ENTRÉS pendant le cours d 18 — Nouveaux admis...........						
— Venant d'autres arrondissem.						
Total des Existans et des Entrés...........						
SORTIS pendant le cours d 18 — Chefs de ménage décédés...						
— admis dans les Hospices.						
Ménages passés dans d'autres arrondissemens.....						
— rayés pr. diverses causes.						
RESTANS le 18						

Certifié véritable le présent mouvement,

A Paris, le 18

L'Agent-Comptable,

VU par Nous, MAIRE-PRÉSIDENT *du Bureau de charité,*

Nota. Un État de mouvement conforme à ce Modèle est dressé à la fin de chaque trimestre.

Un mouvement du même genre, établi au 31 Décembre de chaque année, réunit les résultats des quatre trimestres.

Des mouvemens sont établis, en outre, suivant le même Modèle, toutes les fois que les recensemens de la population indigente ont lieu dans les Arrondissemens.

26

(Modèle, N°. 9.)

ADMINISTRATION GÉNÉRALE
des Hospices et Secours
à domicile de Paris.

Quartier d
Division.

M. Administrateur.

MM. { } Commissaires.

Mmes. { } Dames de charité.

RECENSEMENT
de la
POPULATION INDIGENTE.

ANNÉE 183

BUREAU DE CHARITÉ

DU ARRONDISSEMENT.

LISTE DES PAUVRES

non trouvés, lors du recensement, aux domiciles indiqués.

Nos. du Livre des Pauvres	NOMS des CHEFS DE MÉNAGE.	DEMEURES ANCIENNES.		RENSEIGNEMENS obtenus LORS DU RECENSEMENT.	RÉSULTAT DÉFINITIF des INFORMATIONS PRISES.
		RUES.	Nos.		

Nota. Cette Liste est remise aux Administrateurs, pour avoir de nouveaux renseignemens ou leur agrément aux radiations.

(Modèle, N°. 10.)

ADMINISTRATION générale des Hospices et Secours à domicile de Paris.

EXERCICE 183

Service du mois d

FARINES.

Bon général.

BUREAU DE CHARITÉ

DU ARRONDISSEMENT.

DÉLIVRANCE DE FARINES

PAR L'ADMINISTRATION DES HOSPICES.

M. l'Agent de Surveillance de la Boulangerie générale est invité à délivrer, sur le récépissé du Bureau de charité du arrondissement, la quantité de sacs de Farines *deuxième qualité*, pour le service des Pauvres, pendant le mois d

A Paris, le

Le Membre de la Commission administrative,

Le Bureau de charité du arrondissement certifie avoir reçu les sacs de Farine, montant de la quantité portée au présent *Bon*.

A Paris, le 183

Le Président,

Le Trésorier honoraire,

L'Agent-Comptable,

(Modèle, No. 11.)

ADMINISTRATION
générale
des Hospices
et Secours à
domicile de
Paris.

FARINES.

Bon partiel.

BUREAU DE CHARITÉ

DU ARRONDISSEMENT.

DÉLIVRANCE DE FARINES

AUX BOULANGERS.

M. , Boulanger,
rue No. , prendra
à la Boulangerie générale des Hospices la quantité de
sacs de Farine faisant partie de celle de
allouée au Bureau de charité, pour le mois d

A Paris, le 183

Le Président du Bureau,

Le Trésorier honoraire,

L'Agent-Comptable,

Je, soussigné,
l'un des Boulangers chargés du service des Pauvres, près le Bureau de charité du arrondissement, reconnais que M. l'Agent de Surveillance de la Boulangerie générale des Hospices m'a livré, en vertu de l'ordre ci-dessus, la quantité de
sacs de Farine *deuxième qualité*, du poids de 159 kilogrammes chaque.

Paris, le 183

(Modèle, N°. 12.)

ADMINISTRATION générale des Hospices et Secours à domicile de Paris.

Inscrire exactement les noms de famille et tous les prénoms des Indigens, les noms d'alliance pour les femmes mariées ou veuves, la date de naissance ou âge, et la profession.

* Indiquer si l'indigent *est* ou n'*est pas* inscrit aux Secours spéciaux.

Déclarer pour quel objet le certificat est délivré : si c'est pour admission dans les Hospices, inhumation gratuite, pour délivrance d'actes de l'état civil, pour décharge de contributions, travaux publics, etc. (Voir le N°. 76 et le Titre II du *Recueil.*)

BUREAU DE CHARITÉ

DU ARRONDISSEMENT.

Extrait du Livre des Pauvres et Certificat constatant l'indigence.

L'Agent-Comptable certifie 1°. que l nommé
né le à dép. d
profession d
demeurant rue n°.
est inscrit au Livre des Pauvres de l'arrondissement, sous le n°. à la date du

2°. Qu' est inscrit * sur les registres des *Secours spéciaux,* dans la classe des sous le n°.

Paris, le 182

Agent-Comptable.

Nous, soussignés, Administrateur, Commissaire *ou* Dame de charité, certifions que l nommé inscrit au Livre des Pauvres, est dans le cas d'obtenir

Délivré à Paris, le 18

Commissaire ou *Dame de charité.* *Administrateur.*

Vu a la Mairie du arrondissement, pour légalisation des signatures de MM.

Fait à Paris, le mil huit cent trente-

(Modèle, N° 13.)

Administration générale des Hospices et Secours à domicile de Paris.

SECOURS SPÉCIAUX.

PAYEMENT du mois d
18

BUREAU DE CHARITÉ

DU ARRONDISSEMENT.

ÉTAT DES PAUVRES VIEILLARDS

Ayant droit au *Secours spécial* de francs, pour le mois d 183

NUMÉROS du Registre des Secours spéciaux.	NUMÉROS du Livre des Pauvres	NOMS et PRÉNOMS.	DATES de NAISSANCE.	DEMEURES. RUES.	DEMEURES. Nos.	SOMMES à PAYER.	*Observations.*
							Inscrire dans cette colonne les dates des délibérations du Bureau qui admettent pour la première fois les Vieillards aux Secours de chaque classe, et indiquer, dans la colonne à ce destinée, les mutations de demeure à mesure qu'elles ont lieu.

(Modèle, N°. 14.)

ADMINISTRATION générale des Hospices et Secours à domicile de Paris.

BUREAU DE CHARITÉ

DU ARRONDISSEMENT.

SECOURS SPÉCIAUX.

ÉTAT DES PAUVRES AVEUGLES

PAYEMENT du mois d 18

Ayant droit au Secours spécial de *cinq francs* pour le mois d 183

NUMÉROS		NOMS et PRÉNOMS.	DATES de NAISSANCE.	DATES des Certificats des Médecins du Bureau central.	DEMEURES.		SOMMES à PAYER.	*Observations.*
du Registre des Secours spéciaux	du Livre des Pauvres				RUES.	N^{os}.		
								Inscrire dans cette colonne les dates des délibérations du Bureau qui admettent pour la première fois les Aveugles aux Secours dans l'arrondissement, et indiquer, dans la colonne à ce destinée, les mutations de demeure à mesure qu'elles ont lieu.

(Modèle, N°. 15.)

ADMINISTRATION générale des Hospices et Secours à domicile de Paris.

BUREAU DE CHARITÉ

DU ARRONDISSEMENT.

CERTIFICAT POUR CONSTATER LA CÉCITÉ.

L'Agent-Comptable du Bureau de charité du arrondissement prie Messieurs les Médecins du Bureau central d'admission dans les Hospices de déclarer si l nommé âgé de ans, demeurant est *aveugle*.

Paris, ce 183

Les Médecins du Bureau central d'admission dans les Hôpitaux et Hospices déclarent (1) *que l nommé ci-dessus désigné* , complétement aveugle.

Paris, ce 183

(1) Conformément à l'arrêté du Conseil général des Hospices du 25 juillet 1821, les Indigens ne peuvent obtenir les Secours spéciaux *d'Aveugles* sans avoir été déclarés en état de *cécité complète* par le Bureau central d'admission.

(MODÈLE, N°. 16.)

ADMINISTRATION générale des Hospices et Secours à domicile de Paris.

SECOURS SPÉCIAUX.

PAIEMENT du mois d

183

BUREAU DE CHARITÉ

DU ARRONDISSEMENT.

ÉTAT DES PAUVRES INFIRMES

recevant un *Secours spécial.*

NUMÉROS		NOMS et PRÉNOMS.	DATES de NAISSANCE.	DEMEURES.		SOMMES à PAYER.	NATURE DES INFIRMITÉS et OBSERVATIONS. (1)
du Registre des Secours spéciaux.	du Livre des Pauvres			RUES.	N^{os}.		

(1) Inscrire dans cette colonne les dates des délibérations du Bureau, qui admettent pour la première fois les infirmes aux Secours dans l'arrondissement, avec mention de leur ancien domicile, et indiquer, dans la colonne à ce destinée, les mutations de demeure à mesure qu'elles ont lieu.

(Modèle, N°. 17.)

ADMINISTRATION générale des Hospices et Secours à domicile de Paris.

SECOURS SPÉCIAUX.

BUREAU DE CHARITÉ

DU ARRONDISSEMENT.

REGISTRE POUR L'INSCRIPTION
DES PAUVRES
Admis à recevoir, chaque mois, un *Secours spécial.*

NUMÉROS		NOMS et PRÉNOMS.	DATES de Naissance.	DEMEURES SUCCESSIVES.		DATES des délibérations d'admission aux Secours spéciaux et des Certificats de cécité.	DÉTAILS SUR LES	
d'ordre du présent Registre.	du Livre des Pauvres.			RUES.	N^{os}.		ADMISSIONS (1).	RADIATIONS (2).
							(1) On indiquera si l'Indigent est inscrit pour la première fois, ou s'il vient d'une autre classe de Secours spéciaux, ou d'un autre arrondissement, etc.	(2) Indiquer les dates des décès, des placemens dans les Hospices, des déménagemens, changemens d'arrondissement ou de classe de Secours.

(Modèle, N°. 18.)

ADMINISTRATION générale des Hospices et Secours à domicile de Paris.

SECOURS SPÉCIAUX.

BUREAU DE CHARITÉ

DU ARRONDISSEMENT.

Certificat de Radiation *des Registres des Secours spéciaux.*

L'Agent-Comptable du Bureau de charité certifie que né à département d demeurant à Paris, rue n°. , inscrit au contrôle des Indigens du arrondissement, sous le n°. et porté au Registre des Secours spéciaux dans la classe des sous le n°. pour un Secours de francs par mois, a déclaré (1)

Qu'en conséquence a été rayé dudit Registre, et qu' cessera de recevoir ce Secours, à compter du 1er. du mois d

Fait à Paris, le 18

(1) Indiquer si l'Indigent a obtenu son admission dans un Hospice, ou s'il a transféré sa demeure dans un autre arrondissement.

(Modèle, N°. 19.)

ADMINISTRATION générale des Hospices et Secours à domicile de Paris.

DÉCÈS DANS LES HÔPITAUX.

Mois d 183

BUREAU DE CHARITÉ

DU ARRONDISSEMENT.

LISTE DES PAUVRES

Domiciliés à Paris, âgés de plus de 70 ans, et des Aveugles, *décédés dans les Hôpitaux* pendant le cours du mois d 183

Nos. d'ordre.	DATES des DÉCÈS.	DÉSIGNATION des HÔPITAUX.	PRÉNOMS ET NOMS de famille et d'alliance.	DATES DE NAISSANCE OU AGE.	DEMEURES A PARIS.		ARRONDISSEMENS.	BUREAU DE CHARITÉ Numéros	
					RUES.	N^{os}.		du Livre des Pauvres.	du Livre des Radiations.

(Modèle, N°. 20.)

ADMINISTRATION générale des Hospices et Secours à domicile de Paris.

ADMISSIONS DANS LES HOSPICES.

BUREAU DE CHARITÉ

DU ARRONDISSEMENT.

LISTE DES PAUVRES

Admis dans les Hospices pendant le cours d 18

Nos du Livre des Pauvres.	NOMS et PRÉNOMS.	DATES de Naissance.	ANCIENNES DEMEURES			HOSPICES dans lesquels LES ADMISSIONS ont eu lieu.	NUMÉROS du Livre des Radiations.
			RUES.	Nos.	Arrondissemens.		

(Modèle, N°. 21.)

ADMINISTRATION GÉNÉRALE
des Hospices et Secours
à domicile de Paris.

Quartier d
Division.

M. Administrateur.

MM. { } Commissaires.

Mmes. { } Dames de charité.

SECOURS SPÉCIAUX.

RECENSEMENT.

BUREAU DE CHARITÉ

DU ARRONDISSEMENT.

LISTE DES PAUVRES

Admis aux *Secours spéciaux* non trouvés, lors du recensement, aux domiciles indiqués.

CLASSE des INDIGENS.	N^{os}. des Registres	NOMS.	DEMEURES ANCIENNES. RUES.	N^{os}.	RENSEIGNEMENS recueillis lors DU RECENSEMENT.	RÉSULTAT DÉFINITIF des informations prises.

Nota. Cette Liste est remise aux Administrateurs pour avoir de nouveaux renseignemens, ou leur agrément aux radiations.

(Modèle, N°. 22.)

ADMINISTRATION générale des Hospices et Secours à domicile de Paris.

ADMISSION AUX ÉCOLES.

BUREAU DE CHARITÉ

DU ARRONDISSEMENT.

Bon pour l'admission aux Écoles de charité d nommé

N°. âgé de demeurant

rue n°. arrondissement

*

* Indiquer si l'Enfant a été vacciné ou s'il a eu la petite-vérole.

Paris, le 18

Administrateur du Bureau de charité.

(Modèle, N°. 23.)

ADMINISTRATION générale des Hospices et Secours à domicile de Paris.

BUREAU DE CHARITÉ
DU ARRONDISSEMENT.

ÉCOLE DE CHARITÉ DE

Établie rue n°.
sous la direction de

ÉTAT NOMINATIF

DES ENFANS QUI FRÉQUENTENT LADITE ÉCOLE.

Nos. d'Ordre.	NOMS et PRÉNOMS des Enfans.	Age.	DOMICILE DES PARENS.			ENFANS VACCINÉS ou ayant eu la petite-vérole.	DATES DE L'ADMISSION des Enfans,		Observations.
			RUES.	Nos.	Arrond.		Par les Bureaux de charité.	Sans le concours des Bureaux	

(Modèle , N°. 24.)

Administration générale des Hospices et Secours à domicile de Paris.

BUREAU DE CHARITÉ
DU ARRONDISSEMENT.

DEMANDE

Trimestre. 18

Des Drogues, Médicamens, Vases et autres objets de pharmacie, à fournir par la Pharmacie centrale des Hospices civils, pour le trimestre de 18 à la Pharmacie de la Maison de Secours, sise rue

DÉNOMINATIONS classées d'après la Nomenclature.	QUANTITÉS		Observations.
	JUGÉES NÉCESSAIRES pour le service du trimestre. *	LIVRÉES par la Pharmacie centrale.	
			(*) Les quantités demandées par les Bureaux doivent être inscrites *en toutes lettres*.

Certifié par la Sœur supérieure,

Approuvé par le Bureau de charité du arrondissement.
Paris, le 18

Le Trésorier honoraire, Le Maire-Président,

Par le Bureau de charité :
L'Agent-Comptable,

(Modèle, N°. 25.)

ADMINISTRATION générale des Hospices et Secours à domicile de Paris.

BUREAU DE CHARITÉ

DU ARRONDISSEMENT.

PROCÈS-VERBAL DE LEVÉE DE TRONC.

Cejourd'hui mil huit cent trente

NOUS (1)

Administrateur du Bureau de charité du arrondissement, délégué par délibération dudit Bureau, en date du pour procéder à la levée des Troncs,

Nous sommes transporté

avec M. (2) Agent-Comptable, où étant, nous avons fait l'ouverture du Tronc placé et nous en avons extrait la somme de (3)

qui y était renfermée, dans les espèces suivantes:

	fr.	c.
....		
....		
Pièce de 20 f. » c.		
— 5 »		
— 2 »		
— 1 »		
— » 75		
— » 50		
— » 25		
Billon		
Total égal		

Laquelle somme nous avons immédiatement remise à M. l'Agent-Comptable, qui le reconnaît et qui s'en charge en recette; puis, ayant refermé ledit Tronc, dont la clef reste déposée entre les mains de M. le Maire, Président du Bureau de charité, nous avons clos le présent Procès-Verbal, les jour, mois et an que dessus, l'avons signé, et M. l'Agent-Comptable avec nous.

(1) Nom et Prénoms de l'Administrateur.

(2) Nom et Prénoms de l'Agent-Comptable.

(3) En toutes lettres.

(Modèle, N°. 26)

ADMINISTRATION générale des Hospices et Secours à domicile de Paris.

BUREAU DE CHARITÉ

DU ARRONDISSEMENT.

BUDGET.

POPULATION.

Nombre....... d'Individus { Hommes....... Femmes........ Garçons........ Filles.......... }
de Ménages...........................

ÉTABLISSEMENS.

1°. *Maisons de Secours.*

Nombre	SITUATION.	NOMBRE de					Nombre de Ménages assistés par chaque Maison de Secours.
		Sœurs.	Médecins	Sages-Femmes.		Gens de service.	

2°. *Écoles de Charité.*

NOMBRE d'Écoles de		SITUATION.	NOMBRE de				NOMBRE de			
							Garçons admis dans les écoles,		Filles admises dans les écoles,	
Garç.	Filles.		Frères.	Institu-teurs séculiers.	Sœurs.	Institu-trices séculières	Par le Bureau.	Sans le concours du Bureau.	Par le Bureau.	Sans le concours du Bureau.

Suite du Modèle, N°. 26.

3°. *Ouvroirs.*

Nombre	SITUATION.	NOMBRE de Directrices.	NOMBRE de Sœurs.	NOMBRE d'Enfans.

4°. *Asiles.*

Nombre	SITUATION.	NOMBRE de Directeurs.	NOMBRE de Directrices.	NOMBRE d'Enfans.

5°. *Bureau de l'Agent-Comptable.*

Nombre { d'Employés (1). . . . .
de Garçons de bureau. . . . . .

(1) Le Secrétaire-Trésorier non compris.

Suite du Modèle, N°. 26.

RECETTES ET DÉPENSES.

ARTICLES.	NATURE DES RECETTES.	SOMMES ALLOUÉES PAR LE BUDGET de l'année 183	SOMMES ALLOUÉES PAR LE BUDGET de l'année précédente	*Observations.*
	TITRE Ier. — *RECETTES.*			(1) Les versemens en nature ne sont portés ici que pour ordre. Ils ne doivent être ni évalués en argent, ni totalisés dans le budget.
	CHAPITRE 1er. — *Recettes provenant des Versemens de l'Administration générale.*			
1	Versemens ordinaires — en Nature (1) — .... » »			
	Farines... » sacs.			
	.... » »			
	en Argent — Fonds généraux. » » / Fonds spéciaux. » »	» »	» »	
2	Versemens extra-ordinaires — en Nature (1) — .... » »			
	.... » »			
	.... » »			
	en Argent — .... » » / .... » » / .... » »	» »	» »	
	Total du Chapitre 1er...........	» »	» »	
	CHAPITRE 2. — *Recettes intérieures.*			
1	Dons..	» »	» »	
2	Collectes..................................	» »	» »	
3	Troncs.....................................	» »	» »	
4	Quêtes dans les Églises.....................	» »	» »	
5	Souscriptions et abonnemens................	» »	» »	
6	Concerts, Représentations théâtrales, etc....	» »	» »	
7	Ventes de matériaux ou ustensiles..........	» »	» »	
8	Recettes diverses..........................	» »	» »	
	Total du Chapitre 2............	» »	» »	
	RÉCAPITULATION.			
	CHAPITRE 1er. — *Recettes provenant des versemens de l'Administration...*	» »	» »	
	CHAPITRE 2. — *Recettes intérieures.......*	» »	» »	
	TOTAL GÉNÉRAL DES RECETTES.........	» »	» »	

Suite du Modèle, N°. 26.

ARTICLES.	NATURE DES DÉPENSES.	CRÉDITS ALLOUÉS PAR LE BUDGET de l'année 183	de l'année précédente.	*Observations.*
	TITRE II. — *DÉPENSES.*			
	CHAPITRE 1er. — *Secours en nature distribués par le Bureau de charité.*			
1	COMESTIBLES. Pain : Provenant des farines fournies par l'Administration. Nombr. » » ; Sur les fonds du Bureau............. » » ; Frais de cuisson.... » » — » » ; Viande : Pour la marmite des Pauvres....... » » ; .... ; Pour distribns.. » » — » » ; Comestibles divers............ » »	» »	» »	
2	COMBUSTIBLES. Pour la marmite des Pauvres.... » » ; Pour distributions............ » »	» »	» »	
3	HABILLEMENS. D'Indigens.................. » » ; D'Apprentis.................. » » ; De première Communion ...... » »	» »	» »	
4	COUCHER..........................	» »	» »	
5	MÉDICAMENS..........................	» »	» »	
6	BLANCHISSAGE DU LINGE DES PAUVRES..............	» »	» »	
	TOTAL du CHAPITRE 1er..........	» »	» »	
	CHAPITRE 2. — *Secours en argent distribués par le Bureau de charité.*			
1	SECOURS SUR LES FONDS DE L'ADMINISTR. Aux Vieillards, Aveugles et Infirmes.............. » » ; Autres Secours de toute nature accordés ou remboursés par l'Administration.......... » » ; Legs et intérêts de Legs........ » »	» »	» »	
2	SECOURS SUR LES FONDS DU BUREAU DE CHARITÉ. Apprentissage.............. » » ; Autres Secours de toute nature accordés par le Bureau de charité.............. » » ; Transport de malades aux Hôpitaux.............. » » ; Frais d'Actes de l'État-Civil..... » »	» »	» »	
	TOTAL du CHAPITRE 2..........	» »	» »	

Suite du Modèle, N°. 26.

ARTICLES.	NATURE DES DÉPENSES.		CRÉDITS ALLOUÉS PAR LE BUDGET de l'année 183	de l'année précédente	*Observations.*
	CHAPITRE 3. — *Dépenses des Établissemens.*				
1	MAISONS DE SECOURS.	Entretien des bâtimens. » » Comestibles........... » » Combustibles.......... » » Mobilier............... » » Blanchissage du linge des Sœurs.............. » » Menues dépenses....... » »	» »	» »	
2	ÉCOLES DE CHARITÉ.	Entretien des bâtimens. » » Appointemens......... » » Livres................ » » Papeterie............. » » Combustibles .... » » Mobilier.............. » » Menues dépenses....... » »	» »	» »	
3	OUVROIRS...	Appointemens......... » » Combustibles......... » » Mobilier .... » » Menues dépenses....... » »	» »	» »	
4	ASILES......	Entretien des bâtimens. » » Appointemens......... » » Combustibles......... » » Mobilier.............. » » Menues dépenses....... » »	» »	» »	
5	FRAIS DE BUREAUX.	Entretien des bâtimens. » » Appointemens .... » » Gratifications.......... » » Papeterie.............. » » Impressions............ » » Combustibles .... » » Menues dépenses....... » »	» »	» »	
	TOTAL du CHAPITRE 3............		» »	» »	
	RÉCAPITULATION.				
	CHAPITRE 1er. — *Secours en Nature*........		» »	» »	
	CHAPITRE 2. — *Secours en Argent*.........		» »	» »	
	CHAPITRE 3.— *Dépenses des Établissemens*...		» »	» »	
			» »	» »	

Suite du Modèle, N°. 26.

RÉCAPITULATION GÉNÉRALE.

RECETTES....................................	» »
DÉPENSES....................................	» »
EXCÉDANT de	» »

Fait à Paris, ce 183

Les Président et Membres du Bureau de charité du arrondissement.

(Modèle, N°. 27.)

ADMINISTRATION générale des Hospices et Secours à domicile de Paris.

BUREAU DE CHARITÉ

DU ARRONDISSEMENT.

REGISTRE-JOURNAL DES RECETTES

Faites par l'Agent-Comptable du Bureau de charité, pendant l'exercice 183

N^os. d'ordre.	DATES.	NATURE des RECETTES.	DÉTAILS SUR LES RECETTES.	SOMMES.

(Modèle, N°. 28.)

ADMINISTRATION générale des Hospices et Secours à domicile de Paris.

BUREAU DE CHARITÉ

DU ARRONDISSEMENT.

REGISTRE-JOURNAL DES DÉPENSES

Faites par l'Agent-Comptable du Bureau de charité, pendant l'exercice 183

N°s. d'ordre.	DATES.	NATURE des DÉPENSES.	DÉTAILS SUR LES DÉPENSES.	SOMMES.

(Modèle, N°. 29.)

ADMINISTRATION générale des Hospices et Secours à domicile de Paris.

M.

Agent-Comptab.

BUREAU DE CHARITÉ

DU ARRONDISSEMENT.

BORDEREAU

Des Recettes et Dépenses, et Procès-Verbal de vérification de Caisse.

BORDEREAU des Recettes et des Dépenses faites du 1er. janvier 183 au de la même année, et situation de Caisse au 1er. 183 savoir :

	Restant en caisse au 1er. janvier 183	Recettes provenant des versem. faits par l'Admin. des Hosp.	Recettes Intérieures.	Total du Restant en caisse et des Recettes.	Dépenses	Reste en Caisse au 1er. 18	*Observations.*
Restant en Caisse au 1er. janv. 183							Indiquer dans cette colonne les mois pour lesquels les lettres d'avis ont été adressées au comptable, et pour lesquels il n'aurait pas retiré les mandats de paiement.
Recettes du 1er. janvier au 18 — Exercice 183							
Recettes du 1er. janvier au 18 — Exercice 183							
Dépenses du 1er. janvier au 18 — Exercice 183							
Dépenses du 1er. janvier au 18 — Exercice 183							
Totaux.......							

Certifié véritable,

L'Agent-Comptable,

PROCÈS-VERBAL DE VÉRIFICATION DE CAISSE.

L'An mil huit cent trente le

NOUS, Trésorier honoraire du Bureau de charité du arrondissement, nous sommes transporté au bureau de M. Agent-Comptable, à l'effet de vérifier sa Caisse et d'arrêter ses Registres-Journaux de Recette et Dépense, conformément au N°. 146 du *Recueil des Réglemens.* — Ayant en conséquence invité ledit Agent-Comptable à nous représenter les valeurs en caisse et ses Journaux, nous avons reconnu qu'il existait :

1°. Espèces ou valeurs en caisse..............................

2°. En pièces soldées et non enregistrées......................

Total......................

Procédant ensuite à l'examen des Journaux, nous avons reconnu que la *recette* s'élevait à la somme de..................

la *dépense* à celle de..........................

Et le *reliquat* à celle de..................

Somme (*) à celle ci-dessus énoncée par l'Agent-Comptable.

Ayant arrêté lesdits registres conformément aux résultats par nous constatés, nous avons clos le présent Procès-Verbal, et avons invité le Comptable à signer avec nous.

L'Agent-Comptable, Le Trésorier honoraire,

(*) Égale, supérieure ou inférieure.

(Modèle, N°. 30.)

ADMINISTRATION générale des Hospices et Secours à domicile de Paris.

BUREAU DE CHARITÉ
DU ARRONDISSEMENT.

EXERCICE 18

SERVICE

NATURE DE LA FOURNITURE.	MOIS DES LIVRAISONS.

BILLET D'ORDRE.

M demeurant rue n°. fournira, en exécution de la délibération du Bureau de charité, en date du 183 n°.

Paris, le 183

RÉCÉPISSÉ COMPTABLE.

Je, soussigné, reconnais et certifie que M a fourni en vertu de l'ordre ci-contre, pour le service du Bureau de charité, la quantité de

conformément aux détails portés dans la Facture ci-après.

Nota. Les récépissés seront donnés, soit par les Agens-Comptables, soit par les Supérieurs des Frères ou des Sœurs de charité des Écoles, Établissemens et Maisons de Secours, auxquels les objets auront été fournis.

Paris, le

Vu et certifié par le Trésorier honoraire *du Bureau,*

FACTURE des objets livrés en vertu du Billet d'ordre ci-dessus, SAVOIR :	MONTANT en argent.

Suite de la FACTURE.	MONTANT en argent.
Montant ci contre......	
Certifié par le Fournisseur soussigné,	
Paris, le 18	

Nota. Aucun Billet d'ordre ou Récépissé ne pourra comprendre plusieurs fournitures de nature différente.

Tous Billets d'ordre et Récépissés doivent être écrits en toutes lettres. — Les objets doivent être inscrits à la suite les uns des autres sans aucun intervalle. — Les quantités et prix pourront être écrits en chiffres dans les Factures.

(Modèle, No. 31.)

ADMINISTRATION générale des Hospices et Secours à domicile de Paris.

BUREAU DE CHARITÉ

DU ARRONDISSEMENT.

ANNÉE 183

INVENTAIRE DU MOBILIER d

Nos. d'ordre.	NATURE des EFFETS MOBILIERS.	QUANTITÉS			Diminutions par diverses causes.	Quantités restantes le 1er. janvier 18	SITUATION ou Classement des Effets existans au 1er. janvier 183				Poids, Dimensions, Mesures et autres Renseignemens.	Observations.
		Existantes le 1er. janvier 18	Entrées pendant l'année 18	TOTAL.			Neufs.	Bons.	A réparer.	Hors de service.		
												Nota. On indiquera dans cette colonne les causes des diminutions telles que pertes, échanges, changemens de forme pour le linge sorti pour distributions de secours, etc.

(Modèle, N°. 32.)

ADMINISTRATION générale des Hospices et Secours à domicile de Paris.

183

BUREAU DE CHARITÉ

DU ARRONDISSEMENT.

PROCÈS-VERBAL DE RÉCOLEMENT

DE

L'INVENTAIRE DU MOBILIER

d

L'An mil huit cent trente le du mois d , Nous, Membre du Bureau de charité d arrondissement, délégué pour procéder, avec M. Agent-Comptable dudit Bureau, au récolement de l'Inventaire du mobilier de la rue , dressé le 18 Nous sommes transporté dans ledit Etablissement, où nous avons trouvé M. (1) l quel nous a représenté tous les objets compris audit Inventaire, ou annotés au bas de cet Inventaire, comme étant entrés ou sortis depuis le dernier Inventaire ou récolement.

Il résulte de cette opération

1°. Que le Mobilier de ladite Maison a été augmenté des objets suivans, pendant l'année , 183 SAVOIR :

Dates.	OBJETS ENTRÉS.	DIMENSIONS POIDS ET MESURES	CLASSEMENT.					ORIGINE des OBJETS ENTRÉS.
			Neufs.	Bons.	A réparer.	Hors de service.	NOMBRE TOTAL.	
								Le procès-verbal indiquera si les objets entrés proviennent d'achats, de dons, ou s'ils ont été versés par d'autres établissemens.

(1) Noms et qualités.

Suite du Modèle, N°. 32.

2°. Que le Mobilier de ladite Maison a été diminué des objets suivans, en 183

SAVOIR :

Dates.	OBJETS SORTIS.	DIMENSIONS POIDS ET MESURES	CLASSEMENT.					DESTINATION des OBJETS SORTIS.
			Neufs.	Bons.	A réparer.	Hors de service.	NOMBRE TOTAL.	
								On indiquera si les objets ont été versés dans une autre Maison, ou changés de nature. — On mentionnera le nombre et l'espèce des effets de lingerie qui ont été coupés pour linge à pansement ou donnés aux Indigens à titre de Secours.

Suite du Modèle, N°. 32.

3°. Que les objets ci-après mentionnés, remis aux Indigens à titre de prêt, n'ont pu être représentés, mais que leur existence a été constatée par la production des bons ou certificats de cautionnement, SAVOIR :

Dates.	NATURE des OBJETS PRÊTÉS.	Nombre.	SITUATION ET CLASSEMENT des OBJETS PRÊTÉS, ET OBSERVATIONS.

En foi de quoi, nous avons dressé le présent procès-verbal, que M dépositaire des objets mentionnés en l'Inventaire ci-dessus daté, a signé avec nous, Administrateur et Agent-Comptable.

Fait à Paris, les jour et an ci-dessus indiqués.

(Modèle, N°. 33.)

ADMINISTRATION générale des Hospices et Secours à domicile de Paris.

BUREAU DE CHARITÉ

DU ARRONDISSEMENT.

TRAVAUX D'ENTRETIEN

DES BATIMENS OU FOURNITURES DE MOBILIER.

DÉSIGNATION de l'Établissement dans lequel les travaux sont à faire.

Devis des Travaux de
à faire
dans le courant de

TRAVAUX
de

DÉTAIL DES TRAVAUX.

Désignation sommaire des travaux et fournitures à faire.

Le présent Devis montant à la somme de
dressé par
soussigné
A Paris, le 183

MONTANT du présent Devis.

Reconnu par l'Entrepreneur, soussigné,
A Paris, le 183

Les travaux et fournitures détaillés dans le présent Devis ont été autorisés par délibération du Bureau de charité, en date du 183 , ou par arrêté du Conseil général des Hospices, en date du pour être exécutés par l'Entrepreneur dans le délai de

Paris, le 183
L'Agent-Comptable,

(Modèle, N°. 34.)

ADMINISTRATION générale des Hospices et Secours à domicile de Paris.

EXERCICE 183

BUREAU DE CHARITÉ
DU ARRONDISSEMENT.

ÉTAT de divers Mémoires de Travaux et Fournitures faits pour le service dudit Bureau et adressés le 183 par l'Agent-Comptable du Bureau à M. l'un des Vérificateurs des Bâtimens de l'Administration des Hospices, pour être vérifiés et réglés dans le délai de deux mois.

	NATURE des travaux ou des Fournitures.	NOMS des Entrepreneurs ou Fournisseurs.	MONTANT des Mémoires		Observations.
			en Demande.	d'après le Réglement du Vérificateur	
					Ces États seront certifiés par MM. les Agens-Comptables et adressés par eux à MM. les Vérificateurs avec les Mémoires à régler. Les États et Mémoires joints seront remis, après réglement par les Vérificateurs, à l'Administration des Hospices, qui renverra les Mémoires aux Bureaux de Ch.rité.

(Modèle, N°. 35.)

ADMINISTRATION
générale
des Hospices
et Secours à
domicile de
Paris.

EXERCICE
183

RELEVÉ

DES RECETTES ET DÉPENSES

ET

RENSEIGNEMENS SUR LA POPULATION INDIGENTE.

BUREAU DE CI

RELEVÉ des Recettes et Dépenses faites pendant l

pop

VERSEMENS ORDINAIRES ET EXTRAORDINAIR															
VERSEMENS ORDINAIRES.															
FONDS GÉNÉRAUX.									FONDS SPÉCIAUX.						
Restant en caisse au 1er. 18	Répartition ordinaire en argent.	Frais de fabrication de pain.	Farine pour les Nourrices.	Encouragement aux Écoles de charité.	Frais de Bureau.	Intérêts de Legs sans destination spéciale.			Aux Vieillards et Aveugles.	Aux Indigens infirmes.	*Boni* sur le fonds des Secours spéciaux.	Pour vaccinations.	Aux Mères-Nourrices malades.	Individuels accordés par le Conseil général.	Intérêts de Legs

D

DÉPENSES POUR SECOURS EN NATURE.													DÉPEN				
													SUR LES FONDS SPÉCIAUX				
Pain.	Viande.	Bons de soupes.	Comestibles divers.	Combustibles.	Effets d'habillement.	Objets de coucher.	Médicamens.	Blanchissage du linge des Pauvres.				TOTAL	Aux Vieillards et Aveugles.	Aux Indigens infirmes.	Emploi du *Boni* provenant des Secours aux Vieillards et Aveugles.	Secours individuels accordés par le Conseil général.	Pour Vaccinations.

Suite du Modèle, N°. 35.

ARRONDISSEMENT.

…ant les Registres-Journaux, et renseignemens sur la

…STRATION DES HOSPICES.							RECETTES INTÉRIEURES.							TOTAL GÉNÉRAL de la RECETTE.
…EMENS EXTRAORDINAIRES.														
…du …éral … diverses.	Dons de la ville de Paris.	Répartition du Conseil général des Hospices pour achat de combustibles.	Dons de la Compagnie d'assurance pour combustibles.				Dons, Collectes et Souscriptions.	Quêtes et Troncs.	Représentations théâtrales.	Sommes restées sans emploi sur les états de Secours spéciaux.	Dons du Roi et de la Famille royale.			

…RGENT.					DÉPENSES DES ÉTABLISSEMENS DIRIGÉS PAR LE BUREAU.										TOTAL GÉNÉRAL de la DÉPENSE.
SUR LES FONDS …s à la disposition du Bureau.															
…accordés par le Bureau.				Total.	Maisons de Secours.	Ecoles de charité.	Ouvroirs.	Asiles pour l'Enfance.	Frais de Bureau.						

Suite du Modèle, N°. 35.

DÉTAILS sur les Secours en nature distribués aux Pauvres pendant 183

COMESTIBLES.						COMBUSTIBLES.					EFFETS D'HABILLEMENT.										OBJETS DE COUCHER.						OBJETS DIVERS			Secours en nature de différens genres évalués en argent.
												LAYETTES						PAIRES de												
Quantité de Pains de 2 kilo.	Viande. — Kilo.	Sacs de Farine pour les Mères-Nourrices.	Bons de Soupes.	Sel. — Kilo.		Bois à brûler. — Voies ou doubles stères.	Fagots ou Cotrets. — Nombre.	Charbon de bois ou poussier. — Voies.	Mottes à brûler. — Nombre.		Chemises.	Entières.	Demi.	Vestes.	Pantalons.	Jupons.	Camisoles.	Sabots.	Bas.		Toiles à paillasses.	Couvertures.	Bottes de paille.	Boisseaux de menue paille d'avoine.	Lits de sangle.					

Suite du Modèle, N°. 35.

POPULATION indigente et nombre d'Enfans admis dans les Écoles, Ouvroirs et Asiles à l'époque du 183

Nombre de Ménages existans au 183	Chefs de ménages entrés pendant le 183			Existans au 183 et admis pendant le 183	Chefs de ménages rayés pendant le 183					Nombre de Ménages restans au 183	Individus composant les ménages au 183					Nombre d'enfans admis				
	Nouvellement admis.	Venus d'autres arrondissemens.	Total.		Décédés.	Admis dans les Hospices.	Passés à d'autres arrondissemens ou sortis de Paris.	Rayés pour diverses causes.	Total.		Adultes.		Enfans au dessous de 12 ans.		Total des individus.	dans les Écoles de charité.		dans les Ouvroirs.		dans les Salles d'asiles.
											Homm.	Femm.	Garçons	Filles.		Garçons	Filles.	Garçons	Filles.	

Je, soussigné, Agent-Comptable du Bureau de charité du arrondissement, *certifie que le présent Relevé est entièrement conforme aux Registres tenus dans ledit Bureau.*

Paris, le 183

Vu et Certifié *par nous*, Maire-Président, Trésorier et Secrétaire honoraires *du Bureau de charité du* *arrondissement.*

Paris, le 183

(Modèle, N°. 36.)

ADMINISTRATION générale des Hospices et Secours à domicile de Paris.

NOURRICES ou ENFANS MALADES.

Arrêté du Conseil général, du 4 floréal an XII (24 avril 1804).

BUREAU DE CHARITÉ

DU ... ARRONDISSEMENT.

BUREAU CENTRAL D'ADMISSION.

Secours a Domicile accordés aux *Mères-Nourrices* ou aux *Enfans malades*, en remplacement d'admission à l'Hôpital.

Les Médecins du Bureau central d'admission aux Hôpitaux civils de Paris,

Sur la présentation d'un Certificat d'Indigence délivré par le Bureau de charité du arrondissement, après avoir visité la nommée mariée à âgée de ans, domiciliée rue d n°. et s fil âgé de mois, qu'elle nourrit,

Déclarent que l dit étant affecté de maladie qui lui donnerait le droit d'être admis dans un Hôpital, est dans le cas d'obtenir un Secours extraordinaire de centimes par jour pendant jours.

Paris, ce 183

(MODÈLE, N°. 37.)

ADMINISTRATION générale des Hospices et Secours à domicile de Paris.

BUREAU DE CHARITÉ

DU ARRONDISSEMENT.

SECOURS aux MÈRES-NOURRICES ou Enfans malades, pendant le 183

ÉTAT des Secours extraordinaires en argent, payés à des *Mères-Nourrices* ou *Enfans malades,* inscrits au Livre des Pauvres, en remplacement d'admission à l'Hôpital.

NUMÉROS		NOM et PRÉNOMS de la MÈRE-NOURRICE.	DEMEURE.		AGE de la Mère-Nourrice.	NOMBRE et âge des Enfans qui ont déterminé l'allocation du Secours.	*Observations.*
de la feuille de paiement.	de l'inscription du ménage au Livre des Pauvres.		RUE.	N°.			

(Modèle, N°. 38.)

ADMINISTRATION générale des Hospices et Secours à domicile de Paris.

BUREAU DE CHARITÉ

DU ARRONDISSEMENT.

N°. du Registre à souche de la Mairie.

CERTIFICAT DE VACCINATION.

Le 183
N âgé
de ans, fil de
demeurant
rue n°.
a été vacciné par les Médecins de l'arrondissement.

La vaccination a réussi.

Signé au registre

N°. du Journal des dépenses.

Docteurs en Médecine.

Vu par nous, MAIRE du ARRONDISSEMENT.

Paris, le 183

(Modèle, N°. 39.)

ADMINISTRATION générale des Hospices et Secours à domicile de Paris.

SECOURS de VACCINATION pendant 1 183

BUREAU DE CHARITÉ

DU ARRONDISSEMENT.

ÉTAT DES SECOURS EXTRAORDINAIRES

accordés pour *vaccination* à des Indigens.

NUMÉROS		NOMS et PRÉNOMS des Enfans vaccinés.	AGES des ENFANS.		DEMEURES DES PARENS.		DATES des paiemens.	SOMMES PAYÉES.	*Observations.*
du Registre à souche de vaccination.	du Journal de dépenses.		Ans.	Mois.	RUES.	N^{os}.			

(Modèle, N°. 40.)

ADMINISTRATION générale des Hospices et Secours à domicile de Paris.

CERTIFICAT de Médecin.

Le présent doit être remis au Bureau de la 4e. Division, rue Neuve-Notre-Dame, n°. 2.

* La nature de la maladie devra être indiquée.

BUREAU DE CHARITÉ

DU ARRONDISSEMENT.

BAINS CHAUDS GRATUITS

A L'USAGE DES PAUVRES.

Je, soussigné, Médecin attaché au Bureau de charité du arrondissement, atteste que demeurant rue n°.
est atteint d*
et qu' a besoin de prendre Bains chauds d heure chaque, à l'intervalle de jours.

Paris, ce 183

CERTIFICAT *du Bureau de charité du arrondissement.*

Je, soussigné, Administrateur du Bureau de charité, certifie que la signature ci-dessus apposée est celle de M.
Médecin attaché à ce Bureau, et que l
ci-dessus dénommé et domicilié, âgé de ans, cheveux sourcils, yeux, visage, marques apparentes, est inscrit au Livre des Pauvres de l'arrondissement, sous le n°. à la date du 183

Paris, le 183

ADMINISTRATEUR,

Agent-Comptable,

(Modèle, N°. 41.)

ADMINISTRATION générale des Hospices et Secours à domicile de Paris.

BUREAU DE CHARITÉ

DU ARRONDISSEMENT.

Administration générale des Hospices civils et Secours de la ville de Paris.

N°. du 182

Délivré bon pour *bain d'eau chaude ordinaire* à donner gratuitement à demeurant rue n°. arrondissement âgé de ans, cheveux , sourcils , visage , yeux marques apparentes

Ce bain a été accordé d'après la demande du Bureau de charité du arrondissement, en date du sur un certificat délivré le par l'un des docteurs en médecine attachés au service dudit Bureau.

Le bain sera donné dans l'établissement situé rue

Administration générale des Hospices civils de Paris.

4e. Division.

Administration générale des Hospices civils et Secours de la ville de Paris.

N°.

Bon pour *UN BAIN D'EAU CHAUDE ORDINAIRE* à délivrer *gratuitement* à âgé de ans, cheveux sourcils , visage , yeux , marques apparentes

Ce bain sera donné dans l'établissement de bains situé rue

Paris, le 183

Le Membre de la Commission administrative des Hospices civils chargé de la 4e. Division,

Nota. Le présent bon sera nul le 31 décembre 183

(Modèle, N°. 42.)

ADMINISTRATION
générale
des Hospices
et Secours à
domicile de
Paris.

Exercice 183

BUREAU DE CHARITÉ

DU ARRONDISSEMENT.

RECETTES.

RELEVÉ des RECETTES en argent portées au Registre-Journal.

RELEVÉ des

EXTRAIT DU JOURNAL DE RECETTE.				VERSEMENS ORDINAIRES ET EXTRAORDINAI										
				VERSEMENS ORDINAIRES										
				FONDS GÉNÉRAUX.										
N°. d'ordre du Journal.	DATES.	NATURE des Recettes.	MONTANT de chaque article de Recette.	Restant en caisse au 1er. 183	Répartition ordinaire en argent.	Frais de fabrication de pain.	Farine pour les Nourrices.	Encouragement aux Écoles de charité.	Frais de bureau.	Intérêts de Legs sans destination spéciale.			Aux Vieillards et Aveugles.	Aux Indigens infirmes.

rtées au Registre-Journal. *Suite du* Modèle, N°. 42.

STRATION DES HOSPICES.										RECETTES INTÉRIEURES.						Observations.
VERSEMENS EXTRAORDINAIRES.																
	SECOURS du Conseil général.															
Legs une fois payés.	Pour frais de premier établissem. de Maisons de Secours et Écoles.	Pour renouvellement de mobilier, et indemnités diverses.	Dons de la ville de Paris.	Secours du Conseil général des Hospices pour achat de combustibles.	Dons de la Compagnie d'assurance, pour combustibles.			Total.		Dons, Collectes et Souscriptions.	Quêtes et Troncs.	Représentations théâtrales.	Sommes restées sans emploi sur les états de Secours spéciaux	Produit de la vente de vieux meubles et ustensiles.	Total.	

(Modèle, N°. 43.)

ADMINISTRATION
générale
des Hospices
et Secours à
domicile de
Paris.

Exercice 183

BUREAU DE CHARITÉ

DU ARRONDISSEMENT.

DÉPENSES.

RELEVÉ des Dépenses en argent portées au Registre-Journal.

RELEVÉ des D

EXTRAIT DU JOURNAL DE DÉPENSE.				DÉPENSES POUR SECOURS EN NATURE.											
Nos. d'ordre du Journal.	Dates.	Nature des Dépenses.	Montant de chaque article de Dépense.	Pain.	Viande.	Bons de soupes.	Comestibles divers.	Combustibles.	Effets d'habillement.	Objets de coucher.	Médicamens.	Blanchissage du linge des Pauvres.			

Suite du Modèle, N°. 43.

portées au Registre-Journal.

DÉPENSES POUR SECOURS EN ARGENT.												DÉPENSES DES ÉTABLISSEMENS DIRIGÉS PAR LE BUREAU.									
LES FONDS SPÉCIAUX PAR L'ADMINISTRATION.						SUR LES FONDS MIS A LA DISPOSITION DU BUREAU.															
Individuels accordés par le Conseil général.	Pour Vaccination.	Aux Mères-Nourrices malades.	Divers provenant de Dons et Legs.			Secours d'apprentissage, Habillement de première Communion et autres.	Secours individuels accordés par le Bureau.	Transport de malades aux Hôpitaux.	Frais d'actes de l'État civil.		TOTAL	Maisons de Secours.	Écoles de charité.	Ouvroirs.	Asiles pour l'enfance.	Frais de Bureau.					

(Modèle, N°. 44.)

ADMINISTRATION générale des Hospices et Secours à domicile de Paris.

N°. du PROCÈS-VERBAL.

BUREAU DE CHARITÉ

DU ARRONDISSEMENT.

EXTRAIT

DU REGISTRE DES DÉLIBÉRATIONS.

Séance du 183

Le Bureau

Fait à Paris, le 18

Signé Président.

Pour extrait conforme:

Le Secrétaire honoraire,

(Modèle, N°. 45.)

ADMINISTRATION
générale
des Hospices
et Secours à
domicile de
Paris.

État à produire
à l'appui
du compte.

Exercice 18

BUREAU DE CHARITÉ

DU ARRONDISSEMENT.

VERSEMENS

FAITS

PAR L'ADMINISTRATION DES HOSPICES.

BUREAU DE

VERSEMENS FAITS PAR L'A

DÉSIGNATION des MOIS.	VERSEMENS ORDINAIRES.													
	FONDS GÉNÉRAUX.								FOND					
	Répartition en argent.	Frais de fabrication de pain.	Farine pour les Nourrices.	Encouragem. aux Écoles de charité.	Frais de Bureaux.	Intérêts de Legs sans destination spéciale.			Vieillards et Aveugles.	Infirmes.	*Boni* sur les fonds des Vieillards et Aveugles.	Vaccinations.	Mères-Nourrices malades.
Janvier........													
Février........													
Mars..........													
Avril..........													
Mai...........													
Juin...........													
Juillet.........													
Août..........													
Septembre......													
Octobre........													
Novembre......													
Décembre......													

Suite du Modèle, N°. 45.

ARRONDISSEMENT.

ON DES HOSPICES.

VERSEMENS EXTRAORDINAIRES :												TOTAL.
Legs une fois payés.	Secours du Conseil général, pour frais de 1er. établissement de Maisons de Secours et Écoles.	Secours du Conseil général, pour renouvellement de mobilier et indemnités diverses.	Dons de la ville de Paris.	Du Conseil général des Hospices pour achat de combustibles.	Dons de la compagn. d'assurance, pour combustibles.							

Certifié par nous, Maire-Président, Trésorier honoraire *et* Secrétaire honoraire *du Bureau du* arrondissement.

Paris, le

(Modèle, N°. 46.)

ADMINISTRATION générale des Hospices et Secours à domicile de Paris.

ÉTAT à produire à l'appui du compte.

EXERCICE 183

BUREAU DE CHARITÉ

DU ARRONDISSEMENT.

RECETTES INTÉRIEURES.

DÉSIGNATION DES MOIS.	Dons volontaires.	Collectes.	Troncs.	Quêtes.	Souscriptions.	Représentations théâtrales.	Sommes non employées sur les États des Vieillards et Aveugles.	Produit de la Vente de vieux Meubles et Ustensiles.			TOTAL.	Observations.
Janvier.....												
Février												
Mars........												
Avril.												
Mai.........												
Juin.												
Juillet.												
Août.......												
Septembre..												
Octobre....												
Novembre..												
Décembre...												

Certifié véritable par le Bureau de charité du arrondissement le présent État de *Recettes intérieures*, montant à la somme d

Paris, le 18

LE PRÉSIDENT,

LE SECRÉTAIRE HONORAIRE, LE TRÉSORIER HONORAIRE,

(Modèle, N°. 47.)

Administration générale des Hospices et Secours à domicile de Paris.

BUREAU DE CHARITÉ

DU ARRONDISSEMENT.

Secours extraordinaires et temporaires à divers Indigens

DISTRIBUTION faite par le Bureau de charité du arrondissement, pendant le 183 de Secours *extraordinaires* et *temporaires* à divers Indigens.

Lesdits Secours imputables sur le fonds

NUMÉROS d'ordre.	NUMÉROS du Livre des Pauvres	NOMS et PRÉNOMS.	DEMEURES. Rues.	DEMEURES. Nos.	DEMEURES. Divisions.	AGES, ou NATURE des INFIRMITÉS.	SOMMES ACCORDÉES	ÉMARGEMENS de MM. les ADMINISTRATEURS attestant LES PAIEMENS.

(Modèle, N°. 48.)

ADMINISTRATION générale des Hospices et Secours à domicile de Paris.

BUREAU DE CHARITÉ

DU ARRONDISSEMENT.

CERTIFICAT DE MALADIE OU D'INFIRMITÉ.

Je, soussigné, Médecin attaché au Bureau de charité, certifie que

l nommé âgé

de

demeurant rue n°.

est attaqué (*)

et que dans cette situation est hors d'état de (**)

Délivré à Paris, le 183

(*) Indiquer la nature de la maladie ou de l'infirmité, et si elle est temporaire ou incurable.

(**) Indiquer si l'Indigent est entièrement incapable de se livrer à aucun travail, ou à un travail suffisant pour assurer son existence et celle de sa famille. Si l'Indigent garde la chambre et a besoin de soins particuliers, le Certificat en fera mention.

(Modèle, N°. 49.)

ADMINISTRATION générale des Hospices et Secours à domicile de Paris.

BUREAU DE CHARITÉ

DU ARRONDISSEMENT.

MANDAT DE PAIEMENT.

An 183

Chapitre

L'Agent-Comptable paiera à M

M.	NOMBRE DE PIÈCES.
fr. c.	DATE de la délibération qui autorise la dépense.
NATURE de la Dépense.	DATE de la délibération qui autorise le paiement.
ENREGISTRÉ Journal des Dépenses, le an 183 N°.	

Paris, le 183

Le Trésorier honoraire,

Vu,
Le Président,

Pour acquit,

(Modèle, No. 50.)

ADMINISTRATION générale des Hospices et Secours à domicile de Paris.

Nota. Ces Certificats doivent être délivrés par les propriétaires ou principaux locataires de maisons, et, à leur défaut, par un propriétaire ou une personne domiciliée en boutique.

BUREAU DE CHARITÉ
DU ARRONDISSEMENT.

ÉTABLISSEMENT DE FILATURE,
EN FAVEUR DES INDIGENS.

CERTIFICAT DE DOMICILE ET CAUTIONNEMENT.

Je, soussigné, d'une maison située rue n°. quartier certifie que la nommée

demeure

et qu'elle m'est connue pour une femme de probité.

Je réponds, en conséquence, de la quantité de trois kilogrammes de Filasse, d'un Dévidoir, d'un Rouet et d'une Quenouille, qui pourront lui être confiés pour travailler à domicile.

A Paris, le 183

Signature du répondant,

NOUS, ADMINISTRATEUR DU BUREAU DE CHARITÉ *du arrondissement, certifions véritable l signature d*

Certifions, en outre, que la nommée demeure rue

dans l'étendue de cet arrondissement.

Paris, ce 18

ADMINISTRATEUR.

L'Agent-Comptable,

(Modèle, No. 51.)

ADMINISTRATION générale des Hospices et Secours à domicile de Paris.

PRÊTS AUX INDIGENS.

BUREAU DE CHARITÉ

DU ARRONDISSEMENT.

CERTIFICAT DE CAUTIONNEMENT.

Je, soussigné, demeurant à Paris, rue n°. déclare répondre d qui pourr être prêté par le Bureau de charité du arrondissement a nommé demeurant

Paris, le 183.

Signature du répondant,

Bon pour à délivrer a nommé sous le cautionnement ci-dessus,

ce 183

Administrateur.

(MODÈLE, N°. 52.)

ADMINISTRATION
générale
des Hospices
et Secours à
domicile de
Paris.

BUREAU DE CHARITÉ

DU ARRONDISSEMENT.

CERTIFICAT POUR CONSTATER LA CÉCITÉ.

(*Voir* le MODÈLE, N°. 15.)

(Modèle , N°. 53.)

ADMINISTRATION générale des Hospices et Secours à domicile de Paris.

BUREAU DE CHARITÉ

DU ARRONDISSEMENT.

ACTE de Nomination à l'une des places d'Élèves de la Maison d'Éducation établie rue Saint-Antoine, passage Saint-Pierre.

Le Bureau de charité du arrondissement de la ville de Paris,

Vu 1°. l'arrêté de Son Exc. le Ministre de l'intérieur, en date du 28 fructidor an 10 (15 septembre 1802), qui a établi la Maison d'éducation, s'se rue Saint-Antoine, passage Saint-Pierre, et a déterminé le nombre des Élèves à recevoir gratuitement ou avec pension dans ladite Maison ;

2°. L'arrêté du Conseil général des Hospices, en date du 23 vendémiaire an 11 (15 octobre 1802), qui a fixé le nombre et la nature des places auxquelles chacun des Bureaux de charité aura droit de nommer dans ladite Maison , et qui a déterminé l'ordre dans lequel se feront les répartitions successives des nominations à faire aux places qui deviendront vacantes ;

3°. La lettre en date du 183 , par laquelle le Membre de la Commission administrative chargé de la 4e. Division annonce au Bureau qu'il existe, en ce moment, à sa nomination, une place du nombre de celles (1)

4°. Le certificat en forme produit par les parens de l'Élève ci-après nommée, en exécution de l'article 3 du réglement arrêté par le Conseil général des Hospices, le 4 ventose de l'an 11 (23 février 1803), lequel certificat atteste que ladite Élève a été vaccinée ou a eu la petite-vérole (2) ;

(1) Indiquer si la place vacante est donnée à titre gratuit ou sous la condition de payer une pension annuelle, et, dans ce cas, indiquer le prix de la pension.

(2) On indiquera dans quelle situation se trouve l'Élève sous ce rapport.

34

Suite du Modèle, N°. 53.

5°. La soumission souscrite par lesdits parens d'exécuter, en ce qui les concerne, les réglemens de ladite Maison, de fournir en conséquence les effets mobiliers exigés par les réglemens (3) et de payer (4)

6°. Le rapport fait au Bureau dans sa séance du
par l'un des Administrateurs, duquel il résulte que ladite Élève et ses parens remplissent les conditions exigées par les réglemens, et notamment celles déterminées par les articles 2 et 4 de l'arrêté précité de Son Exc. le Ministre de l'intérieur :

NOMME, pour remplir la place actuellement vacante dans ladite Maison d'éducation, Mlle.

née le à département d
du légitime mariage de
et de
à la charge par les parens de ladite Élève de se présenter au Bureau de la 4e. Division de l'Administration des Hospices, à l'effet de souscrire sur les registres à ce destinés la soumission ci-dessus mentionnée.

La présente nomination, faite en exécution de la délibération prise par le Bureau de charité (5) dans la séance du 183 sera transmise à l'Administration des Hospices.

A Paris, le

Le MAIRE,
Président du Bureau de charité,

Le Secrétaire honoraire,

(3) Ces effets sont :
Une couchette peinte, à roulettes à équerres ; deux matelas ; une paillasse piquée ou un sommier de crin ; un traversin ; deux couvertures, une de laine et une de coton ; une commode ; deux paires de draps ; un couvert et une timbale d'argent ; un pot et une cuvette ; un vase de nuit ; deux chaises ; des peignes et une brosse ; du linge en suffisante quantité.

(4) Indiquer la pension annuelle à payer, si la nomination est faite à cette condition.

(5) Suivant les réglemens, les nominations d'Élèves ne doivent avoir lieu que d'après une délibération spéciale, prise par le Bureau de charité assemblé, et inscrite au procès-verbal.

(Modèle, N°. 54.)

ADMINISTRATION
générale
des Hospices
et Secours à
domicile de
Paris.

BUREAU DE CHARITÉ

DU ARRONDISSEMENT.

EXERCICE 183

COMPTE EN DENIERS.

M

COMPTABLE.

Suite du Modèle, N°. 54.

COMPTE que rend à l'Administration générale des Hospices et Secours, *M.* (nom et prénoms) *Agent-Comptable du Bureau de charité du* *arrondissement, pour les* Recettes et Dépenses *faites pendant l'année* 183

PREMIÈRE PARTIE.

RECETTE.

Fait recette le Comptable de la somme de , montant des recettes par lui faites pendant l'année 183 , ainsi qu'il résulte du développement établi ci-après.

Ces recettes sont justifiées par les pièces produites à l'appui du présent Compte.

ARTICLES.	NOMBRE de pièces.	NATURE DES RECETTES.	SOMMES.	RECTIFICATIONS.
		CHAPITRE 1er. — *Excédant des Recettes de l'Exercice* 183		
		Cet Excédant a été fixé par l'Administration à la somme de.....	» »	
		CHAPITRE 2. — *Recettes provenant des Versemens de l'Administration générale.*		
1	»	VERSEMENS ORDINAIRES — Fonds généraux : Distribution ordinaire en argent.............. » » ; Frais de fabricat. de pain » » ; Farine pour les Nourrices. » » ; Encouragement aux Écoles de charité........... » » ; Frais de bureau......... » » ; Intérêts de Legs sans destination spéciale..... » » — » »	» »	
		Fonds Spéciaux : Vieillards, Aveugles et Infirmes.............. » » ; *Boni* sur le fonds des Secours spéciaux........ » » ; Vaccinations........... » » ; Mères-Nourrices malades. » » ; Secours individuels accordés par le Conseil..... » » ; Intérêts de Legs avec destination spéciale...... » » — » »		
	»	*A reporter*.............		

Suite du Modèle, N°. 54.

ARTICLES.	NOMBRE de pièces.	NATURE DES RECETTES.		SOMMES.	RECTIFICATIONS.
	»	*Report*...........		» »	
2	»	VERSEMENS EXTRAORDINAIRES.	Legs une fois payés......................... » »	» »	
			Allocation pour frais de premier établissem.. » »		
			Indemnité de mobilier.................... » »		
			—— de trousseau...................... » »		
			Don du Roi............................. » »		
			— du Conseil municipal................ » »		
			— du Conseil général pour achat de combustibles.......................... » »		
			— de la Compagnie d'assurance.......... » »		
			.... » »		
			.... » »		
		TOTAL du CHAPITRE 2.............		» »	
		CHAPITRE 3. — *Recettes intérieures.*			
1	»	Dons..		» »	
2	»	Collectes.....................................		» »	
3	»	Troncs..		» »	
4	»	Quêtes dans les Églises.......................		» »	
5	»	Souscriptions ou abonnemens...................		» »	
6	»	Représentations théâtrales, etc...............		» »	
7	»	Sommes restées sans emploi sur les états de Secours spéciaux....		» »	
8	»	Ventes de vieux meubles, etc..................		» »	
	»	TOTAL du CHAPITRE 3..........		» »	
		CHAPITRE 4. — *Recette d'ordre.*			
1	»	Contribution du Bureau de charité du arrondissement dans la dépense commune de l'École........................		» »	

Nombre de Pièces.	RÉCAPITULATION.		
»	CHAPITRE 1er. — *Excédant de l'Exercice* 183...............	» »	
»	———— 2. — *Recettes provenant des Versemens de l'Administration*.........................	» »	
»	———— 3. — *Recettes intérieures*.....................	» »	
»	———— 4. — *Recette d'ordre*..........................	» »	
»	TOTAL GÉNÉRAL DES RECETTES.................	» »	

Suite du Modèle, N°. 54.

DEUXIÈME PARTIE.

DÉPENSE.

Fait dépense le Comptable de la somme de , montant des paiemens qu'il a effectués pendant l'année 183 , en vertu des délibérations du Bureau, et en acquit des mandats délivrés par M. le Trésorier honoraire, avec désignation spéciale, soit sur les crédits ouverts dans le Budget de ladite année, soit sur les crédits alloués extraordinairement par des autorisations régulières, données en supplément de ce Budget.

Ces paiemens sont justifiés par les pièces produites avec le présent Compte.

Articles.	Nombre de pièces.	NATURE DES DÉPENSES (1).	Sommes.	Rectifications.
		CHAPITRE 1er. — *Secours en nature.*		
1	»	COMESTIBLES.. Pain .... » »	» »	
		Viande. pour la marmite des Pauvres » » / pour distribution .... » » — » »		
		Comestibles divers .... » »		
2	»	COMBUSTIBLES. Pour la marmite des Pauvres .... » »	» »	
		Pour distributions .... » »		
3	»	HABILLEMENT. D'Indigens .... » »	» »	
		D'Apprentis .... » »		
		De première Communion .... » »		
4	»	COUCHER	» »	
5	»	MÉDICAMENS	» »	
6	»	BLANCHISSAGE DU LINGE DES PAUVRES	» »	
	»	TOTAL du CHAPITRE 1er	» »	

(1) Les subdivisions des articles de dépenses qui ne figurent pas dans ce Modèle de compte sont indiquées et classées dans les Bordereaux récapitulatifs imprimés, que l'Administration fournit au Comptable.

Suite du Modèle, N°. 54.

Articles.	Nombre de pièces.	Nature des dépenses.	Sommes.	Rectifications.
		CHAPITRE 2. — *Secours en argent.*		
		Sur les fonds spéciaux versés par l'Administration.		
1	»	Vieillards, Aveugles et Infirmes........ » » *Boni* sur le fonds des Secours spéciaux........ » » Secours individuels accordés par le Conseil général...... » » — de vaccination........ » » — aux Mères-Nourrices malades........ » » Dons et Legs........ » » Intérêts de Legs........ » »	» »	
		Sur les fonds mis à la disposition du Bureau de charité.		
2	»	Secours d'Apprentissage........ » » — pour Habillement de première Communion..... » » — Individuels........ » » Transport de malades aux Hôpitaux........ » » Frais d'Actes de l'État-Civil........ » »	» »	
		Total du Chapitre 2........	» »	
		CHAPITRE 3. — *Dépenses des Établissemens.*		
		Maisons de Secours.		

Articles.	Nombre de pièces.	Situation des Maisons de Secours.	Entretien des bâtimens.	Appointemens.	Comestibles.	Combustibles.	Mobilier.	Blanchissage du linge des Sœurs.			Menues dépenses.	TOTAUX.	Sommes.	Rectifications.
1	»													
													» »	
	»	*A reporter*..........											» »	

Suite du Modèle, N°. 54.

ARTICLES.	NOMBRE de pièces.		SOMMES.	RECTIFICATIONS.
	»	*Report*........	» »	
		Écoles de Charité.		
2	»	Situation des Écoles. / Entretien des bâtimens. / Appointemens. / Livres. / Papeterie. / Combustibles. / Mobilier. / / / Menues dépenses. /		
		De quoi il convient déduire la somme de............ versée par le.. arrondissem. pour sa portion contributive		
		Reste..................	» »	
		Ouvroirs.		
3	«	Situation des Ouvroirs. / Appointemens. / Combustibles. / Mobilier. / / / / / Menues dépenses. /	» »	
		Asiles.		
4	»	Situation des Asiles. / Entretien des bâtimens. / Appointemens. / Combustibles. / Mobilier. / / / / / Menues dépenses. /	» »	
	»	*A reporter*...........	» »	

Suite du Modèle, N°. 54.

Articles.	Nombre de pièces.		Sommes.	Rectifications.
	»	*Report*............	» »	
		Frais de Bureau.		

Entretien des bâtimens.	Appointemens.	Gratifications.	Papeterie.	Impressions.	Combustibles.				Menues dépenses.	Total.

Articles.	Nombre de pièces.		Sommes.	Rectifications.
5	»		» »	
	»	Total du chapitre 3............	» »	
		CHAPITRE 4. — *Dépense d'ordre.*		
		Contribution du Bureau de charité du arrondissement dans la Dépense de l'École..............................	» »	

Nombre de pièces.	RÉCAPITULATION.	Sommes.	Rectifications.
»	CHAPITRE 1er. — *Secours en nature*......................	» »	
»	— 2. — — *en argent*......................	» »	
»	— 3. — *Dépenses des Établissemens*...............	» »	
»	— 4. — — *d'ordre*.......................	» »	
»	TOTAL général des dépenses...........	» »	

RÉCAPITULATION GÉNÉRALE.

Nombre de pièces.		Sommes.	Rectifications.
»	LES RECETTES sont de..................................	» »	
»	LES DÉPENSES, de..................................	» »	
»	EXCÉDANT des	» »	

L'Agent-Comptable, soussigné, affirme sincère et véritable le présent Compte pour l'année 183 , à l'appui duquel il rapporte pièces justificatives.

Suite du Modèle, N°. 54.

Le Comptable affirme, en outre, que les Recettes et les Dépenses portées dans ce Compte sont, sans exception, toutes celles qui ont été faites pour le service du Bureau, et qu'il n'en existe aucune autre à sa connaissance.

A Paris, le 183

L'Agent-Comptable,

EXTRAIT du Registre des Délibérations du Bureau de charité du arrondissement.

Séance du 183

Le Bureau de charité,

Ouï le rapport d'un de ses Membres, au nom de la Commission nommée dans la séance du 183 pour l'examen du Compte rendu par l'Agent-Comptable pour l'Exercice 183

Duquel rapport il résulte que les différens articles dudit Compte sont exacts et véritables quant aux Recettes, et conformes aux autorisations du Bureau, quant aux dépenses,

délibère :

Le Compte rendu pour l'Exercice 183 par M Agent-Comptable du Bureau de charité, est approuvé.

Extrait de la présente Délibération sera transmis, avec ledit Compte, à l'Administration générale des Hospices.

Le Président,

Le Secrétaire honoraire, Le Trésorier honoraire,

(Modèle, N°. 55.)

ADMINISTRATION générale des Hospices et Secours à domicile de Paris.

BUREAU DE CHARITÉ

DU ARRONDISSEMENT.

FONDATION MONTYON.

BILLET DE SORTIE DE L'HÔPITAL

Le 183

			OBSERVATIONS.
Nom d convalescent.			
Prénoms			
Age			
Profession			
Demeure	Rue		
	Arrondissement.		
Dates de	l'Entrée à l'Hôpit.		
	la Sortie.		
Nature de la Maladie.			
Secours immédiat en argent.			

N°. du Registre d'inscription.

L'Agent de Surveillance,

RENSEIGNEMENS RECUEILLIS PAR LE BUREAU DE CHARITÉ.

		Observations.
N°. du Livre des Pauvres.		
Nombre et âge des Enfans.		
Moyens d'existence, gain par jour.		
Prix du loyer.		

(Modèle, N°. 56.)

ADMINISTRATION générale des Hospices et Secours à domicile de Paris.

ANNÉE 183

BUREAU DE CHARITÉ

DU ARRONDISSEMENT.

FONDATION MONTYON.

REGISTRE DES CONVALESCENS SORTANT DES HOPITAUX.

Numéros du Registre d'inscription.	NOMS des convalescens.	Prénoms des Convalescens et Noms de naissance des Femmes mariées.	Age.	Profession.	DEMEURES des convalescens, à Paris. Rues.	N°s.	Arrondissem.	Hôpitaux dans lesquels ils ont été traités.	DATES de l'Entrée à l'Hôpital.	de la Sortie.	NATURE de la maladie.	Numéros d'inscription au Contrôle des Indigens, si le Convalescent y est inscrit.	

(Modèle, N°. 57.)

ADMINISTRATION GÉNÉRALE
des Hospices et Secours
à domicile de Paris.

BUREAU DE CHARITÉ

DU ARRONDISSEMENT.

FONDATION MONTYON.

BON DE SECOURS PROVISOIRE.

N°. du Registre des Sorties.

Date de la Sortie.

INSCRIT

au

Registre des Distributions,

le 183

sous le N°.

L'AGENT-COMPTABLE est autorisé à faire délivrer a nommé convalescent, demeurant rue n°.

SAVOIR : VALEUR en argent.

. . . .

. . . .

et à lui payer *en argent* la somme de franc centimes . . . .

Total *en argent des deux natures de Secours.*

Paris, le 18

L'Administrateur,

ADMINISTRATION
générale
des Hospices
et Secours à
domicile de
Paris.

FONDATION
MONTYON.

BUREAU DE C

REGIST

NUMÉROS d'ordre.	NUMÉROS des Billets de Sortie.	DATES de la Délivrance des Secours.	NOMS des CONVALESCENS.	COMESTIBL. Pain.	COMESTIBL. Viande.	COMBUSTIBLES. Falourdes.	COMBUSTIBLES.	COMBUSTIBLES.	D'HOMMES. Chemises.	D'HOMMES. Vestes de draps.	D'HOMMES.	D'HOMMES. Pantalons de drap.	D'HOMMES.	D'HOMMES. Bas de laine.	D'HOMMES.	D'HOMMES. Gilets de laine.	D'HOMMES. Souliers.
				F. C.	F. C.	F. C.	F. C.	F. C.	F. C.	F. C.	F. C.	F. C.	F. C.	F. C.	F. C.	F. C	F. C
			Prix de chaque objet en nature *. .														
			Report.														

(Modèle, No. 58.)

ARRONDISSEMENT.

STRIBUTIONS.

	DE FEMMES.							OBJETS DE COUCHER.						MONTANT DES SECOURS			
								COUVERTURES									
									Thibaudes								
	Jupons.		Bas de laine.		Souliers.			Blanches.	Blanches.	Brunes.				En Argent.	En Nature.	TOTAL.	*Observations.*
C.	F. C.	F. C.	F. C.	F. C.	F. C.	F. C	F. C	F. C.	F. C.	F. C.	F. C	F. C	F. C	F. C.	F. C.	F. C.	* Toutes les fois qu'il surviendra quelque variation dans le *prix des objets distribués*, il en sera fait mention dans la colonne d'observations à la date où ces changemens auront eu lieu.

(Modèle, N°. 59.)

ADMINISTRATION GÉNÉRALE
des Hospices et Secours à domicile de Paris.

BUREAU DE CHARITÉ
DU ARRONDISSEMENT.

FONDATION MONTYON.

BON DE SECOURS DÉFINITIF.

Numéro du Registre des Sorties.

ARRÊTÉ DU BUREAU
du 183

INSCRIT
au
Registre des Distributions,
sous le N°.

L'AGENT-COMPTABLE est autorisé à faire délivrer a nommé
convalescent , demeurant rue
n°.

SAVOIR : Valeur en argent.

. . . . . .
. . . . . .
. . . . . .
. . . . . .
. . . . . .

et à lui payer *en argent* la somme
de francs centimes. . .

Total *en argent des deux natures de Secours.*

Paris, le 183

VU par le Trésorier honoraire,

L'Administrateur,

(Modèle, N°. 60.)

Administration générale des Hospices et Secours à domicile de Paris.

BUREAU DE CHARITÉ

DU ARRONDISSEMENT.

FONDATION MONTYON.

REGISTRE DE SITUATION DU MAGASIN.

NATURE DES OBJETS.	MOIS.	ENTRÉES ET SORTIES DES OBJETS.	Quantités.	Valeur.	*Observations.*
	Janvier	Au 31 Décembre 183 , il restait en Magasin..			
		Il en est entré pendant le mois de Janvier....			
		Total..............			
		Il en a été distribué pendant le même Mois...			
		Reste en Magasin au 31 Janvier......			
	Février	Il en est entré pendant le mois de Février....			
		Total..............			
		Il en a été distribué pendant le même Mois.			
		Reste en Magasin au 28 Février.......			
	Mars..	Il en est entré pendant le mois de Mars.....			
		Total..............			
		Il en a été distribué pendant le même Mois..			
		Reste en Magasin au 31 Mars........			
	Avril..	Il en est entré pendant le mois d'Avril.......			
		Total..............			
		Il en a été distribué pendant le même Mois..			
		Reste en Magasin au 30 Avril........			
	Mai...	Il en est entré pendant le mois de Mai.......			
		Total..............			
		Il en a été distribué pendant le même Mois...			
		Reste en Magasin au 31 Mai.........			

Suite du Modèle, n°. 60.

NATURE DES OBJETS.	MOIS.	ENTRÉES ET SORTIES DES OBJETS.	QUANTITÉS.	VALEUR.	*Observations.*
		Report.........			
	Juin...	Au 31 Mai 183 , il restait en Magasin......			
		Il est entré pendant le mois de Juin.........			
		Total...............			
		Il en a été distribué pendant le même mois...			
		Reste en Magasin au 30 Juin			
	Juill..	Il est entré pendant le mois de Juillet.......			
		Total...............			
		Il en a été distribué pendant le même mois...			
		Reste en Magasin au 31 Juillet.......			
	Aout..	Il est entré pendant le mois d'Août..........			
		Total...............			
		Il en a été distribué pendant le même mois...			
		Reste en Magasin au 31 Août.........			
	Sept...	Il est entré pendant le mois de Septembre...			
		Total...............			
		Il en a été distribué pendant le même mois...			
		Reste en Magasin au 30 Septembre...			
	Octob..	Il est entré pendant le mois d'Octobre.......			
		Total...............			
		Il en a été distribué pendant le même mois..			
		Reste en Magasin au 31 Octobre.....			
	Nov...	Il est entré pendant le mois de Novembre....			
		Total...............			
		Il en a été distribué pendant le même mois...			
		Reste en Magasin au 30 Novembre...			
	Déc...	Il est entré pendant le mois de Décembre...			
		Total...............			
		Il en a été distribué pendant le même mois...			
		Reste en Magasin au 31 Décembre....			

(Modèle, N°. 61.)

ADMINISTRATION générale des Hospices et Secours à domicile de Paris.

BUREAU DE CHARITÉ
DU ARRONDISSEMENT.

FONDATION MONTYON.

M.
Agent-Comptab.

BORDEREAU des Recettes et Dépenses, et Procès-Verbal de vérification de Caisse.

BORDEREAU des Recettes et des Dépenses faites du 1er. janvier 183 au de la même année, et situation de Caisse au 1er. 183 savoir :

	Restant en caisse au 1er. janvier 183	Recettes.	Total du Restant en caisse et des Recettes.	Dépenses	Reste en Caisse au 1er. 18	*Observations.*
Restant en Caisse au 1er. janv. 183						Indiquer dans cette colonne les mois pour lesquels les lettres d'avis ont été adressées au comptable, et les mois pour lesquels il n'aurait pas retiré les mandats de paiement.
Recettes du 1er. janvier au 18 — Exercice 183						
Exercice 183						
Dépenses du 1er. janvier au 18 — Exercice 183						
Exercice 183						
Totaux.......						

Certifié véritable,
L'Agent-Comptable,

PROCÈS-VERBAL DE VÉRIFICATION DE CAISSE.

L'An mil huit cent trente le

NOUS, Trésorier honoraire du Bureau de charité du arrondissement, nous sommes transporté au bureau de M. Agent-Comptable, à l'effet de vérifier sa Caisse et d'arrêter ses Registres Journaux de Recette et Dépense pour le service de la *fondation Montyon*, conformément au N°. 146 du *Recueil des Réglemens*. — Ayant en conséquence invité ledit Agent-Comptable à nous représenter les valeurs en caisse et ses Journaux, nous avons reconnu qu'il existait :

1°. Espèces ou valeurs en caisse..............................

2°. En pièces soldées et non enregistrées......................

Total....................

Procédant ensuite à l'examen des Journaux, nous avons reconnu que la *recette* s'élevait à la somme de..................

la *dépense* à celle de..........................

Et le *reliquat* à celle de..................

Somme (*) à celle ci-dessus énoncée par l'Agent-Comptable.

Ayant arrêté lesdits registres conformément aux résultats par nous constatés, nous avons clos le présent Procès-Verbal, et avons invité le Comptable à signer avec nous.

L'Agent-Comptable, Le Trésorier honoraire,

(*) Égale, supérieure ou inférieure.

Suite du Modèle, N°. 61.

RELEVÉ SOMMAIRE 1°. du nombre des Convalescens inscrits ou non inscrits au Contrôle des Indigens; 2°. de ceux qui ont été secourus sur la Fondation Montyon, et des divers Secours tant en nature qu'en argent qui ont été accordés, du 1er. Janvier au 183 , conformément au *Registre des Distributions*.

	NOMBRE de CONVALESCENS SORTIS DES HOPITAUX.		TOTAL.	NOMBRE de secourus sur la Fondat'ou Montyon.	SOMMES payées pour Secours en argent.	VALEUR en argent des Secours *distribués* en nature.	TOTAL GÉNÉRAL des deux natures de Secours.
	Inscrits au Contrôle des Indigens.	Non inscrits.					
Du 1er. Janvier au 183							
Pendant le mois d							
TOTAL.....							

SITUATION du Magasin au 1er. 183

Au 1er. il restait en magasin des Effets pour une valeur de.. ....

Il en a été acheté dans le mois d pour une somme de. ....

Il en a été distribué pendant le mois pour une somme de.. .

Partant, la valeur des Effets restant en magasin est de.....

(Modèle, N°. 62.)

Administration générale des Hospices et Secours à domicile de Paris.

BUREAU DE CHARITÉ

DU ARRONDISSEMENT.

FONDATION MONTYON.

EXERCICE 183

COMPTE EN DENIERS.

M

COMPTABLE.

Suite du Modèle, N°. 62.

FONDATION MONTYON.

COMPTE que rend à l'Administration générale des Hospices et Secours M. (nom et prénoms) *Agent-Comptable, du Bureau de charité du arrondissement, pour les* Recettes et Dépenses *faites pendant l'année* 183

PREMIÈRE PARTIE.

RECETTE.

Fait recette le Comptable de la somme de , montant des recettes par lui faites pendant l'année 183 , ainsi qu'il résulte du développement établi ci-après.

Ces recettes sont justifiées par les pièces produites à l'appui du présent Compte.

ARTICLES.	NOMBRE de pièces.	NATURE DES RECETTES.	SOMMES.	RECTIFICATIONS.
		CHAPITRE 1er. — *Excédant des Recettes de l'Exercice* 183		
1	»	Cet Excédant a été fixé par l'Administration à la somme de....	» »	
		CHAPITRE 2. — *Recettes provenant des Versemens de l'Administration.*		
1	»	Sur le fonds de	» »	
2	»	Sur le fonds de réserve	» »	
3	»	Sur la rente de	» »	
		....		
		....		
		TOTAL du CHAPITRE 2...............	» »	
		CHAPITRE 2.		
1	»	Frais de Bureau...............	» »	
		RÉCAPITULATION.		
		CHAPITRE 1er. — *Excédant de l'Exercice* 183	» »	
		——— 2e. — *Recettes provenant des Versemens de l'Administration.*	» »	
		——— 3e. — *Frais de Bureau.*	» »	
		TOTAL DE LA RECETTE..........	» »	

Suite du Modèle, N°. 62.

DEUXIÈME PARTIE.

DÉPENSE.

Fait dépense le Comptable de la somme de , montant des paiemens qu'il a effectués pendant l'année 183 , en vertu des délibérations du Bureau, et en acquit des mandats délivrés par M. le Trésorier honoraire, avec désignation spéciale, soit sur les crédits ouverts dans le Budget de ladite année, soit sur les crédits alloués extraordinairement par des autorisations régulières, données en supplément de ce Budget.

Ces paiemens sont justifiés par les pièces produites avec le présent Compte.

ARTICLES.	NOMBRE de pièces.	NATURE DES DÉPENSES.	SOMMES.	RECTIFICATIONS.
		CHAPITRE 1er. — *Secours en nature.*		
1	»	COMESTIBLES... { Pain... Viande... }	» »	
2	»	COMBUSTIBLES.. { Cotrets... Falourdes... .... }	» »	
3	»	HABILLEMENT...	» »	
4	»	COUCHER...	» »	
		TOTAL du CHAPITRE 1er...	» »	
		CHAPITRE 2. — *Secours en argent.*		
1	»	Secours provisoires...		
2	»	Secours définitifs...		
3	»	— extraordinaires { sur les fonds mis à la disposition du Bureau de charité... » » ; sur le fonds de réserve de l'Administ. » » }	» »	
4	»	— sur la rente de ...	» »	
		TOTAL du CHAPITRE 2...	» »	
		CHAPITRE 3.		
1		Frais de Bureau...	» »	
Nombre de Pièces.		RÉCAPITULATION.		
»		CHAPITRE 1er. — *Secours en nature*...	» »	
»		——— 2e. — *Secours en argent*...	» »	
»		——— 3e. — *Frais de Bureau*...	» »	
»		TOTAL DE LA DÉPENSE...	» »	

Suite du Modèle, n°. 62.

RÉCAPITULATION GÉNÉRALE.

Nombre de Pièces.		Sommes.	Rectifications.
»	LES RECETTES sont de........................	» »	
»	LES DÉPENSES de........................	» »	
»	EXCÉDANT des	» »	

L'Agent-Comptable, soussigné, affirme sincère et véritable le présent Compte pour l'année 183 , à l'appui duquel il rapporte pièces justificatives.

Le Comptable affirme en outre que les Recettes et les Dépenses portées dans ce Compte sont, sans exception, toutes celles qui ont été faites pour le service du Bureau, et qu'il n'en existe aucune autre à sa connaissance.

A Paris, le 183

L'Agent-Comptable,

EXTRAIT du Registre des Délibérations du Bureau de charité du arrondissement.

Séance du 183

Le Bureau de charité,

Ouï le rapport d'un de ses Membres, au nom de la Commission nommée dans la séance du 183 pour l'examen du Compte en deniers rendu par l'Agent-Comptable pour l'Exercice 183 pour le service de la fondation Montyon,

Duquel rapport il résulte que les différens articles dudit Compte sont exacts et véritables quant aux Recettes, et conformes aux autorisations du Bureau, quant aux dépenses,

délibère :

Le Compte en deniers rendu pour l'Exercice 183 par M Agent-Comptable du Bureau de charité, est approuvé.

Extrait de la présente Délibération sera transmis, avec ledit Compte, à l'Administration générale des Hospices.

Le Président,

Le Secrétaire honoraire, Le Trésorier honoraire,

(Modèle, N°. 63.)

ADMINISTRATION
générale
des Hospices
et Secours à
domicile de
Paris.

BUREAU DE CHARITÉ

DU ARRONDISSEMENT.

FONDATION MONTYON.

EXERCICE 183

COMPTE EN NATURE.

M

COMPTABLE.

Suite du Modèle, N°. 63.

PREMIÈRE PARTIE.

Étoffes et Confections.

NATURE des ÉTOFFES.	PRIX	RESTANT EN MAGASIN au 1er. jan. 183		ENTRÉES EN MAGASIN pendant l'année.		TOTAL des étoffes restantes et entrées.		CONFECTIONNÉES pendant l'année.		RESTANS EN MAGASIN au 31 Déc. 183		*Observations.*
		Nombre d'aunes.	Valeur en argent.	Nombre d'aunes.	Valeur en argent.	Nombre d'aunes.	Valeur en argent.	Nombre d'aunes.	Valeur en argent.	Nombre d'aunes.	Valeur en argent.	

RÉSUMÉ.

Il restait en magasin, au 1er. Janvier 183 , des Étoffes pour la valeur de. . . . .

Il en est entré, pendant l'année, pour une somme de

Il en a été confectionné pour la valeur de. . . . .

Il en reste donc en magasin, au 31 Décembre, pour une somme de

Pièces.

Suite du Modèle, N°. 63.

DEUXIÈME PARTIE.

Relevé du Registre des Distributions.

DÉSIGNATION des OBJETS.	PRIX	RESTANS EN MAGASIN au 1er. jan. 183		ENTRÉS EN MAGASIN pendant l'année.		TOTAL des restans et des entrés.		DISTRIBUÉS pendant l'année		RESTANS EN MAGASIN au 31 Déc 183		*Observations.*
		Quantités.	Valeur en argent.	Quantités.	Valeur en argent.	Quantités.	Valeur en argent.	Quantités.	Valeur en argent.	Quantités.	Valeur en argent.	
COMESTIBLES.												
Pain................												
Viande.............												
COMBUSTIBLES.												
Cotrets.............												
Falourdes...........												
HABILLEMENT.												
Chemises d'hommes..												
— de femmes.												
Vestes de drap......												
Vestes de coutil.....												
Camisoles de laine...												
— de drap...												
— d'indienne...												
Pantalons de drap....												
— de coutil..												
Jupons tricotés......												
— de laine.....												
— de cotonnade												
A reporter......	....	...		...		...		...		...		

Suite du Modèle, N°. 63.

DÉSIGNATION des OBJETS.	PRIX	RESTANS EN MAGASIN au 1er. jan. 183		ENTRÉS EN MAGASIN pendant l'année.		TOTAL des restans et des entrés.		DISTRIBUÉS pendant l'année.		RESTANS EN MAGASIN au 31 Déc. 183		*Observations.*
		Quantités.	Valeur en argent.	Quantités.	Valeur en argent.	Quantités.	Valeur en argent.	Quantités.	Valeur en argent.	Quantités.	Valeur en argent.	
Report........												*Nota.* Le Comptable observera de ne porter comme *entrés*, dans son compte, que les objets dont le paiement aura été effectué: ceux fournis et non soldés ne doivent pas y figurer.
Robes...............												
.....												
Bonnets de coton....												
— de laine.......												
Bas de laine p. homm.												
.....												
— de coton p. *id*..												
.....												
Bas de laine p. femm.												
.....												
— de coton p. *id*.												
Souliers d'hommes...												
.....												
— de femmes....												
.....												
Layettes............												
.....												
.....												
.....												
.....												
.....												
.....												
.....												
COUCHER.												
Bois de lit..........												
.....												
Lits de sangle.......												
.....												
Couvertures.........												
.....												
Thibaudes...........												
.....												
Paillasses...												
.....												
.....												
	......	...		...		...		...		...		

RÉSUMÉ.

Il restait en magasin, au 1er. Janvier 183 , des Effets confectionnés pour une somme de. . . . .

Il en est entré, pendant l'année, pour une somme de. . .

Il en a été distribué pour une somme de. . . . .

Il en reste donc en magasin, au 31 Décembre 183 , pour une valeur de.. . . . .

Suite du Modèle, N°. 63.

RÉSUMÉ GÉNÉRAL.

PREMIÈRE PARTIE. — La valeur des Étoffes non confectionnées restant en magasin est de. . . . .

DEUXIÈME PARTIE. — Celle des Effets confectionnés est de. . . .

Partant, la valeur totale des Étoffes et Effets est de. . . . .

L'Agent-Comptable, soussigné, affirme sincère et véritable le présent COMPTE EN NATURE, à l'appui duquel il rapporte pièces justificatives.

L'Agent-Comptable,

EXTRAIT du Registre des Délibérations du Bureau de charité du arrondissement.

SÉANCE DU 183

Le Bureau de charité,

Ouï le rapport d'un de ses Membres, au nom de la Commission nommée dans la séance du 183 pour l'examen du Compte rendu par l'Agent-Comptable pour l'Exercice 183

Duquel rapport il résulte que les différens articles dudit Compte sont exacts et véritables quant aux objets entrés, et conformes aux autorisations du Bureau, quant aux distributions,

DÉLIBÈRE :

Le Compte rendu pour l'Exercice 183 par M Agent-Comptable du Bureau de charité, est approuvé.

Extrait de la présente Délibération sera transmis, avec ledit Compte, à l'Administration générale des Hospices.

LE PRÉSIDENT,

LE SECRÉTAIRE HONORAIRE, LE TRÉSORIER HONORAIRE,

RENSEIGNEMENS DIVERS.

TITRE VII.

RENSEIGNEMENS DIVERS

A L'USAGE DE MM. LES ADMINISTRATEURS DES BUREAUX DE CHARITÉ.

NOTE PRÉLIMINAIRE.

Le but que le Conseil général s'est proposé en faisant rédiger le présent *Recueil* a été de faciliter, autant qu'il était en lui, l'Administration des Secours à domicile. Or, ce résultat ne serait qu'incomplétement obtenu si l'on se bornait à donner ici la collection des Réglemens relatifs au service direct des Bureaux de charité. Les Secours à domicile se rattachent en effet par une infinité de points, soit aux Hôpitaux et Hospices, soit à toutes les institutions analogues qui ont pour objet le soulagement de l'indigence : ils ont une liaison intime avec les Établissemens où les malades sont soignés, où l'enfance abandonnée est recueillie, où la vieillesse et les infirmités trouvent un asile, et avec tous ceux enfin qui accordent des Secours qu'il n'est ni au pouvoir ni dans l'institution des Bureaux de charité de distribuer. Aussi l'Administrateur des Pauvres n'est-il pas seulement chargé de leur faire parvenir les Secours dont l'emploi lui est confié, Secours qui ne correspondent souvent qu'à une faible partie de leurs besoins de toute nature; il exerce encore à leur égard un véritable patronage ; il leur doit ses conseils et son appui. C'est à lui qu'il appartient de les diriger dans les démarches à faire pour obtenir les soulagemens de tout genre que la bienfaisance publique ou particulière leur destine; mais pour remplir cette mission dans toute son étendue, il est indispensable que lui-même connaisse toutes les Institutions ou Associations charitables et les divers genres d'assistance qu'elles embrassent. Il faut qu'il puisse dire à l'Indigent que sa maladie sera traitée dans tel hôpital; à l'infirme ou au vieillard dénué de toute ressource qu'il sera reçu dans tel hospice ; à cet autre vieillard qui, dans une sage prévoyance de l'avenir, a conservé quelques épargnes pour adoucir ses derniers jours, que tel asile lui est ouvert, moyennant tel sacrifice sur son avoir; à la mère de famille, que, dans telle circonstance, elle aura part aux bienfaits de la Société maternelle; à cet ouvrier malade, qu'il sera traité chez lui et n'aura pas à se séparer de sa famille s'il peut obtenir les soins du Dispensaire de la Société philantropique, etc., etc.

Les renseignemens qui vont suivre mettront MM. les Administrateurs à portée de fournir aux Pauvres ces diverses indications.

Ils seront divisés en trois chapitres : le premier comprendra les Établissemens dépendant de l'Administration des Hospices; le deuxième, les Établissemens, Institutions et Sociétés de bienfaisance en dehors de cette Administration; les renseignemens présentés par le troisième seront relatifs à la population indigente. On s'est efforcé de réunir dans ce cadre tous les détails dont la connaissance a été jugée pouvoir être de quelque utilité.

CHAPITRE PREMIER.

ÉTABLISSEMENS DÉPENDANT DE L'ADMINISTRATION DES HOSPICES.

Ces établissemens comprennent :

SECTION 1re. *Les Établissemens dépendant du service des Secours à domicile.*

SECTION 2. *Les Hôpitaux.*

SECTION 3. *Les Hospices.*

SECTION 4. *Les Établissemens divers autres que les Hôpitaux et Hospices.*

Sous les deux dénominations d'*Hôpitaux* et d'*Hospices* seront compris tous les Établissemens où les malades sont traités et ceux où l'on reçoit l'enfance et la vieillesse; mais on croit devoir prévenir ici qu'il est plusieurs de ces Maisons auxquelles les dénominations dont il s'agit ne sont pas précisément applicables. La Maison d'accouchement par exemple, la Maison royale de santé, l'Institution de Sainte-Périne ne sont ni des Hôpitaux ni des Hospices proprement dits; néanmoins on les a classées, suivant l'usage de l'Administration, parmi ceux de ces Établissemens avec lesquels elles ont plus de rapport.

SECTION PREMIÈRE.

ÉTABLISSEMENS DÉPENDANT DU SERVICE DES SECOURS A DOMICILE.

Maisons de Secours, Écoles et Établissemens charitables placés sous la direction ou la surveillance des Bureaux de charité, et existans à l'époque du 1er. novembre 1829.

INDICATION DES ÉTABLISSEMENS.	SITUATION.	*Observations.*
	1er. ARRONDISSEMENT.	
MAISON servant de Chef-lieu au Bureau de charité, et ÉCOLES de Garçons tenues par les Frères.	Grande rue Verte, N°. 22, faubourg Saint-Honoré........	Maison tenue à bail par l'Administration générale des Hospices.
MAISON DE SECOURS avec marmite, pharmacie; ÉCOLE de Filles et OUVROIR, dirigés par des Sœurs......................	Rue de la Ville-l'Évêque, N°. 11.	Maison du Domaine des Hospices.
MAISON DE SECOURS avec marmite, pharmacie; ÉCOLE de Filles et OUVROIRS, dirigés par des Sœurs......................	Grande rue de Chaillot, N°. 62......................	Maison apparten[t]. aux Sœurs de la Sagesse.
LOCAL servant à la distribution des Secours du Quartier des Tuileries..................	Rue Saint-Thomas-du-Louvre, N°. 34................	Local tenu à bail.
ÉCOLE de Garçons, dirigée par un Instituteur séculier.......	Rue Saint-Lazare, N°. 105...	*Id.*
ÉCOLE de Garçons de Chaillot, dirigée par un Instituteur séculier......................	Rue de Longchamp, N°. 7, ou Bouquet des Champs......	*Id.*
ÉCOLE de Garçons, dirigée par un Instituteur séculier....	Rue Notre-Dame-de-Grâce..	École primaire.
ÉCOLE de Filles, dirigée par une Institutrice séculière.....	Rue de la Pépinière, N°. 87..	*Id.*
ÉCOLE de Filles, dirigée par une institutrice séculière, d'après la méthode de l'enseignement mutuel.	Rue du Colysée, N°. 9.	*Id.*

INDICATION DES ÉTABLISSEMENS.	SITUATION.	*Observations.*
	2e. ARRONDISSEMENT.	
Maison servant de Chef-lieu au Bureau de charité et de Maison de Secours, avec marmite et pharmacie, dirigée par les Sœurs........................	Rue Saint-Roch, N°. 9......	Maison du Domaine des Hospices.
Maison de Secours avec marmite et pharmacie, dirigée par des Sœurs, et Écoles de Garçons dirigées par un Instituteur séculier	Rue du Faubourg-Montmartre, N°. 64..................	*Id.*
École de Garçons dirigée par les Frères, et École de Filles tenue par des Sœurs..........	Rue d'Argenteuil, N°. 7; Et passage Saint-Roch.	*Id.*
Maison d'Éducation, École et Ouvroir en faveur de jeunes Filles indigentes, dirigés par des Sœurs (1)................	Passage Saint-Roch, N°s. 20 et 34........................	*Id.*
École de Filles, tenue par une Institutrice séculière.....	Rue Ventadour, N°. 6........	Local tenu à bail par l'Administration générale des Hospices.
Maison de Secours et École.	Rue de Bellefond, N°. 7, faubourg Poissonnière.......	(Voir ci-après, dans le 3e. arrondissement, ce Bureau faisant les principaux frais de cet Établissement.)
École de Filles, dirigée par une Institutrice séculière.....	Impasse Coquenard, N°. 3....	École primaire.
Asile pour les Enfans......	Rue des Martyrs, N°. 24........	Établissement fondé par les Dames de la Société des Asiles.

(1) C'est une Dame charitable qui est à la tête de cet Établissement.

3e. ARRONDISSEMENT.

INDICATION DES ÉTABLISSEMENS.	SITUATION.	*Observations.*
CHEF-LIEU du Bureau de charité........................	Dans l'ancien couvent des Petits-Pères, près la place des Victoires, à la Mairie........	Local concédé gratuitement par la ville de Paris.
MAISON DE SECOURS avec marmite, pharmacie; ÉCOLE de Filles et OUVROIR, dirigés par des Sœurs de charité............	Rue Montmartre, N°. 10, près l'église Saint-Eustache........	Maison du Domaine des Hospices.
MAISON et ÉCOLE de Frères ..	Rue du Gros-Chenet, N°. 21.	*Id.*
MAISON DE SECOURS avec marmite, pharmacie, et ÉCOLE de Filles, dirigées par les Sœurs de charité..................	Rue de Bellefond, N°. 7, faubourg Poissonnière (2e. arrondissement)..............	Maison tenue à bail par l'Administration des Hospices. Cette Maison, quoique située sur le 2e. arrondissement, est portée ici sur le 3e., le Bureau du 3e. arrondissement faisant les principaux frais de cet Établissement, qui a été fondé et qui est dirigé par l'Association des Dames de Saint-Vincent-de-Paule.
ÉCOLE de Garçons, dirigée par un Instituteur séculier.	Rue des Petites-Écuries, N°. 22, faubourg Poissonnière.	Local tenu à bail par l'Administrat. générale des Hospices.
ÉCOLE de Garçons, dirigée par les Frères...............	Rue de Chabrol (nouveau quartier Poissonnière)..... ...	*Id.*
LOCAL servant à la distribution des Secours.	Rue du Faubourg-Saint-Denis, N°. 105.................	*Id.*
ÉCOLE de Filles, dirigée par une Institutrice séculière.....	Rue Saint-Joseph-Montmartre, N°. 7....................	*Id.*

INDICATION DES ÉTABLISSEMENS.	SITUATION.	*Observations.*
	4e. ARRONDISSEMENT.	
CHEF-LIEU du Bureau de charité, situé dans l'hôtel de la Mairie..........................	Place du Chevalier-du-Guet..	Local concédé gratuitement par la ville de Paris.
LOCAL faisant partie de l'hôtel de la Mairie, employé au service particulier du Bureau........	*Idem*....................	Local tenu à bail par l'Administration génér. des Hospices.
MAISON de Secours avec marmite et pharmacie ; ÉCOLE de Filles et OUVROIR, dirigés par des Sœurs de charité.........	Rue des Poulies, N°. 14, place de la Colonnade du Louvre.....................	Maison du Domaine des Hospices.
ÉCOLES de Garçons, tenues par les Frères de la doctrine chrétienne......................	Rue Jean-Lantier, N°. 3....	*Id.*
ÉCOLE de Garçons, tenue par les Frères..................	Rue de la Chanverrerie, N°. 21.	Local tenu à bail par l'Administration générale des Hospices. (École primaire.)
ÉCOLE de Garçons, dirigée par un Instituteur séculier.......	Placée dans les bâtimens de la Halle aux draps............	Local concédé par la ville de Paris. École entretenue aux frais de la Société pour l'instruction élémentaire. (Méthode d'enseignement mutuel.)
ÉCOLE de Filles sous la direction d'une Institutrice séculière..........................	Placée dans l'une des salles de la même Halle............	École primaire. (Méthode d'enseignement mutuel.)
OUVROIR pour les jeunes Filles..........................	Placé dans le même local....	
ÉCOLE de Filles, dirigée par une Institutrice séculière......	Rue de la Cossonnerie, N°. 24.	École primaire.

INDICATION DES ÉTABLISSEMENS.	SITUATION.	*Observations.*
	5e. ARRONDISSEMENT.	
MAISON DE SECOURS avec marmite, pharmacie, et ÉCOLE de Filles, dirigées par des Sœurs de charité……………….	Rue Saint-Sauveur, Nos. 7 et 9…………………….	Maison du Domaine des Hospices.
MAISON DE SECOURS avec marmite, pharmacie; ÉCOLE de Filles et OUVROIR, dirigés par des Sœurs de charité………….	Rue de la Lune, N°. 14, quartier Bonne-Nouvelle………	*Id.*
MAISON DE SECOURS avec marmite, pharmacie; ÉCOLE de Filles et OUVROIR, dirigés par des Sœurs de charité………….	Grande rue du Faubourg-Saint-Martin, N°. 105………	*Id.*
LOCAL employé au service particulier du Bureau de charité…………………….	Rue Thévenot, N°. 24, près la mairie…………………….	Tenu à bail par l'Administration générale des Hospices.
ÉCOLE de Filles, tenue par une Institutrice séculière………	Grande rue du Faub. Saint-Martin, N°. 75, autrefois N°. 193.	*Id.* (École primaire.)
ÉCOLE de Garçons, dirigée par les Frères (1)…………….	Grande rue du Faubourg-Saint-Martin, N°. 70……….	*Id.*
ÉCOLE de Garçons, aussi dirigée par les Frères………….	Impasse Mauconseil………	Maison du Domaine des Hospices.
ÉCOLE de Garçons, dirigée par un Instituteur…………….	Rue de la Charité, N°. 2…..	École primaire.
ASILE pour l'enfance…….	Rue des Vinaigriers, N°. 36..	Tenu à bail par les Hospices.

(1) Cette École doit être transférée rue des Récollets, dans un bâtiment actuellement en construction.

INDICATION DES ÉTABLISSEMENS.	SITUATION.	*Observations.*
	6e. ARRONDISSEMENT.	
CHEF-LIEU du Bureau de charité..........................	Hôtel de la Mairie...........	Local concédé gratuitement par la ville de Paris.
MAISON DE SECOURS avec marmite, pharmacie; ÉCOLE de Filles et OUVROIR, dirigés par des Sœurs......................	Rue Quincampoix, N°. 33...	Maison du Domaine des Hospices.
ÉCOLE de Garçons, dirigée par des Frères..................	Rue Quincampoix, N°. 35...	*Id.*
ÉCOLE de Garçons, dirigée par des Frères, et Maison employée à la distribution des Secours..	Rue de la Rotonde du Temple, N°. 19, et rue de Beaujolais, N°. 7, contiguë..........	*Id.*
MAISON de Secours avec marmite et pharmacie, dirigée par les Sœurs de la charité	Rue Aumaire, N°. 45........	*Id.*
ÉCOLES de Garçons et Maison d'habitation pour les Frères.	Rue du Vert-Bois, N°. 9.....	Maison acquise récemment par l'Administration des Hospices, et qu'on approprie pour sa destination.
ÉCOLE de Filles et OUVROIR, dirigés par les Sœurs de charité, dépendant de la MAISON de Secours de la même rue.......	Rue Aumaire, N°. 43.......	Appartement tenu à bail par l'Administration des Hospices.
ÉCOLE de Filles, tenue par une Institutrice séculière.....	Rue de Normandie, N°. 6....	*Id.*
ÉCOLE de Garçons et MAISON centrale d'habitation pour les Frères des 5e., 6e. et 7e. arrondissemens.....................	Rue des Fontaines, N°. 21, près le Temple..............	Maison tenue à bail par l'Administration (1).
ÉCOLE de Garçons, dirigée par les Frères..................	Rue Neuve-Saint-Laurent, N°. 8......................	*Id.*
LOCAL pour la distribution des Secours du quartier.......	Rue Saint-Martin, N°. 275...	*Id.*
ÉCOLE et OUVROIR pour les jeunes Filles.................	Rue Frépillon, N°. 6.......	

(1) Cette Maison et la suivante seront remplacées par une autre, située rue du Vert-Bois.

INDICATION DES ÉTABLISSEMENS.	SITUATION.	*Observations.*
	7e. ARRONDISSEMENT.	
Chef-lieu et Salles de réunion du Bureau de charité.....	Hôtel de la Mairie, rue des Francs-Bourgeois, au Marais...	Local concédé gratuitement par la ville de Paris.
Local particulier employé pour le service et les magasins du Bureau..................	Même hôtel...............	Local tenu à bail par l'Administration générale des Hospices.
Hôpital Saint-Merry, Maison de Secours, avec marmite, pharmacie; École de Filles, Ouvroir, etc., dirigés par les Sœurs......................	Cloître Saint-Merry, N°. 10, et rue Brise-Miche...........	Maison du Domaine des Hospices.
Maison de Secours, avec marmite et pharmacie; École de Filles et Ouvroir............	Rue du Puits, N°. 10........	Maison tenue à bail par l'Administration générale des Hospices.
École de Filles, dirigée par une Institutrice séculière.....	Rue des Singes, N°. 3.......	École primaire.
Ecole de Garçons, dirigée par les Frères...............	Vieille rue du Temple, N°. 77.	Maison tenue à bail par l'Administration des Hospices.
Ecole de Garçons, nouvellement établie, et dirigée par les Frères......................	Cloître Saint-Merry, N°. 8...	Local tenu à bail par l'Administration des Hospices.

INDICATION DES ÉTABLISSEMENS.	SITUATION.	*Observations.*
8e. ARRONDISSEMENT.		
CHEF-LIEU du Bureau de charité; MAISON de Secours, avec marmite et pharmacie, dirigée par des Sœurs; ÉCOLE de Garçons, tenue par les Frères....	Rue de la Chaussée des Minimes et Impasse des Hospitalières.........................	Maison du Domaine des Hospices.
MAISON de Secours, avec marmite et pharmacie; École de Filles et OUVROIR, dirigés par les Sœurs...................	Rue Saint-Bernard, N°. 31, près l'église Sainte-Marguerite.	*Id.*
ÉCOLE de Garçons, dirigée par les Frères, et MAISON centrale d'habitation pour les Frères........................	Rue Saint-Bernard, N°. 30...	Local tenu à bail par l'Administration générale des Hospices.
LOCAL pour les vaccinations et consultations gratuites de médecine.................	Rue Saint-Bernard, N°. 24...	*Id.*
ÉCOLE de Garçons, tenue par un Instituteur séculier.......	Rue Saint-Sébastien, N°. 50.	*Id.*
ÉCOLE de Garçons, tenue par les Frères..................	Rue Traversière-Saint-Antoine, N°. 26................	*Id.*
ÉCOLE de Garçons, dirigée par un Instituteur séculier....	Rue de Popincourt, N°. 54...	École d'enseignem. mutuel.
ÉCOLE de Garçons, dirigée par un Instituteur séculier....	Cour d'Armois, près la porte Saint-Antoine...............	*Id.*
ÉCOLE de Filles, dirigée par une Institutrice séculière......	Rue Saint-Sébastien, N°. 52..	Local tenu à bail par l'Administrat. générale des Hospices.
LOCAL pour distributions de secours, et ÉCOLE de Filles.....	Rue Traversière-Saint-Antoine, N°. 26...............	*Id.*
LOCAL pour la distribution des Secours du quartier Popincourt.................	Rue Popincourt, N°. 26.....	*Id.*
ÉCOLE de charité des Filles, dirigée par les Dames religieuses de la Croix...........	Place Royale, N°. 24........	Cette École sera incessamment transférée rue des Minimes, dans la Maison de Secours.
SALLE d'asile pour les Enfans........................	Rue de Charonne, N°. 23....	Local tenu à bail par l'Administration générale des Hospices. Établissement fondé par les Dames de la Société des Asiles.

INDICATION DES ÉTABLISSEMENS.	SITUATION.	*Observations.*
9e. ARRONDISSEMENT.		
CHEF-LIEU et SALLES de réunion du Bureau de charité ; MAISON de Secours, avec marmite, pharmacie ; ÉCOLE de Filles........................	Rue Geoffroi-Lasnier, Hôtel de la Mairie................	Local concédé gratuitement par la ville de Paris.
MAISON de Secours, avec marmite, pharmacie, ÉCOLE de Filles et OUVROIR, dirigés par les Sœurs....	Rue Poultier, N°. 3, île Saint-Louis........................	Maison du Domaine des Hospices.
MAISON de Secours, avec marmite et pharmacie, ÉCOLE de Filles et OUVROIR............	Rue de la Colombe, N°. 6, quartier de la Cité...........	*Id.*
ÉCOLE de Garçons, tenue par les Frères, et MAISON centrale d'habitation pour les Frères...	Rue et Ile Saint-Louis, N°. 73.	*Id.*
ÉCOLE de Garçons du quartier de la Cité, tenue par les Frères......................	Rue Massillon, N°. 2, local dépendant des Écuries de l'Archevêché....................	Local concédé gratuitement par M. le Préfet de la Seine et par Mgr. l'Archevêque de Paris.
ÉCOLE de Garçons, tenue par un Instituteur séculier........	Rue de Long-Pont, N°. 8....	Local tenu à bail par l'Administration.
ÉCOLE de Garçons du quartier de l'Arsenal, tenue par les Frères.....................	Rue Neuve-St.-Paul, N°. 17.	*Id.*
ÉCOLE de Filles du même quartier, tenue par une Institutrice séculière...........	Grande rue Saint-Antoine, N°. 130.....................	*Id.*

INDICATION DES ÉTABLISSEMENS.	SITUATION.	*Observations.*
	10e. ARRONDISSEMENT.	
Chef-lieu et Salles de réunion du Bureau de charité...	Rue de Varennes, N°. 9, ci-devant hôtel de Gesvres.......	Maison du Domaine des Hospices.
Maison de Secours, avec marmite, pharmacie, École de Filles et Ouvroir, tenus par les Sœurs; École de Garçons, dirigée par les Frères.........	Rue Saint-Benoît, N°. 14....	Maison du Domaine des Hospices.
Maison d'habitation et École de Frères. (Fondées par Madame de Trans).............	Rue Saint-Dominique, quartier du Gros-Caillou, N°. 54...	*Id.*
Maison de Secours, avec marmite, pharmacie, École de Filles, Ouvroir et Hospice, dirigés par les Sœurs de la charité.......................	Rue Saint-Dominique, même quartier, N°. 19............	L'Hospice a été fondé par M. et Madame Leprince, en faveur des vieillards du Gros-Caillou.
Maison de Secours, avec marmite, pharmacie, École de Filles et Ouvroir, dirigés par les Sœurs de la charité........	Rue St.-Guillaume, N°. 13..	Maison du Domaine des Hospices.
Maison de Secours, tenue par les Sœurs de la charité.......	Rue des Brodeurs, N°. 10....	Maison fondée par une Association charitable, qui se charge de la préparation et de la distribution des Secours.
Ecole de Garçons, tenue par les Frères..................	Rue Saint-Dominique, N°. 25, faubourg Saint-Germain......	Maison tenue à loyer.
École de Garçons, tenue par un Instituteur séculier.......	Rue des Vieilles-Tuileries, N°. 30.....................	»
École de Filles, tenue par des Sœurs.................	Rue de Sèvres, N°. 106......	»
École de Filles, dirigée par des Sœurs..................	Rue de Sèvres, N°. 4, hors boulevart....................	»
Asile pour l'Enfance, dirigé par des Sœurs............	Rue du Bac, N°. 113.......	Maison du Domaine des Hospices. Établissement fondé par les Dames de la Société des Asiles.

INDICATION DES ÉTABLISSEMENS.	SITUATION.	*Observations.*
	11e. ARRONDISSEMENT.	
CHEF-LIEU et SALLES de réunion du Bureau de charité, MAISON de Secours, avec pharmacie et marmite, ÉCOLES de Filles et OUVROIR, dirigés par des Sœurs, Et ÉCOLE de Garçons tenue par des Frères..............	Rue Saint-André-des-Arts, N°. 49......................	Maison du Domaine des Hospices.
MAISON de Secours, avec marmite, pharmacie, ÉCOLE de Filles et OUVROIR, dirigés par les Sœurs de la charité........	Rue Mézières, N°. 9.........	*Id.*
MAISON de Secours, ÉCOLE de Filles, et LOCAL particulier contigu, destiné à la distribution des Secours.............	Rue des Prêtres-Saint-Severin, N°. 10.	Maison et local tenus à loyer par l'Administr. des Hospices.
LOCAL destiné à la distribution des Secours pour le quartier du Palais de Justice.......	Cour Lamoignon, N°. 4.....	Local tenu à bail par l'Administration des Hospices.
ÉCOLE de Garçons, et MAISON centrale pour l'habitation des Frères des arrondissemens voisins........................	Rue de Fleurus............	Maison du Domaine des Hospices.
ÉCOLE de Garçons, dirigée par des Frères..............	Rue de la Parcheminerie, N°. 10......................	Local concédé gratuitement par la ville de Paris et par la fabrique de l'église St.-Séverin.
ÉCOLE de Garçons, tenue par un Instituteur séculier........	Rue Carpentier............	École primaire.
ÉCOLE de Filles, dirigée par une Institutrice séculière......	Rue du Pont-de-Lodi.......	École primaire.

INDICATION DES ÉTABLISSEMENS.	SITUATION.	*Observations.*
	12e. ARRONDISSEMENT.	
Chef-lieu et Salles de réunion du Bureau de charité.....	Rue Saint-Jacques, à l'Hôtel de la Mairie..............	Local concédé gratuitement par la ville de Paris.
Maison de Secours, avec marmite, pharmacie, École de Filles et Ouvroir, dirigés par les Sœurs de la charité.......	Rue Saint-Jacques, N°. 253 et 255..........................	Maison du Domaine des Hospices.
Maison de Secours, avec marmite et pharmacie, dirigée par les Sœurs de la charité........	Rue des Fossés Saint-Victor, N°. 7.......................	Maison du Domaine des Hospices, à laquelle on a réuni un local au rez-de-chaussée, tenu à bail par l'Administration des Hospices.
Maison de Secours, avec marmite et pharmacie, tenue par les Sœurs de la charité........	Rue des Noyers, N°. 51......	Maison tenue à bail par l'Administration. — (Au 1er. janvier 1831, la maison de Secours occupera la maison ci-après désignée, achetée par les Hospices pour cette destination.)
Maison nouvellement acquise à l'effet d'y transférer la Maison de Secours de la rue des Noyers, une École et un Ouvroir pour les Filles	Rue Cloître des Bernardins, N°. 4..........................	Maison du Domaine des Hospices.
Maison de Secours, avec marmite et pharmacie, École de Filles et Ouvroir, tenus par les Sœurs de la charité...........	Rue de l'Épée de Bois, N°. 3..	Maison tenue à bail.
École de Garçons et Maison d'habitation pour les Frères.........................	Rue des Francs-Bourgeois, N°. 3.........................	Maison du Domaine des Hospices.
École de Garçons, tenue par les Frères.	Rue des Sept-Voies, N°. 31..	Local tenu à loyer par l'Administration.
École de Garçons, dirigée par les Frères................	Rue Galande, N°. 65.......	*Id.*

INDICATION DES ÉTABLISSEMENS.	SITUATION.	*Observations.*
	Suite du 12e. ARRONDISSEMENT.	
École de Garçons, dirigée par les Frères.............	Impasse aux Bœufs, rue des Sept-Voies....................	Tenue à bail par l'Administration des Hospices. (École fondée par M. l'abbé Bourgarel.)
École de Garçons, dirigée par les Frères..............	Rue Saint-Jacques, N°. 277..	Tenue à bail par l'Administration des Hospices. (École fondée par M. l'abbé Bourgarel.)
École de Filles, dirigée par des Sœurs, et placée, en attendant l'occupation de la maison, cloître des Bernardins, n°. 4...	Rue des Carmes, N°. 7, près la place Maubert...............	*Id.*
École de Filles, tenue par des Dames de Saint-Maur.....	Rue Neuve-Saint-Étienne, N°. 31......................	Local tenu à bail par l'Administration.
École de Filles et Ouvroir, dirigés par des Sœurs.........	Rue des Bernardins, N°. 34..	*Id.*
École de Filles, dirigée par une Institutrice séculière.....	Enclos de Saint-Jean-de-Latran.......................	École à la charge de M. le Préfet de la Seine.
Maison complète pour un Asile, des Écoles de Garçons et de Filles, et bientôt des Ateliers et une École du *Dimanche*........................	Rue Saint-Hippolyte, N°. 15.	Fondée par M. Cochin, maire du 12e. arrondissement. Cette Maison renferme deux Écoles primaires, une pour les Garçons et une pour les Filles, à la charge de la ville de Paris.

SECTION II.

HOPITAUX.

On distingue parmi les *Hôpitaux* ceux qui sont consacrés au traitement des *maladies aiguës* et des *blessures*, et ceux qui sont réservés pour le traitement des *maladies spéciales*.

Les premiers se nomment Hôpitaux *ordinaires* et les autres Hôpitaux *spéciaux*.

A la suite des Hôpitaux ordinaires on a porté la Maison royale de santé, où l'on n'est admis qu'en payant un prix de journée, et l'Hôpital Saint-Merry, qui ne reçoit que des malades du 7e. arrondissement, sur lequel il est situé.

§ Ier. HOPITAUX ORDINAIRES.

Admission dans les Hôpitaux ordinaires.

On n'est admis dans les Hôpitaux ordinaires qu'en vertu d'un bulletin délivré par les Médecins du Bureau central d'admission, qui sont chargés de constater l'état des malades et de les diriger sur les Hôpitaux où ils doivent être traités. (Voyez BUREAU CENTRAL, page 331.)

Admissions d'urgence.

Néanmoins, dans les cas d'urgence, c'est à dire si un malade est hors d'état d'être transporté au Bureau central, soit à raison de l'éloignement, soit à cause de la gravité de sa position, il peut être reçu de suite dans tout Hôpital destiné au traitement du genre de maladie dont il est affecté.

Noms et situation des Hôpitaux ordinaires.

Les Hôpitaux ordinaires sont au nombre de sept, savoir :

HOTEL-DIEU,

Parvis Notre-Dame;

LA PITIÉ,

Rue Copeau, n°. 1, *près le Jardin du Roi;*

LA CHARITÉ,

Rue Jacob, n°. 17;

Près de cet Hôpital est une clinique de la Faculté de Médecine.

SAINT-ANTOINE,

Rue du Faubourg-Saint-Antoine, n°. 206;

COCHIN,

Rue du Faubourg-Saint-Jacques, n°. 45;

NECKER,

Rue de Sèvres, au delà des boulevarts;

BEAUJON,

Rue du Faubourg-du-Roule, n°. 54.

Les jours d'entrée pour le public sont, à l'Hôtel-Dieu, les *dimanches*, *mercredis* et *vendredis*, d'une à trois heures, et dans les autres Hôpitaux, les *dimanches* et *jeudis*, aux mêmes heures. Jours d'entrée du public.

HOPITAL SAINT-MERRY.

Cet Hôpital, qui est destiné à recevoir des Pauvres malades du 7e. arrondissement, contient douze lits, six pour les hommes, six pour les femmes. Destination de l'Établissement.

Il a été fondé par M. Viennet, décédé curé de Saint-Merry.

Les malades doivent être inscrits au contrôle des Pauvres pour y être admis. Conditions de l'admission.

On ne fait dans cet Hôpital aucune grande opération chirurgicale; on n'y reçoit que des Indigens atteints de maladies aiguës.

MAISON ROYALE DE SANTÉ,

Rue du Faubourg-Saint-Denis, n°. 112.

La Maison royale de santé est destinée à recevoir les malades (1) des deux sexes qui peuvent payer un prix de journée ainsi déterminé : Destination de l'Établissement et prix de journée.

Salles communes	2 fr.	50 c.
Chambres à deux lits et à trois lits. . . .	3	50
Chambres particulières.	5	»
Autres Chambres particulières..	6	»

(1) Les personnes attaquées de folie, d'épilepsie ou de maladies incurables ne sont pas reçues dans cet Établissement.

Mode de paiement.

Les personnes qui se présentent à la Maison de santé pour y être admises doivent déposer entre les mains de l'Agent de surveillance le prix d'une quinzaine d'avance, et payer la même somme deux jours avant la fin de chaque quinzaine. A défaut de ces paiemens, les malades ne peuvent rester dans la Maison.

En cas de sortie ou de décès avant l'expiration de la première quinzaine, quel que soit le nombre des journées passées dans l'Établissement, il doit toujours être payé huit journées; passé ce temps, on ne retient que le montant juste du prix convenu pour chaque journée de séjour, et le surplus est restitué au malade sortant, ou, en cas de décès, à ses héritiers.

Les effets non réclamés dans les six mois de la sortie ou du décès appartiennent à l'Administration.

§ II. HOPITAUX SPÉCIAUX.

Destination des Hôpitaux spéciaux.

Les Hôpitaux spéciaux sont ceux qui sont destinés à *une classe particulière d'individus* ou au traitement d'*une nature spéciale de maladies*.

Leur nombre.

Ils sont au nombre de quatre, savoir :

La Maison d'accouchement,
L'Hôpital des Enfans Malades,
L'Hôpital Saint-Louis,
L'Hôpital des Vénériens.

MAISON D'ACCOUCHEMENT,

Rue de la Bourbe, n°. 3.

Destination de l'Établissement.

La Maison d'accouchement est destinée à recevoir les femmes enceintes qui se présentent pour y faire leurs couches.

Conditions de l'admission.

Les femmes, pour être admises, doivent être dans le *huitième mois* de leur grossesse ou en péril imminent d'accoucher avant terme. Elles s'adressent directement à la Sage-Femme en chef, à la Maison d'accouchement.

Déclaration facultative des femmes admises.

Toute femme qui se présente pour faire ses couches dans l'Établissement déclare, si elle le veut, ses nom, prénoms, âge, profession et domicile. Si elle dit ne vouloir faire aucune déclaration, le registre sur lequel on l'inscrit ne porte que le numéro et la date de l'entrée. Dans tous les cas, ce registre est tenu secret.

Nul étranger n'est introduit dans le corps-de-logis destiné aux femmes enceintes et en couches sans une permission de l'Agent de surveillance, visée par la Sage-Femme en chef ou par le Médecin ou Chirurgien. Régle de la Maison.

Les femmes admises dans la Maison pour y faire leurs couches sont habillées uniformément; elles sont tenues de se livrer au travail et de rendre les services compatibles avec leur état; leurs ouvrages leur sont payés d'après un tarif arrêté par l'Administration.

La mère indique elle-même le nom qu'elle veut donner à son enfant; il lui est libre de le mettre en nourrice, ou de l'emporter quand sa santé est rétablie.

Tous les objets nécessaires aux enfans leur sont fournis pendant leur séjour dans la Maison.

L'enfant que la mère laisse à l'Établissement est réputé abandonné.

Les femmes enceintes ne peuvent communiquer avec les personnes du dehors qu'au parloir, les *mercredis* et *samedis*, d'une heure à trois heures.

Les personnes admises au parloir pour visiter les femmes en couches ne sont reçues que les *lundis* et *jeudis*, d'une heure à trois heures.

Il existe dans cet Établissement une École d'accouchement pour les sages-femmes. École d'accouchement.

MM. les Administrateurs des Bureaux de charité qui ont à choisir des sages-femmes pour le service des Pauvres nomment de préférence les anciennes Élèves de cette École; ils peuvent se procurer des renseignemens certains sur leur instruction et leur moralité en s'adressant à M. l'Agent de surveillance.

HOPITAL DES ENFANS MALADES.

Rue de Sèvres, au delà du Boulevart.

L'Hôpital des Enfans Malades est destiné aux enfans des deux sexes, âgés de moins de quinze ans. Destination de l'Hôpital.

On y traite la teigne, mais ce traitement est *externe*, à moins que les enfans ne soient en même temps atteints d'une maladie aiguë. Traitement de la teigne.

Les jours d'entrée pour le public sont les *jeudis* et les *dimanches*, de deux à trois heures et demie. Jours d'entrée du public.

HOPITAL SAINT-LOUIS,

Rue des Récollets, n°. 2, quartier du Temple.

Maladies traitées dans l'Hôpital.

L'Hôpital Saint-Louis est consacré au traitement des maladies chroniques, soit contagieuses, comme la gale, la teigne, les dartres, soit rebelles et cachectiques, comme le scorbut, les vieux ulcères, les écrouelles, etc.

Admission des malades.

L'admission des individus attaqués de l'une de ces maladies est prononcée à l'Hôpital même, et non par le Bureau central d'admission.

Traitement externe.

Il existe à l'Hôpital Saint-Louis un *traitement externe* auquel sont admis tous les malades qui se présentent. Des consultations gratuites sont données à tous ceux qui en réclament, et on leur fournit même, s'il y a lieu, les médicamens qui peuvent leur être nécessaires pour se traiter à domicile. Les bains simples et médicamenteux, les douches, les fumigations, les bains de vapeur et tous les autres moyens employés pour la guérison des maladies de la peau font aussi partie du traitement externe. (Voy. le N°. 208 et suivans du *Recueil des Réglemens.*)

Jours de consultations.

Les jours pour les consultations et pour les bains gratuits sont :

Pour les hommes, les *lundis* et *vendredis ;*

Pour les femmes, les *mardis* et *samedis.*

Jours d'entrée du public.

L'Hôpital est ouvert au public les *jeudis* et les *dimanches* d'une à trois heures.

HOPITAL DES VÉNÉRIENS,

Champ des Capucins, faubourg Saint-Jacques.

Destination de l'Hôpital.

Cet Hôpital est, comme son nom l'indique, spécialement et exclusivement consacré au traitement des maladies syphilitiques.

Admission des malades.

L'admission des personnes atteintes de ces maladies a lieu à l'Hôpital même.

Les malades n'ont de communication avec les personnes de l'extérieur qu'à un parloir grillé, le *dimanche*, d'une à trois heures.

Traitement externe.

Il existe aussi aux Vénériens un *traitement externe* auquel sont admis tous ceux qui se présentent.

Jours de consultation.

Les jours de consultation pour les hommes sont les *lundis, mercredis* et *samedis ;* pour les femmes, les *mardis* et *vendredis.*

Si les malades sont Indigens, ils peuvent obtenir les médicamens nécessaires à leur traitement.

SECTION III.

HOSPICES.

§ 1er. HOSPICES POUR LES ADULTES.

Art. 1er. *Hospices.*

HOSPICES DE LA VIEILLESSE (HOMMES ET FEMMES).

L'Hospice de la *Vieillesse* (Hommes), autrefois Bicêtre, et celui de la *Vieillesse* (Femmes), autrefois la Salpêtrière, sont destinés à la réception, l'un pour les hommes, l'autre pour les femmes, des Indigens âgés de soixante-dix ans révolus, ou infirmes incurables ayant moins que cet âge, des aliénés, des épileptiques et des cancérés de tout âge. On n'y admet, ainsi que dans les autres Hospices, que les individus domiciliés à Paris ou dans le ressort du département de la Seine. Destination des Hospices de la Vieillesse.

Les admissions dans ces Établissemens sont de deux natures : les unes sont faites sur la *présentation* des personnes qui ont le droit de nommer, les autres ont lieu *de droit*. Deux natures d'admission.

Sur présentation, peuvent être admis les individus âgés de soixante-dix ans et au dessus, et ceux qui, sans être septuagénaires, sont cependant reconnus par les Médecins du Bureau central d'admission être atteints d'infirmités incurables qui les mettent dans l'impossibilité absolue de travailler. Admissions sur présentation.

Sont admis de droit les aliénés (1), les épileptiques et les cancérés curables et incurables, s'ils sont domiciliés dans le département de la Seine; mais leurs infirmités doivent être constatées par les Médecins du Bureau central d'admission. Admissions de droit.

---

(1) On ne reçoit pas dans les Hospices de la Vieillesse les aliénés qui ont des ressources pour se faire traiter à Charenton ou dans des Maisons de santé.

Les octogénaires et les aveugles sont également admis de droit dans ces Hospices.

Pièces à produire pour les admissions sur présentation.

Tout acte de présentation pour les Hospices doit être accompagné :

1°. D'un acte de naissance;

2°. D'un certificat du Bureau de charité, constatant l'indigence et l'inscription au livre des Pauvres;

3°. Lorsque l'Indigent n'a pas l'âge de soixante-dix ans, d'un certificat des Médecins du Bureau central, constatant qu'il est atteint d'infirmités incurables qui le mettent dans l'impossibilité absolue de travailler;

4°. D'un certificat de bonne conduite (1);

5°. Et, s'il y a lieu, d'un certificat de l'impossibilité où sont les enfans et petits-enfans de fournir à la subsistance de leur parent ou du refus qu'ils auront fait d'y fournir.

Toute place qui n'est pas occupée dans le délai de deux mois, à compter de la notification de la vacance au nominateur, est regardée comme vacante de nouveau.

Pièces à produire pour les admissions d'urgence.

Les pièces à produire pour les admissions d'urgence sont :

Pour les octogénaires, épileptiques, aveugles et cancérés,

L'acte de naissance et le certificat d'inscription au livre des Pauvres de l'arrondissement,

Et, en outre, pour les aveugles, cancérés et épileptiques, le certificat du Bureau central, comme il a été dit plus haut.

Pour les aliénés,

1°. Un certificat constatant leur aliénation, délivré par deux médecins et par deux témoins oculaires des actes de folie;

(C'est sur la présentation de ce certificat que MM. les Médecins du Bureau central délivrent le bulletin d'admission.)

2°. Un certificat d'indigence;

3°. L'acte de naissance.

Déclaration à faire par l'Indigent admis.

En entrant dans ces Établissemens, tout Indigent est tenu de déclarer à l'Agent de surveillance s'il possède quelque rente ou pension et quelque somme d'argent placée à intérêt.

---

(1) La bonne conduite de l'Indigent peut être attestée, en même temps que l'inscription au livre des Pauvres, par MM. les Administrateurs, sur le certificat du Bureau de charité.

L'excédant de tout revenu supérieur à 150 francs par an doit être abandonné au profit de la Caisse des Hospices. En cas de dissimulation de son revenu, l'Indigent est exclus de l'Hospice.

Sorties.

Il n'est accordé ni sorties, ni congés, ni pensions aux cancérés, aliénés, imbécilles et épileptiques, et généralement à tous les admis de droit et à ceux qui ont été évacués des Hôpitaux sur les Hospices. Les autres Indigens, pourvu qu'ils soient valides, peuvent sortir tous les dix jours.

Jours d'entrée du public.

On peut entrer, pour visiter les Indigens : à la Vieillesse (Hommes), *tous les jours;* à la Vieillesse (Femmes), le *dimanche* et le *jeudi,* de neuf à quatre heures : les autres jours il faut en obtenir la permission de l'Agent de surveillance.

HOSPICES DES INCURABLES.

Situation de ces Établissemens.

L'Hospice des *Incurables* (Hommes) est situé faubourg Saint-Martin.

L'Hospice des *Incurables* (Femmes) est rue de Sèvres.

Leur destination.

Ces Établissemens sont destinés à recevoir des vieillards et des Indigens perclus de leurs membres ou attaqués d'autres infirmités incurables qui les mettent dans l'impossibilité absolue de se livrer à aucun genre de travail.

La plus grande partie des lits appartient à des fondateurs, qui, seuls, ont le droit de les faire occuper par les Indigens qu'ils désignent. Le surplus est réparti entre les personnes ayant droit de présenter dans les Hospices de la Vieillesse.

Les enfans attaqués d'infirmités incurables sont, suivant la nature de leur sexe, placés dans ces deux maisons; ils y occupent des locaux particuliers, séparés de ceux des adultes.

Conditions de l'admission.

Les conditions de l'admission et les pièces à produire sont les mêmes que pour les Hospices de la Vieillesse, avec cette différence, cependant, que l'on ne peut pas y être reçu si l'on est atteint d'aliénation mentale, d'épilepsie ou de maladie contagieuse. Les Médecins du Bureau central doivent visiter tout individu présenté, et attester qu'ils ne lui ont reconnu aucune des maladies ou infirmités d'exclusion.

Les Indigens admis dans les Hospices d'Incurables doivent, comme dans ceux de la Vieillesse, faire à l'Agent de surveillance la déclaration des rentes ou pensions qu'ils peuvent posséder, et abandonner à la Caisse des Hospices les sommes qui excéderaient 150 francs de rente.

Sorties. Les admis peuvent sortir tous les jours, mais ils sont tenus de rentrer avant les heures fixées pour la fermeture des portes.

Jours d'entrée du public. Le public est admis *tous les jours* d'une heure à trois.

HOSPICE DES MÉNAGES,

Rue de la Chaise, n°. 28, *près la rue de Sèvres.*

Destination de l'Établissement. L'Hospice des Ménages est destiné :

1°. Aux époux en ménage, dont l'un doit être âgé de soixante-dix ans et l'autre de soixante ans au moins ;

2°. A des veufs ou veuves âgés au moins de soixante ans;

3°. A des religieuses âgées de soixante ans au moins, ou atteintes d'infirmités qui les obligent à garder le lit ou le fauteuil.

Nombre de lits. Cet Établissement contient 682 places, réparties ainsi qu'il suit:

320 dans cent soixante grandes chambres à deux lits ;

100 dans autant de petites chambres à un seul lit ;

Et 262 dans les dortoirs.

Sur les cent soixante grandes chambres à deux lits.

12 sont réservées à vingt-quatre religieuses ;

80 à autant de ménages admis gratuitement ;

Et 68 à des ménages qui peuvent payer une somme de 3,200 francs.

Les 100 petites chambres sont destinées aux veufs ou veuves pouvant payer un capital de 1,600 francs.

Sur les 262 lits des dortoirs :

150 sont affectés aux époux devenus veufs dans l'Hospice ;

100 autres à des veufs ou veuves pouvant payer une somme de 1000 francs ;

Et les 12 restans, placés dans un dortoir particulier, sont réservés à des religieuses âgées ou infirmes, ou à celles qui, admises dans une chambre, sont jugées hors d'état de continuer à y demeurer.

Conditions de l'admission, et pièces à produire. Pour être admis, en payant, à l'Hospice des Ménages, il est nécessaire de se faire inscrire dans le Bureau de la 1re. Division, à l'Administration des Hospices, et de produire les pièces suivantes :

1°. L'acte de naissance ;

2°. L'acte de mariage ;

3°. Un certificat du Bureau de charité, constatant que le ménage ou l'individu n'a pas assez de fortune pour vivre d'une manière indépendante ;

4°. L'acte de décès du conjoint prédécédé, si l'individu qui se présente est veuf.

Ordre des admissions.

Lorsqu'il se trouve des octogénaires inscrits sur la liste des expectans, ils sont préférés pour une place sur deux, c'est à dire que, sur deux vacances, une des admissions est accordée au plus ancien octogénaire inscrit ; l'autre admission au plus ancien inscrit, sans égard à l'âge.

Tout individu admis qui se remarie, même avec une personne de l'Hospice, ne peut plus continuer d'y résider.

Traitement des admis au préau.

Le traitement de chaque admis au préau est de 3 francs en argent tous les dix jours.

Il reçoit en outre :

60 décagrammes de pain par jour ;

50 décagrammes (une livre) de viande crue tous les samedis ;

1 double stère de bois par an ;

2 voies de charbon.

Les personnes admises dans les dortoirs ont le régime ordinaire des Indigens dans les Hospices et mangent dans des réfectoires.

HOSPICE SAINT-MICHEL,

Fondé par M. Boulard à Saint-Mandé, près Paris.

Fondation de l'Hospice.

Cet Établissement n'est pas encore en activité. On ne saurait mieux en faire connaître la destination qu'en transcrivant ici un extrait du testament du fondateur.

« Mon désir, porte ce testament, est de rattacher pour l'avenir mon nom » à un acte de bienfaisance qui est dans mes principes comme dans mon cœur ; » mon intention est donc *de fonder un Hospice sous la dénomination d'*Hospice Saint-Michel pour Vieillards-Hommes...

Destination de l'Hospice.

» Je veux que cet Hospice soit exclusivement destiné à recevoir à perpétuité » *douze pauvres* honteux, septuagénaires, à raison d'un par arrondissement » de la ville de Paris, à la nomination du Comité de bienfaisance de chacun » de ces arrondissemens. Ces pauvres seront habillés d'une manière uniforme » en entrant, puis entretenus de toutes choses, en état de santé ou maladie, » jusqu'à leur décès. Cet Hospice sera desservi par trois Sœurs de charité ou

» quatre, s'il est nécessaire; il sera servi par un nombre suffisant de domes-» tiques hommes et femmes.

» Les vieillards seront habillés en redingote carrée, en drap bleu, avec » boutons de cuivre ayant un chiffre H. S. M., lettres initiales de l'Hospice » Saint-Michel, gilet de drap rouge, pantalon de drap gris. Ils auront du vin » une fois par jour; il y aura un petit gala ou repas extraordinaire le jour de » mes anniversaires, qui est le 1er. décembre, où ils auront de la volaille, » soit rôtie ou fricassée; enfin ce qu'il pourra convenir en raison de leur âge.

» L'entrée sera interdite à tous parens et connaissances des personnes atta-» chées audit Hospice. Il y aura un parloir et un promenoir pour les visiteurs; » cependant tous les étrangers auront droit à visiter cette maison dans tous » ses détails. Il y aura un tronc à l'entrée de la maison et un autre à la cha-» pelle pour y recevoir les offrandes des ames bienfaisantes. Le revenu sera » employé, tous les ans, à quelques douceurs des vieillards et à l'amélioration » de la maison. »

HOSPICE BREZIN.

Fondation et destination de l'Hospice.

Cet Hospice sera fondé avec les fonds provenant de la succession de M. Brezin, en faveur des ouvriers devenus infirmes en exerçant leur industrie sur les métaux. L'Administration n'a pas encore désigné l'emplacement sur lequel sera construit l'Établissement.

Voici les termes dans lesquels ce bienfaiteur a exprimé sa volonté :

« Je crois ne pouvoir en disposer mieux (de mes biens) qu'en accomplissant » un projet depuis long-temps médité, qui est de fonder un Hospice sous la » dénomination d'*Hospice de la Reconnaissance*, élevé pour la retraite des » ouvriers âgés, dont le nombre sera déterminé suivant les moyens que ma » fortune, que je laisserai à l'Hospice, permettra. Pour y être admis, il faudra » avoir une profession de ceux que j'ai employés et qui ont, par leur travail, » augmenté ma fortune. Pour y entrer, il faudra être âgé de plus de soixante » ans, n'être pas repris de justice, pouvoir fournir sur sa moralité des attes-» tations dignes de foi; aussi que l'on s'engage, avant d'y entrer, de s'y bien » conduire en honnête homme, et que l'on consente à être renvoyé si l'on ne » s'y conduisait pas bien. »

HOSPICE LEPRINCE,

Rue Saint-Dominique, n°. 39, *Gros-Caillou.*

Cet Hospice a été fondé en 1817 par M. et Madame Leprince en faveur de vingt pauvres, dix hommes et dix femmes, âgés et infirmes, du quartier du Gros-Caillou (10e. arrondissement). Destination de l'Établissement.

Pour être admis dans cet Hospice, les Indigens doivent être domiciliés dans le quartier des Invalides depuis six ans, au moins, sans interruption. Ils doivent avoir soixante-dix ans d'âge, ou, à défaut, des infirmités graves et incurables qui les empêchent de se livrer à aucune espèce de travail. Toutes les autres conditions déterminées pour les admissions dans les Hospices de la Vieillesse et le régime intérieur de ces Établissemens s'appliquent à l'Hospice Leprince. Conditions de l'admission.

Les nominations aux lits de cet Hospice sont faites par les Administrateurs du Bureau de charité du 10e. arrondissement. Nomination aux places.

Art. II. *Maisons de Retraite.*

HOSPICE DE LA ROCHEFOUCAULD,

Barrière d'Enfer.

Cet Établissement est destiné à recevoir : Destination de l'Etablissement.

1°. Les anciens employés des Hospices;

2°. Douze ecclésiastiques âgés et infirmes;

3°. Les personnes des deux sexes domiciliées dans le département de la Seine, qui, sans être dans un état d'indigence absolu, n'ont cependant pas des moyens suffisans d'existence.

Les fous, imbécilles ou épileptiques en sont exclus.

Pour être admis dans la Maison, il faut être âgé de soixante ans révolus, ou être perclus de tous ses membres, ou attaqué d'infirmités incurables, qui mettent dans l'impossibilité de se livrer à aucun travail, et, dans ces deux derniers cas, être âgé de vingt ans au moins. Conditions de l'admission.

Les anciens employés des Hospices sont reçus sous la condition d'une réduction sur leur pension de retraite.

Tous les admis ont le choix de payer une pension annuelle ou un capital déterminé.

Prix de la pension.

La pension est fixée à 200 francs par an pour les vieillards et à 250 francs pour les incurables et infirmes; six mois de cette pension doivent être payés d'avance.

Fixation du capital.

Le capital à payer en entrant est fixé ainsi qu'il suit :

Pour les Infirmes et Incurables.

De 20 à 30 ans.	3,600 francs.
— 30 — 40 —	3,300
— 40 — 50 —	2,700
— 50 — 60 —	2,100

Pour les Infirmes, Incurables et Vieillards.

— 60 — 65 —	1,600
— 65 — 70 —	1,500
— 70 — 75 —	1,200
— 75 — 80 —	900
Au dessus de 80 ans.	700

Option de deux modes de paiement.

On peut aussi être admis en payant la demi-pension et en même temps la moitié du capital ci-dessus indiqué.

Mais l'option entre les divers modes de paiement doit avoir lieu avant d'entrer dans la maison, et, sous aucun prétexte, on ne peut y être admis si on ne satisfait d'avance aux paiemens exigés.

Pièces à produire.

Toute personne qui désire être admise doit remettre sa demande à la 1re. Division de l'Administration des Hospices et produire à l'appui les pièces suivantes :

1°. Un certificat du Bureau de charité, constatant que le pétitionnaire n'a pas les moyens suffisans de pourvoir à sa subsistance ;

2°. L'acte de naissance;

3°. Un certificat d'infirmité, s'il y a lieu ;

4°. Un certificat de bonne conduite ;

5°. Un certificat du Bureau central d'admission portant, suivant les circonstances, que le pétitionnaire n'est atteint d'aucune des infirmités d'exclusion ci-dessus indiquées, ou, s'il se présente avant l'âge de soixante ans, qu'il est affecté d'infirmités incurables qui le mettent dans l'impossibilité de travailler, ou enfin, s'il est âgé de plus de soixante ans, qu'il n'est pas attaqué d'infirmités incurables, telles que paralysie ou autres, qui le mettent hors d'état de se rendre à lui-même les services ordinaires, afin que, dans le cas où il en serait atteint, le prix de la pension ou du capital à payer fût fixé ainsi qu'il a été dit plus haut pour les personnes de cette catégorie.

Paiement de la pension.

Si le paiement du capital ou de la pension doit être fait par la personne elle-même, elle doit, au moment où elle remet sa demande, représenter ses titres de rentes, pensions ou autres revenus, suffisans pour assurer l'exactitude du paiement.

Si c'est par des personnes étrangères, celles-ci devront souscrire l'engagement d'acquitter la pension aux époques et dans les formes déterminées par les réglemens; elles fourniront en même temps les preuves des moyens pécuniaires ou industriels qu'elles ont pour assurer l'exécution de leurs engagemens.

La remise des diverses pièces qui viennent d'être indiquées doit nécessairement précéder toute inscription.

Inscription sur le registre des demandes d'admission.

L'inscription est faite sur le registre au moment même où les actes exigés sont produits, et on délivre à chaque inscrit un bulletin constatant son inscription.

Dans le cas où deux personnes se présentent en même temps pour être inscrites, la plus âgée est inscrite la première.

Ordre des admissions.

Les admissions ont lieu suivant l'ordre des inscriptions, avec cette exception, cependant, que les anciens employés des Hospices sont toujours admis préférablement à tous autres, et que lorsqu'il se trouve des octogénaires sur la liste, ils sont aussi préférés aux autres inscrits pour une vacance sur deux.

Il est tenu pour les ecclésiastiques un enregistrement à part, afin que chacun d'eux puisse entrer suivant le numéro de son inscription.

Tout ecclésiastique, pour être admis, doit être âgé de soixante ans accomplis ou atteint d'une infirmité tellement grave, qu'elle le force à garder le lit ou le fauteuil.

L'inscription ne peut avoir lieu qu'autant que l'ecclésiastique dépose dans le Bureau de la 1re. Division ses lettres de prêtrise, son brevet de pension ecclésiastique, son acte de naissance et un certificat du Bureau de charité, constatant qu'il n'a pas d'autre ressource que sa pension ecclésiastique ou un revenu qui n'excède pas 400 francs, et qu'il consent à l'abandon des deux tiers de sa pension ecclésiastique en faveur de l'Administration.

On fournit aux personnes admises un lit, du linge, etc., comme on leur fournit la nourriture et les médicamens dont ils ont besoin; néanmoins, ceux qui veulent apporter leurs propres effets en ont le droit.

Sorties. Les sorties sont libres tous les jours.

INSTITUTION DE SAINTE-PÉRINE,

Grande rue de Chaillot.

Destination de l'Établissement. L'Institution de Sainte-Périne est consacrée à recevoir des personnes des deux sexes, âgées au moins de 60 ans, qui s'engagent, au moment de leur admission, à payer une pension annuelle de 600 francs, et à l'acquitter par trimestre et d'avance.

Paiement de la pension. *Série décroissante des capitaux qui doivent être payés à tous les âges, depuis 60 ans jusqu'à 102 ans, pour amortir une pension viagère de 600 francs.*

Ages.	Capitaux.	Ages.	Capitaux.	Ages.	Capitaux.	Ages.	Capitaux.
60	5,269	71	3,670	82	2,456	93	2,036
61	5,123	72	3,534	83	2,430	94	1,959
62	4,976	73	3,397	84	2,402	95	1,811
63	4,830	74	3,266	85	2,380	96	1,674
64	4,683	75	3,138	86	2,350	97	1,578
65	4,535	76	3,014	87	2,317	98	1,473
66	4,388	77	2,897	88	2,280	99	1,305
67	4,243	78	2,785	89	2,238	100	1,205
68	4,096	79	2,682	90	2,196	101	1,050
69	3,955	80	2,590	91	2,151	102	800
70	3,810	3,810	2,511	92	2,103		

Toute personne âgée de moins de 60 ans peut assurer d'avance son admission pour l'époque où elle atteindra cet âge, en souscrivant et en payant, à partir de sa 40e. année, une annuité calculée sur le double élément de la présomption de la vitalité et de la valeur du capital qui doit être payé par les pensionnaires de 60 ans au moment de leur admission.

Les annuités à payer par les pensionnaires de tous les âges, depuis 40 ans jusqu'à 60 ans, sont déterminées par la table suivante.

Série décroissante des annuités qui doivent être payées par les souscripteurs de tous les âges, depuis 40 ans jusqu'à 60 ans, et série décroissante des capitaux qui peuvent amortir ces annuités.

Ages.	Annuités à payer à partir de ces âges.		Capitaux à payer à ces différens âges.		Ages.	Annuités à payer à partir de ces âges.		Capitaux à payer à ces différens âges.	
	fr.	c.	fr.	c.		fr.	c.	fr.	c.
40	101	90	1,148	»	50	303	»	2,325	65
41	111	80	1,229	»	51	348	35	2,506	85
42	123	»	1,315	90	52	407	50	2,706	10
43	135	80	1,409	75	53	479	75	2,923	50
44	150	15	1,511	20	54	574	»	3,218	70
45	166	65	1,625	35	55	698	50	3,428	»
46	185	85	1,754	90	56	878	»	3,721	30
47	208	10	1,837	65	57	1,147	75	4,047	60
48	234	65	2,008	»	58	2,609	75	4,409	70
49	265	65	2,159	65	59	2,513	75	4,815	30

Toute personne qui se présente pour être admise est tenue de justifier, de la manière indiquée à l'article de l'hospice de la Rochefoucauld, page 323, des moyens qu'elle a pour assurer le paiement de sa pension, soit par elle-même, soit par des personnes étrangères.

Trousseau à fournir.

Tout pensionnaire admis est tenu d'apporter un trousseau composé des objets suivans :

1 Lit complet.
1 Commode.
1 Fauteuil et une chaise.
4 Paires de draps neufs.
6 Chemises neuves.
12 Serviettes neuves.
12 Torchons neufs.
1 Timbale d'argent.
1 Couvert d'argent.

On peut, moyennant le paiement annuel d'une somme de 60 francs ou d'un capital de 300 francs, se dispenser de fournir le trousseau. En payant la même somme, on peut conserver la propriété de celui que l'on a apporté et en disposer.

Le trousseau apporté par les pensionnaires est entretenu aux frais de l'Institution, et reste, en cas de décès ou de sortie volontaire, à la disposition de l'Administration. Les pensionnaires conservent la propriété de tous les objets à leur usage qui ne sont pas compris dans le trousseau et qu'ils se fournissent à leurs frais.

La portion de pension payée d'avance par les admis ou par d'autres personnes pour eux, et la portion des 60 francs, représentative du trousseau, devenues libres par leur décès, appartiennent à l'Administration.

Les pensionnaires sont logés dans des chambres séparées et prennent leurs repas dans des réfectoires communs, hors le cas de maladie ou d'infirmités qui ne leur permettraient pas de s'y rendre, lequel cas est attesté par le Médecin de la Maison.

Sorties.

Les sorties sont entièrement libres.

Art. III. *Pensions représentatives d'admission dans les Hospices.*

Conditions à remplir.

Les vieillards et infirmes admis dans les Hospices sur la présentation des nominateurs ou fondateurs, et qui y ont demeuré *trois ans* consécutifs sans prendre de congés, peuvent opter entre leur séjour dans ces Établissemens ou une pension représentative de leur habitation, en indiquant les personnes chez lesquelles ils prétendent se retirer, en rapportant la preuve de leur consentement, et un acte reçu par le maire de leur domicile, qui constate que ces personnes ont les moyens de pourvoir à tous les besoins des Indigens, à l'aide de la pension représentative, et qu'elles s'y obligent.

Quotité de la pension.

Les Indigens qui ont été transférés des Hôpitaux dans les Hospices et ceux qui ont été admis d'urgence n'ont pas droit à la pension représentative.

Cette pension, pour les personnes admises dans les Hospices de la Vieillesse (Hommes et Femmes), est de *cent vingt francs* par an, de *cent quatre-vingts francs* par an pour celles admises dans les Hospices des Incurables, et de *cent cinquante francs,* également par an, pour celles admises aux Ménages.

Époques du paiement et pièces à produire.

Elle est payée, tous les trois mois, par la Caisse des Hospices, en rapportant un certificat de vie et un certificat du Bureau de charité du domicile, constatant que le pensionnaire n'est pas inscrit au rôle des Indigens et qu'il ne reçoit pas de secours.

Ceux qui laissent écouler six mois sans se présenter pour la toucher sont considérés comme morts ou renonçant à leur pension, et, comme tels, rayés du tableau des pensionnaires.

Les individus jouissant de la pension représentative ne sont pas remplacés dans les Hospices où ils ont été admis, et ils conservent jusqu'à leur décès le droit d'y rentrer.

Celui qui, ayant renoncé à la pension représentative, s'est fait réintégrer dans l'Hospice ne peut l'obtenir une seconde fois.

Les effets mobiliers et de coucher introduits dans les Hospices par les personnes qui, aux termes des réglemens, étaient tenues de les apporter, ne leur sont pas délivrés lorsqu'elles obtiennent la pension représentative.

Tout pensionnaire qui aura été trouvé mendiant sur la voie publique perdra sa pension.

§ II. HOSPICES POUR L'ENFANCE.

HOSPICE DES ENFANS-TROUVÉS,

Rue d'Enfer, n°. 74.

L'Hospice des Enfans-Trouvés est destiné à la réception de tous les enfans abandonnés depuis leur naissance jusqu'à deux ans; au dessus de cet âge, ils sont envoyés à l'Hospice des Orphelins. Destination de l'Établissement.

Les enfans apportés sont reçus par une Sœur de charité, et placés dans un berceau.

La personne qui apporte l'enfant se retire aussitôt qu'elle l'a déposé entre les mains de la Sœur.

On dresse procès-verbal du jour et de l'heure de l'arrivée de l'enfant, de son sexe, de la manière dont il est vêtu, et de tous les indices qu'il peut offrir, pour rendre dans la suite la reconnaissance plus facile et plus sûre. Procès-verbal dressé à l'arrivée.

S'il porte au bras, au cou, dans ses vêtemens, un nom, un prénom ou son acte de naissance, ces renseignemens sont conservés avec soin.

S'il n'y a aucune indication, on donne à l'enfant un nom, sous lequel on l'inscrit dans le registre de l'Hospice.

Le même registre conserve ensuite dans le même ordre la destination ultérieure de l'enfant : il est tenu secret.

Après avoir pris, sous le rapport de la salubrité, les précautions désirables, on présente l'enfant au baptême, s'il n'a pas été déposé avec un acte de baptême authentique.

On s'occupe ensuite de sa destination ultérieure, et, à cet égard, c'est l'état de ses forces ou de sa santé qui sert de règle.

Visite des Enfans.

Tous les jours, le Médecin de l'Hospice visite les enfans nouvellement arrivés. Ceux qui sont jugés bien portans sont mis en nourrice à la campagne; les malades sont placés à l'infirmerie, et ceux qui paraissent trop faibles pour supporter un voyage sont confiés à des nourrices sédentaires logées dans l'Établissement.

Leur placement.

Les enfans placés en nourrice dans les campagnes ne sont pas ramenés à l'Hospice, à moins qu'ils ne soient attaqués de maladies incurables qui les rendent incapables de pourvoir à leur existence.

Réclamation des Enfans par les parens.

Les enfans n'étant reçus dans les Hospices d'Enfans-Trouvés et d'Orphelins qu'autant qu'ils sont abandonnés de leurs parens, il est interdit d'en donner des nouvelles à ceux qui viendraient en demander; seulement, les parens peuvent les retirer en remboursant toutes les dépenses que leurs enfans ont occasionées.

Les parens qui réclament leurs enfans doivent d'abord consigner une somme de *trente francs*, et la recherche de l'enfant est faite aussitôt; s'il est mort, sur la somme consignée, il est rendu *vingt francs* aux parens, et le surplus demeure pour droit de recherche; s'il est vivant, la somme de vingt francs est prise à compte des frais d'éducation.

HOSPICE DES ORPHELINS,

Rue du Faubourg-Saint-Antoine, n°. 126.

Destination de l'Établissement.

Cet Établissement est consacré aux enfans indigens des deux sexes, âgés de deux ans au moins ou de dix ans au plus, orphelins de père ou de mère, ou délaissés par des parens inconnus.

Pièces à produire pour le placement.

Pour tout enfant dont on demande le placement à l'Hospice des orphelins, on doit rapporter son acte de naissance et un certificat d'indigence, délivré par le Bureau de charité de l'arrondissement.

Les enfans admis ne sont reçus qu'à titre de dépôt.

Destination des Enfans.

L'Administration les envoie dans les campagnes pour les former à la vie rurale, ou les met en apprentissage dans des ateliers, fabriques ou manufactures.

Elle en place aussi chez les particuliers qui en font la demande, après avoir fait prendre tous les renseignemens nécessaires pour connaître la moralité du maître, la nature du travail auquel on se propose d'employer les enfans, les soins qui seront pris pour leur nourriture, leur entretien et leur éducation. Placement chez les particuliers.

Le traité qui se fait en pareil cas assure, autant que possible, quelques ressources à l'enfant, après qu'il a fini de s'instruire dans la profession qu'il doit exercer.

Pour la remise des enfans aux parens qui les réclament et pour les frais à rembourser, on peut se reporter à ce qui a été dit, à cet égard, à l'article des Enfans-Trouvés; seulement on fera observer que si l'on a confié un enfant à un maître pour l'apprentissage d'un métier, les engagemens pris doivent être respectés; car il deviendrait impossible d'en contracter aucun, si les parens, en se présentant, pouvaient en détruire les effets. Remise des Enfans aux parens.

Les enfans non réclamés par leurs parens restent jusqu'à leur majorité sous la tutelle de l'Administration des Hospices : ils ne peuvent se marier sans le consentement de cette Administration.

SECTION IV.

ÉTABLISSEMENS DIVERS DÉPENDANT DE L'ADMINISTRATION.

BUREAU CENTRAL D'ADMISSION DANS LES HOPITAUX,

Place du Parvis Notre-Dame.

Le Bureau central est chargé d'examiner tous les individus qui se présentent pour entrer dans les Hôpitaux. Il est ouvert tous les jours depuis neuf heures du matin jusqu'à quatre heures du soir.

Si les Médecins attachés à ce Bureau jugent qu'un malade soit dans le cas d'être admis, ils lui remettent un bulletin qui indique l'Hôpital où il doit se présenter. Quant aux individus dont l'état n'exige pas qu'ils soient traités dans les Hôpitaux, ils sont renvoyés, pour les soins dont ils peuvent avoir besoin, au Bureau de charité de leur domicile.

Le Bureau central est aussi chargé de décider si les maladies des individus qui se présentent pour être admis dans les Hospices d'incurables ont véritablement le caractère d'incurabilité exigé par les réglemens ; si les infirmités de ceux qui réclament un asile dans les Hospices ouverts à la vieillesse ont aussi le caractère de gravité qui peut permettre de les y introduire avant l'âge fixé pour l'admission ; et enfin si les personnes présentées ne sont atteintes d'aucune des maladies ou infirmités d'exclusion.

Pour être admis dans les Hospices, les aliénés doivent être présentés au Bureau central, qui ne délivre de billets d'admission que pour ceux qui sont dans un état évident de folie, ou qui sont munis d'un certificat constatant leur aliénation, donné par deux Médecins et par deux témoins oculaires des actes de folie. Un certificat d'indigence est également nécessaire, ainsi qu'une attestation de domicile à Paris.

Le Bureau central donne des consultations gratuites à tous les malades qui se présentent ; il délivre, les *lundis* et *vendredis* de chaque semaine, de dix heures à deux heures, des bandages aux personnes atteintes de hernies et munies d'un certificat d'indigence. Il examine les mères nourrices malades qui sont porteuses d'un semblable certificat, et déclare si elles lui paraissent avoir droit à recevoir des Bureaux de charité un secours en remplacement d'Hôpital (1). Il déclare également si les individus qui demandent à participer au secours mensuel de 5 francs, comme aveugles, sont en état de cécité complète (2).

Un *traitement externe* de la teigne a lieu, les *mardis* et *samedis* de chaque semaine, dans une des salles du Bureau central (3).

PHARMACIE CENTRALE,

Quai des Miramiones.

La Pharmacie centrale est chargée de préparer tous les médicamens nécessaires au service des Hôpitaux, Hospices et Secours à domicile.

Les rapports des Bureaux de charité avec cet Établissement sont déterminés par le N°. 123 et suivans du *Recueil*.

---

(1) Voir le N°. 200 et suivans du *Recueil*.

(2) Voir les N°s. 79 et 80, et le Modèle, n°. 15.

(3) Un traitement semblable a lieu à l'Hôpital des Enfans. *Voyez* page 315.

BOULANGERIE GÉNÉRALE.

Maison de Scipion.

La Boulangerie générale est chargée de la fabrication du pain nécessaire à la consommation des Hôpitaux et des Hospices. Elle manutentionne également celui des Bureaux de charité qui trouvent de l'avantage à s'y adresser.

Les Bureaux qui font fabriquer leur pain par des boulangers particuliers tirent de la Boulangerie générale les farines qui leur sont allouées par l'Administration des Hospices. (Voir le N°. 70 du *Recueil*.)

BUREAU DE LA DIRECTION DES NOURRICES,

Rue Sainte-Appoline.

L'objet de l'institution de ce Bureau est de procurer aux habitans de Paris et de la banlieue, à un prix modéré, des nourrices dans lesquelles ils puissent avoir confiance, par les précautions prises pour s'assurer de leur santé, de leur moralité, et par la surveillance exercée sur elles, et en même temps de garantir aux nourrices et aux conducteurs des voitures qui les amènent le paiement des sommes qui leur sont dues pour mois de nourriture, frais de voyages, frais de maladie et frais funéraires, sauf le recours du Bureau contre les parens qui sont en retard de payer.

Les portes du Bureau de la Direction des nourrices sont ouvertes à six heures du matin en été, à sept heures en hiver : elles sont fermées en tout temps à dix heures du soir. Les personnes qui se rendent à la Direction pour louer des nourrices doivent s'adresser à la factrice, qui les met en rapport avec elles.

ÉTABLISSEMENT DE FILATURE EN FAVEUR DES INDIGENS,

Impasse des Hospitalières, près la Place Royale.

L'Établissement de filature a pour objet de fournir du travail aux femmes indigentes (1).

Le but de cette Institution n'est pas de procurer un revenu à l'Administration, qui, au contraire, est obligée de faire, chaque année, un sacrifice assez considérable pour soutenir l'Établissement, mais d'employer utilement une

---

(1) *Voyez* page 51 du *Recueil*.

somme destinée à soulager l'infortune, en attachant le Secours au travail, et d'offrir une ressource, faible, à la vérité, mais assurée et constante, aux personnes qui ne peuvent se livrer à d'autres occupations.

Les femmes munies d'un certificat d'indigence (Modèle, N°. 50), et cautionnées par leurs propriétaires ou principaux locataires, y reçoivent de la filasse pour la convertir en fil dans leur demeure, sans être détournées de leurs soins et de leurs devoirs domestiques. Elles rapportent le fil à l'Établissement, où elles sont payées du prix de leur main-d'œuvre suivant la qualité et le n°. du fil.

Les fils provenant de la filature des Indigens sont convertis en toile pour l'usage des Hôpitaux, Hospices et Bureaux de charité : cette toile est fabriquée dans les mesures et qualités convenables au service. Le tarif des prix est fixé par des experts choisis dans le commerce.

MAISON D'ÉDUCATION,

Rue Saint-Antoine, passage Saint-Pierre.

Cet Établissement est destiné à donner l'éducation à des enfans âgés au moins de cinq ans, appartenant à des familles peu fortunées.

Le nombre des places devait être de 48, mais on n'en compte encore que 44, dont 12 sont données à des élèves dont les parens consentent à payer une pension de 300 francs par an ; 12 autres sont réservées pour des enfans dont les parens ne peuvent payer que la demi-pension de 150 francs, et les 20 autres sont accordées gratuitement à des familles qui sont hors d'état de rien payer.

La répartition des places et la nomination ont été déterminées sur le nombre de 48, dans les proportions arrêtées par le Ministre de l'intérieur.

Lorsqu'une place devient vacante, le Membre de la Commission administrative en informe aussitôt le Bureau de charité auquel elle appartient.

Les élèves ne peuvent être admises avant l'âge de cinq ans et n'y peuvent rester au delà de celui de dix-sept ans : elles doivent produire leur acte de naissance et un certificat constatant qu'elles ont eu la petite-vérole ou qu'elles ont été vaccinées.

Un quartier de la pension ou demi-pension doit toujours être payé d'avance.

Chaque élève nommée fournira en entrant : une couchette peinte à l'huile, un matelas, une paillasse, un traversin, deux paires de draps, six serviettes, deux vêtemens, six chemises, six mouchoirs, six bonnets de jour ou autre linge pour coiffure, trois bonnets de nuit, deux paires de souliers.

TRAITEMENT EXTERNE EN FAVEUR DES BLESSÉS INDIGENS,

Rue du Petit-Musc, n°. 9.

M. Thiéry Valdajou, chirurgien, traite et soigne gratuitement les Indigens blessés qui s'adressent à lui; il leur fournit le linge, les médicamens nécessaires, et donne aussi des consultations gratuites.

CHAPITRE II.

ÉTABLISSEMENS INDÉPENDANS DE L'ADMINISTRATION DES HOSPICES.

SECTION PREMIÈRE.

ÉTABLISSEMENS HOSPITALIERS ET D'ÉDUCATION.

INFIRMERIE DE MARIE-THÉRÈSE,

Rue d'Enfer, n°. 86.

Cet Établissement, placé sous la protection de *Madame la Dauphine*, est destiné au soulagement des personnes que des malheurs ont réduites à la dernière indigence, et qui sont hors d'état de se faire soigner chez elles ou dans des Maisons de santé.

Le nombre de lits est de trente : dix-huit sont destinés aux femmes et douze aux hommes.

Les demandes d'admission doivent être adressées à la Supérieure des Sœurs de la Charité qui desservent cette Maison.

L'Administration est composée d'un conseil de douze membres, sous la présidence de Monseigneur l'Archevêque de Paris, supérieur et chef perpétuel de l'Établissement.

HOSPICE D'ENGHIEN,

Rue de Picpus, faubourg Saint-Antoine.

Cet Établissement appartient à S. A. R. Mademoiselle d'Orléans.

Il renferme cent lits de malades; soixante pour les hommes, quarante pour les femmes.

MAISON ROYALE A CHARENTON, POUR LES ALIÉNÉS.

La Maison royale de Charenton est administrée sous l'autorité immédiate de S. Exc. le Ministre de l'intérieur, et placée sous la surveillance d'une commission spéciale nommée à cet effet.

Sa destination est de soigner et traiter les aliénés des deux sexes, qui y sont reçus, soit à titre gratuit, soit comme pensionnaires.

Les admissions d'aliénés à titre gratuit ne peuvent être autorisées que par le Ministre et pour un temps déterminé.

Il y a trois classes de pensions : celles de la première classe sont de 1,300 fr. et au dessus; celles de la seconde, de 975 fr., et celles de la troisième, de 650 fr., y compris le blanchissage.

Les aliénés ne peuvent être admis que sur la représentation de leur extrait de naissance et d'un jugement d'interdiction, ou d'un ordre de M. le Préfet de police, ou d'une réquisition du maire de l'arrondissement où ils résident.

Ces réquisitions doivent toujours être accompagnées d'un certificat authentique d'un Médecin, qui atteste l'aliénation du malade.

Cependant, dans les cas d'une nécessité absolue, les aliénés peuvent être reçus d'urgence, à la charge, par les parens ou tuteurs, de remplir immédiatement les formalités prescrites pour régulariser les admissions.

Les malades sont reçus tous les jours, à quelque heure qu'ils soient présentés; ce cas excepté, le public n'est admis à parler au Directeur, au Surveillant général et aux malades que les *dimanches, mardis* et *jeudis,* depuis neuf heures du matin jusqu'à quatre du soir. Le public n'est point admis dans l'intérieur de la Maison.

Les aliénés guéris et non guéris sont rendus à leurs familles, sur la permission de l'Autorité qui a requis ou ordonné leur entrée.

ASILE ROYAL DE LA PROVIDENCE,

Près et hors la barrière des Martyrs, n°. 50.

Cet Établissement sert de retraite à soixante vieillards ou infirmes des deux sexes, de la ville de Paris, qui y sont logés et nourris tant en santé qu'en maladie.

Douze des places sont gratuites; deux sont à la nomination des fondateurs et de leurs familles, deux à la nomination de S. Exc. le Ministre de l'intérieur, et huit à celle de la Société de la Providence.

Les quarante-huit autres places sont à pension, dont le prix est de 600 fr., 500, 400 et 300 fr.

Douze de ces dernières places ont été fondées par le Roi et sont à la nomination du Ministre ou de l'Intendant général de sa Maison, seize sont à la nomination de la Société de la Providence, et vingt à celle du Conseil d'administration de l'Asile.

L'Asile est administré gratuitement par un Administrateur en chef et par un Conseil composé de cinq membres, dont l'Administrateur en chef, nommé par le Roi, fait partie. Les quatre autres membres sont nommés, savoir : un par le Ministre de l'intérieur, un autre par le Ministre ou l'Intendant général de la Maison du Roi, et deux par la Société de la Providence.

Une Supérieure et quatre Sœurs de la congrégation des Dames Hospitalières du diocèse de Nevers ont le gouvernement intérieur de l'Asile, sous la direction de l'Administrateur en chef.

HOPITAL ROYAL DES QUINZE-VINGTS,

Rue de Charenton, n°. 38.

Cet Établissement, fondé originairement pour trois cents pauvres aveugles, en renferme aujourd'hui quatre cent vingt, dont trois cents, dits de première classe et cent vingt de seconde ou jeunes aveugles.

Depuis plusieurs années, trois cents bourses, de 150 francs chacune, ont été successivement créées pour des aveugles externes.

Pour être admis, soit aux places d'aveugles internes, soit aux pensions, il faut être dans un état de cécité absolue et d'indigence constatée.

M. le Grand-Aumônier de France nomme aux places et aux pensions vacantes. Les choix se font parmi les aveugles de Paris et des départemens.

INSTITUTION ROYALE DES SOURDS-MUETS,

Rue Saint-Jacques, n°. 256.

Cette Institution est sous la surveillance immédiate du Ministre de l'intérieur; elle est administrée par un Conseil gratuit et honoraire, composé de sept membres.

Le nombre des élèves est fixé à cent, dont quatre-vingts à places entièrement gratuites, dix à demi-bourse, et dix à trois quarts de bourse.

Pour être admis, il faut avoir dix ans et pas plus de quinze, produire l'acte de naissance, l'extrait baptistaire, le certificat de vaccine, le certificat d'indigence, celui de l'infirmité, toutes ces pièces dûment légalisées.

Le Ministre de l'intérieur nomme aux places vacantes pour moitié, et les Administrateurs pour l'autre moitié.

L'instruction dure cinq à six ans. Les élèves sont instruits dans la religion; ils apprennent à lire, écrire, compter, le dessin, la gravure. On leur enseigne aussi des métiers qui leur assurent une existence pour l'avenir.

Cette Institution est aussi ouverte à tous les sourds-muets des deux sexes, dont les parens sont assez aisés pour les y entretenir. Le *maximum* de la pension est de 900 francs pour les garçons et de 800 francs pour les filles.

INSTITUTION ROYALE DES JEUNES AVEUGLES,

Rue Saint-Victor, n°. 68.

Cette Institution est consacrée à l'instruction de soixante jeunes garçons et de trente jeunes filles aveugles, qui sont entretenus gratuitement pendant huit années aux frais de l'État.

Les demandes en admission gratuite sont adressées à S. Exc. le Ministre de l'intérieur et doivent être accompagnées 1°. de l'extrait de naissance de l'élève proposé, qui ne doit avoir, aux termes des réglemens, ni moins de dix ans ni plus de quatorze; 2°. d'un certificat du chirurgien de l'Hospice, dûment légalisé, constatant que l'enfant est frappé de *cécité totale*; qu'il n'a point de maladies contagieuses; qu'il n'est point dans un état d'idiotisme; 3°. enfin d'un certificat de bonne conduite et d'indigence, délivré par le maire ou le curé de la paroisse qu'habitent les parens.

Indépendamment des élèves gratuits, on admet dans l'Institution des élèves payans. On traite du prix et des conditions de la pension avec le directeur, qui en rend compte au Conseil d'administration.

Les aveugles apprennent par des procédés particuliers la lecture, l'écriture, la géographie, l'histoire, les langues anciennes et modernes, les mathématiques, la musique vocale et instrumentale, plusieurs métiers, tels que l'imprimerie, la reliûre des livres, la vannerie, la sparterie, la filature, le tricot.

La Maison est gouvernée par une administration gratuite, composée de cinq membres nommés par le Ministre.

INSTITUT DES FRÈRES DITS DES ÉCOLES CHRÉTIENNES,

Rue du Faubourg-Saint-Martin, n°. 167.

Cette Maison renferme le noviciat des Frères de Saint-Yon, dits des Écoles chrétiennes.

Des sujets y sont formés dans la manière d'enseigner, et de là dirigés sur tous les points du royaume.

Ces Instituteurs, dont le traitement varie de 7 à 900 francs, sont ordinairement trois ensemble et ne peuvent être moins de deux, d'après leurs statuts.

La méthode dite *simultanée* est celle dont ils font usage dans leurs écoles.

FRÈRES DE SAINT - ANTOINE,

Rue Saint-Jacques, n°. 169.

La Communauté des Frères Saint-Antoine se charge également de l'éducation des enfans pauvres.

Le traitement de ces Instituteurs est de 6 à 800 francs : ils suivent, comme les précédens, la méthode simultanée.

Ces Frères ne se refusent pas à employer la méthode de l'enseignement mutuel lorsqu'ils y sont invités par les autorités locales.

ÉCOLES NORMALES D'ENSEIGNEMENT MUTUEL,

Pour les Instituteurs, *rue Carpentier*, n°. 4;
Pour les Institutrices, *rue de la Tonnellerie, à la Halle aux Draps*.

Ces Écoles ont été fondées par M. le Préfet de la Seine pour enseigner gratuitement aux maîtres et maîtresses la théorie et la pratique de l'enseignement mutuel. L'instruction comprend la lecture, le calcul, le dessin linéaire, la calligraphie, le chant; la couture et les divers travaux à l'aiguille sont de plus enseignés dans l'École normale pour les femmes.

Pour être admis à suivre le cours il faut présenter un certificat de son maire et une attestation du curé ou du ministre de son culte, ou bien un brevet de capacité délivré par l'Université.

Il y a, le soir, dans ces deux Établissemens et dans beaucoup d'autres de ce genre, des classes gratuites pour les adultes.

ÉCOLES DIVERSES.

Les Établissemens payans pour l'instruction primaire des enfans sont nombreux à Paris; ils sont répartis dans les divers quartiers et surveillés par des personnes charitables.

Il existe aussi des Établissemens dans lesquels les enfans sont reçus, soit à titre gratuit, soit en payant une légère rétribution.

La Maison la plus complète jusqu'à ce moment pour l'éducation des enfans est celle qui a été tout récemment fondée et construite par M. Cochin, maire du 12e. arrondissement, rue Saint-Hippolyte.

Il y a dans cette Maison un Asile, une École de garçons, une École de filles, et bientôt il y sera formé des ateliers pour apprendre des états ou métiers aux enfans.

Cet Établissement sera approprié pour recevoir mille enfans environ.

SECTION II.

SOCIÉTÉS ET INSTITUTIONS DE SECOURS ET DE CHARITÉ.

SOCIÉTÉ PHILANTROPIQUE.

Cette Société est formée par une réunion de personnes charitables qui mettent des fonds en commun pour concourir au soulagement de l'humanité. Ces fonds sont employés à distribuer des alimens aux indigens, par l'établissement de fourneaux pour les soupes aux légumes; à donner des consultations gratuites et des médicamens aux malades, par les dispensaires que la Société entretient dans divers quartiers de Paris; à aider plusieurs Établissemens particuliers de charité, de travail, et d'éducation élémentaire, et quelques Sociétés de prévoyance et de Secours mutuels.

La souscription est de 30 francs par année. Chaque souscripteur reçoit autant de centaines de bons de soupes aux légumes et autant de cartes de dispensaire qu'il a versé de fois 30 francs dans la caisse de la Société.

Un Comité de cinquante membres choisis parmi les souscripteurs, et qui se renouvelle *par tiers*, tous les ans, est chargé de l'administration des fonds, de distribuer les Secours, de surveiller les fourneaux et les dispensaires, de visiter les infirmes et les malades, et de préparer et exécuter tous les travaux entrepris par la Société.

SITUATION DES FOURNEAUX ÉCONOMIQUES.

Halle aux draps,
Rue du Fouare,
Rue de la Mortellerie,
Rue du Battoir-Saint-Victor,
Rue de Sèvres, à l'Hospice des Incurables-Femmes, et dans plusieurs Maisons de Secours.

SITUATION DES DISPENSAIRES.

1er. DISPENSAIRE, pour le service des 1er. et 2e. arrondissemens, *rue de Gaillon*, n°. 19.

2e. DISPENSAIRE, pour le service des 3e., 5e. et 6e. arrondissemens, *rue du Ponceau*, n°. 28.

3^{e}. DISPENSAIRE, pour le service des 7^{e}. et 8^{e}. arrondissemens, *rue Saint-Antoine*, n°. 163.

4^{e}. DISPENSAIRE, pour le service des 11^{e}. et 12^{e}. arrondissemens, *rue des Noyers*, n°. 37.

5e. DISPENSAIRE, pour le service des 10e. et 11e. arrondissemens, *rue Sainte-Marguerite*, n°. 34, *faubourg Saint-Germain*.

6e. DISPENSAIRE, pour le service des 4e. et 9e. arrondissemens, *rue Baillet*, n°. 6.

On trouvera dans l'*Annuaire* publié par la Société philantropique la liste des Sociétés mutuelles de prévoyance existantes parmi les diverses classes d'ouvriers et artisans de la ville de Paris. On ne saurait trop insister sur l'utilité des associations de ce genre et sur les avantages qu'elles procurent aux individus qui en font partie. Ces avantages peuvent être résumés en quelques mots.

Les membres de chaque Société de prévoyance exercent entre eux une surveillance mutuelle. Ils prennent un esprit de corps qui excite l'émulation d'une bonne conduite, des habitudes d'ordre et d'économie, afin de ne pas manquer à payer la contribution convenue ; le sentiment de la propriété, en songeant qu'une partie des fonds de la Société leur appartient. Enfin, la certitude de n'être pas obligés, en cas de maladie, de se séparer de leurs affections et d'avoir recours à la charité publique, les élève à leurs propres yeux et resserre les liens de famille.

SOCIÉTÉ PROTESTANTE DE PRÉVOYANCE ET DE SECOURS MUTUELS,

Rue de l'Arbre-Sec, n°. 46.

Cette Société se compose de membres *honoraires* et de membres *sociétaires*.

Les membres honoraires sont ceux qui contribuent par leurs dons au succès de la Société sans en réclamer les bénéfices ni en partager les charges.

Ils peuvent souscrire au double titre d'*honoraires* et de *sociétaires*, en se conformant à toutes les dispositions du réglement.

Pour être admis comme sociétaire, tout candidat doit justifier :

1°. Qu'il professe la religion protestante;

2°. De son âge, du lieu de sa naissance et avoir au moins quinze ans;

3°. Qu'il n'est atteint d'aucune maladie grave, par certificat de médecin;

4°. Il doit être présenté par deux membres de la Société, qui attestent qu'ils ne connaissent en lui aucun motif d'exclusion.

La contribution des sociétaires est de 24 francs par an ou de 2 francs par mois, plus un droit d'admission de 6 francs, une fois payés.

La Société n'accorde que la visite du médecin et point d'argent pour les maladies qui ont moins de cinq jours de durée. Si la maladie dure au delà de cinq jours, il est accordé en argent 2 francs par jour pendant les trois premiers mois; 1 franc, du quatrième au sixième mois, et après le sixième mois, 50 centimes jusqu'à parfait rétablissement.

En cas de décès d'un sociétaire marié, la Société accorde au conjoint survivant un Secours une fois payé, qui ne peut excéder le total de la somme versée par le sociétaire, et, quel que soit ce total, le secours ne peut jamais dépasser un *maximum* de 100 francs.

Dans le cas où le souscripteur décédé serait veuf, le Secours est accordé à ses enfans.

SOCIÉTÉ DE CHARITÉ MATERNELLE,

Bureau central, rue Coq-Héron, n°. 5.

Cette Société a pour but de secourir les pauvres femmes en couches, de les encourager et de les aider à nourrir elles-mêmes leurs enfans, en leur donnant 5 francs par mois pendant quinze mois, de leur fournir des layettes et du linge.

Les mères qui veulent être admises aux Secours de la Société doivent avoir au moins quatre enfans, se présenter dans le dernier mois de leur grossesse, et fournir, outre les certificats d'indigence et de bonnes mœurs, un extrait de leur acte de mariage.

Un Comité de quarante-huit Dames nommées par la Société et présidées par Madame la Dauphine se réunit deux fois par mois et décide du placement des Secours. Ces quarante-huit Dames sont réparties dans les différens quartiers de Paris : elles sont chargées de prendre des renseignemens sur les mœurs et sur les véritables besoins des personnes qui réclament l'assistance de l'association, de les visiter fréquemment durant l'allaitement.

Il y a dans chaque arrondissement des médecins, des chirurgiens, des pharmaciens et des sages-femmes qui sont attachés spécialement à la Société, et qui donnent leurs soins aux personnes admises à la Charité maternelle.

La cotisation annuelle est de 50 francs.

SOCIÉTÉ DE LA MORALE CHRÉTIENNE,

Rue Taranne, n°. 12.

La Société de la Morale chrétienne a plusieurs objets; on ne s'occupera ici que de ceux qui ont trait à la bienfaisance.

La Société est divisée en plusieurs Comités, au nombre desquels il en est un de charité et de bienfaisance, et un autre pour le placement des jeunes orphelins : ce sont les seuls sur lesquels il soit utile de donner ici des renseignemens.

COMITÉ DE CHARITÉ ET DE BIENFAISANCE,

Rue Taranne, n°. 12.

Le but de ce Comité est d'appliquer l'esprit d'association à la bienfaisance, d'en éclairer l'exercice et de la diriger vers les objets, les établissemens et les individus qui méritent le plus de fixer l'intérêt. Il a, depuis son institution, pris part à toutes les souscriptions de bienfaisance qui ont été ouvertes, et fourni à un grand nombre d'Indigens dont il a reconnu la bonne conduite les moyens d'exercer utilement leur profession, en leur donnant des Secours pour acheter des outils ou pour établir de petits commerces, à l'aide desquels ils peuvent soutenir leurs familles. Des Secours sont journellement accordés à des infortunés qu'une légère somme peut faire sortir d'un embarras momentané.

Les souscripteurs ont seuls le droit de recommander à l'attention du Comité les personnes qu'ils désirent faire participer à ces Secours lorsqu'elles se trouvent dans le cas d'y avoir droit. On peut souscrire pour une somme quelconque, soit annuelle, trimestrielle, mensuelle ou unique.

COMITÉ DES JEUNES GENS ou DE PLACEMENT POUR LES JEUNES ORPHELINS,

Rue Taranne, n°. 12.

Ce Comité a été institué en 1822 pour fournir aux jeunes gens les moyens de s'exercer de bonne heure à la pratique de la charité. Il a principalement pour but de retirer du vice et du vagabondage de jeunes orphelins abandonnés dès leur bas âge, de les placer en apprentissage et de leur donner un protecteur dans le monde.

Les enfans doivent être orphelins de père et de mère, et, suivant les dangers qu'ils peuvent courir, de père ou de mère seulement.

Le Comité, après s'être procuré tous les renseignemens nécessaires sur leur état civil, et, au besoin, y avoir pourvu lui-même, nomme un de ses membres pour être le patron ou le protecteur de l'enfant, qu'il place ensuite en apprentissage, suivant ses goûts ou son degré de capacité et d'instruction. Outre cela, le Comité a pourvu à l'instruction morale et religieuse de ses pupilles, en les réunissant, chaque dimanche, dans une École autorisée, où on leur enseigne à lire, écrire, compter et le dessin linéaire. Ceux qui se destinent à la première communion sont, de là, conduits au catéchisme.

Les demandes d'admission et les dons destinés à l'œuvre du comité sont reçus rue Taranne, n°. 12.

SOCIÉTÉ DE LA PROVIDENCE,

Rue Saint-Honoré, n°. 290.

Cette Association a pour but de concourir au soutien de l'*Asile royal de la Providence*. (Voyez page 336.)

Elle s'occupe aussi de distribuer des Secours à domicile aux Indigens.

SOCIÉTÉ DES ENFANS EN FAVEUR DES VIEILLARDS,

Rue Coq-Héron, n°. 5.

Cette Association, fondée par les soins de Madame Dupont de Nemours, a pour but d'exercer les enfans à la pratique de l'économie et des œuvres de charité.

Il y a chaque année cinq ou six réunions, dans lesquelles les jeunes demoiselles apportent le produit de leurs épargnes. Elles font elles-mêmes les rapports sur les individus pour lesquels elles réclament les Secours, et sont accompagnées par leurs mères dans leurs visites de charité.

Les dons sont tous faits en nature; chaque vieillard reçoit ordinairement deux chemises neuves, ou une redingote, ou bien une couverture.

Le taux des souscriptions est volontaire; cependant elles sont à peu près, l'une dans l'autre, de 20 à 30 francs par an.

ASSOCIATION DES JEUNES ÉCONOMES.

L'Association se compose de jeunes demoiselles, réunies pour s'entretenir dans le goût et la pratique de la charité; elle adopte de jeunes filles, qu'elle place en apprentissage, leur fournit des trousseaux, paie des pensions pour leur instruction et leur entretien. Les enfans doivent être âgés de huit ans au moins, appartenir à une nombreuse famille, n'avoir pas d'infirmités.

Toutes les associées doivent donner 30 centimes par mois et 60 centimes pour le mois de janvier; elles ont le droit de présenter les enfans qui ont des titres pour être secourus.

Deux directrices, une trésorière, douze conseillères et douze vice-conseillères sont à la tête de l'Association.

Ce sont les Demoiselles elles-mêmes qui surveillent les personnes placées chez des maîtresses.

On peut se faire inscrire ou verser des dons chez Mademoiselle Lauras, Directrice de l'Association, quai Conti, n°. 3, et chez les conseillères et vice-conseillères.

INSTITUTION POUR LES JEUNES FILLES DÉLAISSÉES.

Cette Institution, fondée originairement par Madame de Carcado, est destinée à secourir les jeunes filles délaissées et les orphelines de mère, en les prenant sous sa protection et en les plaçant en apprentissage chez des maîtresses de divers genres d'ouvrages; elles y sont surveillées par une des Dames de l'Association. On paie pour elles des pensions de 3 à 400 francs, et en outre un maître d'écriture.

Lorsque leur éducation morale et religieuse est terminée, on les place dans des maisons particulières et chez des ouvrières, et l'on continue de les aider de conseils bienveillans.

Les abonnemens et offrandes sont reçus chez Madame Lastic, rue Garancière, n°. 12; chez Madame Lemarcis, rue Gaillon, n°. 11, et chez M. Chapelier, notaire.

ASSOCIATION EN FAVEUR DES JEUNES FILLES CONVALESCENTES SORTANT DE L'HOTEL-DIEU.

Cette Association a pour but de recueillir et de protéger les jeunes filles convalescentes sortant de l'Hôtel-Dieu, qui se trouvent à Paris sans appui et sans ressource, ou qui, pendant leur séjour à l'hôpital, ont perdu leurs places ou leurs emplois.

L'Association leur procure de l'occupation, de nouvelles places; quelquefois même elle les met en pension ou en apprentissage, et leur fournit les moyens d'assurer leur existence par le travail.

Cette Société est composée de Dames charitables.

COMMISSION PROTESTANTE DE PLACEMENT POUR LES OUVRIERS ET DOMESTIQUES.

Le titre de cette Association indique assez son objet.

Deux membres, M. Gros, boulevart Poissonnière, n°. 15, et M. Serment, rue Sainte-Avoie, n°. 19, tiennent des registres, l'un pour les hommes et l'autre pour les femmes cherchant du travail. Ils se procurent des renseignemens sur leur moralité et leur savoir-faire, et leur indiquent les places qu'ils paraissent propres à occuper.

SOCIÉTÉ DES ORPHELINES DE SAINT-ANDRÉ,

Rue de Vaugirard.

Cette Association, composée de jeunes enfans de parens aisés, est placée sous la protection de S. A. R. *Mademoiselle;* elle a pour objet l'entretien et l'instruction de jeunes orphelines placées dans un établissement soutenu par l'Association.

Les souscriptions sont recueillies par les enfans-sociétaires dans les diverses Institutions dont ils font partie, et qui fournissent eux-mêmes leur cotisation au moyen des économies faites sur leurs menus-plaisirs.

Une réunion a lieu, chaque année, dans les appartemens de *Mademoiselle* et sous sa présidence : on y reçoit les dons et le produit des souscriptions et des quêtes.

ASSOCIATION DES ORPHELINES DE LA CROIX.

Cette Association est placée sous la protection de S. A. R. Madame la Duchesse d'Orléans et a pour but de procurer à un certain nombre de jeunes filles orphelines une éducation chrétienne et analogue aux devoirs qu'elles auront à remplir dans le monde.

Une Maison d'éducation et de travail a été fondée sous les auspices de la Société, pour recevoir les jeunes personnes qu'elle prend sous sa protection. Elles y sont élevées jusqu'à l'âge de dix-huit ans et ensuite convenablement placées, à leur sortie, par les Dames de la Société, qui continuent, dans le monde, de les aider de leurs bons conseils et de leur protection.

SOCIÉTÉ DE SAINT-JOSEPH,

Rue de Poissy.

Cette Institution, placée sous la protection de S. A. R. Monseigneur le Duc de Bordeaux, a pour but de secourir et de placer les ouvriers sans travail.

Des jeunes gens de bonne famille, trésoriers de l'Association, sont munis d'un brevet et d'un livret, sur lequel ils inscrivent les dons qu'ils reçoivent dans les colléges, pensions, etc., et dont ils rendent compte à l'Assemblée générale, qui a lieu tous les ans aux Tuileries, sous la présidence de Monseigneur le Duc de Bordeaux.

Des instructions religieuses sont données aux ouvriers, tous les dimanches, par les soins de plusieurs ecclésiastiques.

SOCIÉTÉ DE SAINT JEAN-FRANÇOIS RÉGIS, POUR LE MARIAGE DES PAUVRES DE PARIS,

Rue du Pot-de-Fer.

Le but de cette Association est de remédier, autant que possible, aux progrès du concubinage, en fournissant aux Indigens et aux ouvriers et artisans peu fortunés les moyens de remplir les devoirs qui leur sont imposés par les lois divines et humaines. A cet effet, la Société se charge des démarches et des formalités, souvent longues et minutieuses, qui sont indispensables pour arriver à la célébration du mariage : elle fait venir gratuitement les pièces et les actes notariés nécessaires, et lève, autant qu'il est en son pouvoir, toutes les difficultés contentieuses qui effraient souvent les personnes peu instruites dans ces sortes d'affaires.

La Société, lorsque le cas l'exige, fournit aussi des vêtemens aux Indigens; et plusieurs bijoutiers, membres de la Société, offrent gratuitement les alliances et les médailles destinées aux époux.

La souscription est de 50 francs par an; on reçoit en outre des dons volontaires, quelle que soit leur modicité.

Président, M. Gossin, conseiller à la Cour royale, rue Cassette, n°. 13.

ASSOCIATIONS DE TRAVAIL POUR LES PAUVRES.

Il existe à Paris plusieurs de ces Associations bienfaisantes. Dans les unes, on consacre un ou plusieurs jours de la semaine ou des soirées d'hiver à travailler en commun au profit des Pauvres honteux ou infirmes; dans d'autres, chaque personne s'oblige à fournir tant de pièces d'ouvrage par semestre ou par année. Ces différens travaux sont ensuite réunis et vendus après une exposition publique.

Parmi ces charitables Associations, on doit surtout citer celles qui se réunissent chez Madame la vicomtesse Dambray, au Petit-Luxembourg; chez Madame la duchesse de Duras, rue de Varennes, et l'Institution dite de la paroisse Saint-Louis, rue de la Pépinière.

SECOURS AUX NOYÉS, BLESSÉS ET ASPHYXIÉS.

Il y a sur les deux rives de la Seine, à Paris et dans les environs, cinquante-quatre boîtes fumigatoires et d'objets nécessaires aux blessés, noyés et asphyxiés.

Des personnes exercées et munies d'instructions pour secourir ces divers genres d'accidens sont toujours en mesure de donner des soins aux infortunés en faveur desquels on peut recourir à elles.

Les dépôts dans Paris sont situés, savoir :

Rive droite de la Seine.

Bureau des arrivages par eau, à la Râpée.
Poste de la rue Traversière.
Poste de l'île Louviers.
Poste de la place Saint-Antoine.
Poste du port Saint-Paul.
Poste de la Cloche au port au blé.
Poste de la place du Châtelet.
Bateau à lessive de M. Ouarnier, près le Pont-au-Change.
Sapeurs-pompiers, quai des Orfèvres.
Poste du quai de l'École.
Poste du port Saint-Nicolas, chez M. Dacheux.
Bateau à lessive de M. Colin, près le Pont-Royal.
Bateau à lessive de Madame Grenier.
Pompe à feu de Chaillot.

Rive gauche de la Seine.

Barrière de la Gare.
Poste de la Halle aux vins.
École de natation de M. Glatigny, quai de Béthune.
Poste de la place Maubert.
Poste des Saints-Pères.
École de natation de Madame Deligny, quai d'Orsay.
Baraque de Madame Breuze, quai des Invalides.
Bureau du commissaire de police des Invalides.
Bureau des arrivages par eau, patache d'aval.

ARMOIRES A PANSEMENT.

Poste du Château-d'eau, place du Palais-Royal.
Poste de la Halle aux draps, Marché des Innocens.

SOCIÉTÉ HELVÉTIQUE DE BIENFAISANCE,

Rue Saint-Honoré, à l'Oratoire.

L'objet de cette Société est de venir au secours des Suisses, soit pécuniairement, soit par voie de conseils, ou en facilitant à chacun les moyens d'utiliser ses talens et son industrie.

Pour être admis aux Secours, il faut justifier de sa qualité de Suisse.

Tous les Suisses ou originaires de Suisse, sans distinction, sont admissibles dans la Société.

Chaque sociétaire doit payer une souscription annuelle de 20 fr. au moins.

SOCIETÉ ISRAÉLITE DES AMIS DU TRAVAIL.

Cette Société a pour objet de faciliter aux Israélites peu aisés, par des conseils donnés à propos et surtout par des secours pécuniaires équitablement distribués, le placement de leurs enfans en apprentissage, soit dans les divers ateliers de l'industrie, soit chez des maîtres particuliers.

La Société est composée d'un nombre illimité de souscripteurs et d'un Comité administratif de dix-neuf membres.

La souscription est de 1 fr. 50 c. par mois. On peut prendre plusieurs souscriptions.

Les apprentis, pour être admis aux Secours, doivent être israélites, avoir dix ans au moins et seize au plus; ils doivent en outre être domiciliés à Paris depuis deux ans, savoir lire, écrire, compter, être de bonne conduite et remplir exactement leurs devoirs religieux.

Les Secours de la Société cessent après quatre ans d'apprentissage.

Les jeunes personnes sont également admises à participer aux bienfaits de l'Institution.

Tous les membres du Comité administratif, excepté le président, le secrétaire et le trésorier, sont inspecteurs à tour de rôle, et de manière à ce qu'il y ait toujours trois inspecteurs en exercice : ils sont tenus de visiter, deux fois par mois au moins, les apprentis dans les ateliers, et de faire un rapport écrit sur la conduite des élèves, à la fin de leur mission.

Les dons et souscriptions sont reçus chez M. A. Haller, trésorier de la Société, rue J.-J. Rousseau, n°. 14.

SOCIÉTÉ POUR L'ÉTABLISSEMENT DES SALLES D'ASILE POUR LA PREMIÈRE ENFANCE.

Cette Société a pour but de créer des salles, où les jeunes enfans des ouvriers, artisans et Indigens sont déposés pendant le jour, afin que leurs mères puissent se livrer à des occupations lucratives et contribuer au bien-être de leur famille sans avoir recours, pour faire garder leurs enfans, à des soins coûteux et mercenaires.

Dans ces Établissemens, les enfans sont réunis sous une surveillance commune; ils y contractent des habitudes d'obéissance, d'ordre et de propreté, reçoivent les premiers principes de religion et de morale, et apprennent les élémens de la lecture.

Quelques Dames charitables se sont réunies pour l'établissement et l'administration des asiles (1).

Ces Dames veulent bien provoquer des souscriptions et dons pour contribuer aux dépenses.

Les Dames des asiles sont en relation avec les Bureaux de charité.

Le 1er. septembre 1829, le nombre des asiles était de cinq, savoir :

2e. arrondissement, un rue des Martyrs.
5e. — un rue des Vinaigriers.
8e. — un rue de Charonne.
10e. — un rue du Bac.
12e. — un rue Saint-Hippolyte.

Plusieurs personnes ont l'intention de demander l'établissement d'asiles et de pourvoir aux dépenses; le Conseil général des Hospices accueillera avec reconnaissance leurs propositions.

CAISSE D'ÉPARGNE ET DE PRÉVOYANCE,

Rue de la Vrillère, n°. 5, à la Banque de France.

La Caisse d'Épargne est une Institution de bienfaisance exclusivement consacrée à recevoir les économies journalières que les particuliers veulent y

(1) Madame la marquise de Pastoret est à la tête de cette Société, madame Jules Mallet en est la trésorière.

placer : elle a été créée dans la seule vue de l'utilité publique, pour offrir à toutes les personnes économes et laborieuses les moyens de placer avec sécurité leurs moindres épargnes, d'en retirer un intérêt et de se préparer ainsi des ressources pour l'avenir.

La Caisse est ouverte, tous les dimanches, de dix à deux heures, rue de la Vrillère, dans l'hôtel de la Banque de France (1). Il est remis à chaque déposant un livret numéroté, signé par un des directeurs. Chaque dépôt est inscrit sur le livret et visé par un directeur ou un administrateur. La Caisse reçoit chaque fois depuis 1 franc jusqu'à 50 francs, et sans fraction de franc. Elle paie l'intérêt à partir du jour du versement jusqu'à la demande en remboursement. Le taux est de 4 pour 100.

Lorsque le compte d'un déposant présente une somme suffisante pour acheter une rente de 10 francs, le transfert en est fait en son nom au cours moyen du samedi qui a précédé le dernier versement.

Les dépôts non convertis en rentes et les inscriptions peuvent être retirés en prévenant huit jours d'avance.

Il est probable que plusieurs Établissemens de charité ont été omis dans cette note ; on n'a pas eu la prétention de les indiquer tous, mais seulement de faire connaître les principaux, et surtout ceux qui se sont mis à diverses époques en relation avec l'Administration des Hospices.

Ainsi, on ne dit rien des aumônes abondantes qui sont faites par les soins de MM. les curés dans les diverses paroisses de Paris, de MM. les pasteurs dans leurs communions respectives, ni de tous ces Établissemens de quartiers, qui sont fondés par des Associations particulières ou par des personnes animées du désir de former la jeunesse au bien et de soulager les infortunés. L'étendue de ces renseignemens excéderait les limites de ce Recueil.

---

(1) L'administration de la Caisse d'Épargne doit incessamment établir plusieurs caisses ou lieux de dépôt dans les différens quartiers de Paris; afin de faciliter le placement des fonds et d'éviter aux déposans la perte de temps qui résulte nécessairement du concours d'un grand nombre de personnes réunies dans un même local pour attendre leur tour.

ADMINISTRATION GÉNÉRALE
des Hospices et Secours à domicile de Paris.

ANNÉE 1829.

CHAPITRE III.

ÉTAT NUMÉRIQUE DE LA POPULATION INDIGENTE DE PARIS, ET RENSEIGNEMENS SUR CETTE POPULATION.

RENSEIGNEMENS.		ARRONDISSEMENS. 1er.	2me.	3me.	4me.	5me.	6me.	7me.	8me.	9me.	10me.	11me.	12me.	TOTAUX.
POPULATION GÉNÉRALE DE PARIS, résultant du recensement de 1829		70,922	75,544	52,380	49,405	71,114	85,327	61,600	78,663	47,312	88,683	54,727	80,809	816,486
POPULATION INDIGENTE DE PARIS, *id.*		3,244	3,132	2,515	3,440	4,652	6,876	3,970	9,213	5,043	4,444	4,580	11,596	62,705
RAPPORT de la Population *indigente* à la Population générale.		1 sur 21,86	1 sur 24,12	1 sur 20,82	1 sur 14,36	1 sur 15,28	1 sur 12,42	1 sur 15,51	1 sur 8,53	1 sur 9,38	1 sur 19,95	1 sur 11,94	1 sur 6,96	1 sur 13,02
MÉNAGES INDIGENS SECOURUS.	Annuellement	855	905	639	780	1,655	2,089	1,783	2,683	1,747	1,440	1,123	3,781	19,480
	Temporairement	686	722	606	985	486	1,313	205	1,464	719	1,020	1,101	1,574	10,881
	TOTAL	1,541	1,627	1,245	1,765	2,141	3,402	1,988	4,147	2,466	2,460	2,224	5,355	30,361
INDIVIDUS composant LES MÉNAGES INDIGENS.	Hommes	778	734	573	866	1,134	1,710	995	2,290	1,302	1,012	1,107	2,984	15,485
	Femmes	1,375	1,480	1,148	1,511	1,874	3,058	1,741	3,748	2,219	2,171	2,044	4,744	27,113
	Garçons	525	468	412	552	832	1,005	606	1,584	725	612	729	1,936	9,986
	Filles	566	450	382	511	812	1,103	628	1,591	797	649	700	1,932	10,121
	TOTAL	3,244	3,132	2,515	3,440	4,652	6,876	3,970	9,213	5,043	4,444	4,580	11,596	62,705
ÉTAT CIVIL, ou POSITION SOCIALE DES MÉNAGES INDIGENS.	Mariés	614	586	478	712	900	1,366	750	1,870	1,057	823	937	2,465	12,558
	Veufs	656	680	515	699	816	1,462	837	1,609	959	1,050	837	1,977	12,097
	Célibataires	164	264	194	248	336	366	293	515	344	408	349	673	4,154
	Femmes abandonnées	107	97	58	106	89	208	108	153	106	179	101	240	1,552
ORIGINE DES CHEFS DE MÉNAGES INDIGENS.	Nés à Paris	401	441	380	460	591	1,188	512	1,266	714	719	563	1,791	9,026
	Nés hors Paris, mais mariés à Paris	229	226	174	302	335	1,013	330	658	652	173	606	988	5,686
	Nés hors Paris, non mariés, ou mariés hors Paris, ou veufs dont on ne connaît pas le lieu de mariage	911	960	691	1,003	1,215	1,201	1,146	2,223	1,100	1,568	1,055	2,576	15,649
AGES DES CHEFS DE MÉNAGES INDIGENS.	Au dessous de 60 ans	733	757	657	926	927	1,761	824	2,017	1,213	1,087	1,080	2,826	14,808
	— de 60 à 65 ans	205	310	142	323	343	486	376	820	478	565	470	1,024	5,542
	— de 65 à 75	377	373	335	397	641	849	502	908	539	518	497	1,128	7,064
	— de 75 à 80	169	130	80	88	167	220	229	312	191	228	135	290	2,239
	— de 80 à 90	55	55	29	30	62	80	56	86	42	61	41	85	682
	— de 90 à 100	2	2	2	1	1	5	1	4	3	1	1	2	25
	Au dessus de 100 ans	»	»	»	»	»	1	»	»	»	»	»	»	1
MÉNAGES INDIGENS CHARGÉS D'ENFANS au dessous de 12 ans.	1 Enfant	113	112	109	158	138	286	103	297	199	146	171	469	2,301
	2 Enfans	125	145	109	145	167	288	159	363	202	139	185	475	2,502
	3 Enfans	129	90	75	115	169	232	152	361	167	153	157	444	2,244
	4 Enfans et au dessus	96	58	43	67	152	124	81	286	100	91	105	262	1,464
MÉNAGES sans enfans au dessous de 12 ans		1,079	1,222	909	1,280	1,515	2,472	1,493	2,840	1,798	1,931	1,606	3,705	21,850
PRIX DES LOYERS des MÉNAGES INDIGENS.	de 50 fr. et au dessous	158	132	87	171	174	315	206	709	330	308	268	831	3,689
	de 51 — à 100 fr.	672	528	421	600	833	1,236	833	1,967	1,060	1,204	796	2,588	12,738
	de 101 — à 200	423	500	403	589	590	1,052	486	591	610	468	587	977	7,276
	de 201 — à 300	9	26	21	24	20	58	6	28	20	17	37	28	294
	de 301 — à 400	3	5	3	5	2	5	2	9	2	2	12	12	62
	au dessus de 400	»	1	3	3	1	»	»	2	»	4	3	1	18
	Logés gratuitement	276	435	307	373	521	736	455	841	444	457	521	918	6,284
PROFESSIONS DES INDIGENS CHEFS DE MÉNAGES. HOMMES.	Chiffonniers	7	3	3	2	5	1	8	14	12	7	2	83	147
	Cochers	48	27	18	6	21	18	2	32	13	26	15	39	265
	Commissionnaires-Hommes de peine	171	107	96	138	226	262	135	330	252	156	130	485	2,488
	Cordonniers	46	44	64	120	86	178	80	93	87	81	82	187	1,148
	Domestiques	33	18	7	10	11	12	5	2	4	11	21	12	146
	Ecrivains	12	15	3	23	12	12	18	19	12	8	36	42	212
	Marchands revendeurs	18	28	21	66	77	93	95	55	93	48	57	136	787
	Ouvriers de divers états	161	132	100	188	278	651	281	967	348	209	265	1,157	4,737
	Ouvriers en bâtimens	130	96	109	68	137	106	79	427	199	120	144	345	1,960
	Porteurs d'eau	5	19	9	26	14	25	25	21	39	26	23	67	299
	Portiers	73	128	89	58	71	174	97	123	115	92	205	150	1,375
	Sans état	61	86	19	73	154	126	143	171	101	208	93	241	1,476
	Tailleurs	13	31	35	88	42	52	27	36	27	20	34	40	445
FEMMES.	Blanchisseuses	49	47	21	40	31	53	17	102	77	38	40	158	673
	Chiffonnières	2	»	1	2	2	8	»	1	»	2	3	35	56
	Cuisinières	8	7	1	2	»	4	1	4	»	1	4	2	34
	Domestiques	8	12	7	6	17	1	4	»	1	2	4	5	67
	Femmes de ménage	77	152	84	86	52	98	64	45	57	128	131	89	1,063
	Gardes d'enfans	17	10	11	12	9	16	7	51	15	20	18	55	241
	Garde-malades	18	17	10	7	16	17	19	13	24	18	12	32	203
	Journalières	190	163	74	121	206	250	122	610	182	292	139	400	2,749
	Marchandes revendeuses	54	82	54	147	98	233	115	177	168	83	73	292	1,576
	Ouvrières	131	146	217	235	212	548	244	463	267	270	334	653	3,720
	Porteuses d'eau	»	4	2	2	1	8	2	5	7	»	6	9	46
	Portières	39	52	48	53	59	110	73	69	56	51	80	79	769
	Sans état	170	201	142	186	304	346	325	317	310	543	273	562	3,679
INDIGENS RECEVANT DES SECOURS SPÉCIAUX.	Octogénaires	69	67	43	46	69	121	105	138	87	110	94	117	1,066
	Septuagénaires	144	144	86	122	201	263	201	370	226	275	186	388	2,606
	Aveugles	18	15	9	22	49	64	50	107	58	59	39	113	603
	Infirmes	8	9	14	34	9	7	11	12	17	15	15	40	191
	TOTAL	239	235	152	224	328	455	367	627	388	459	334	658	4,466

Recueil des Réglemens, page 353.

TABLE GÉNÉRALE

ET RAISONNÉE

DES MATIÈRES CONTENUES DANS CE RECUEIL.

Nota. Les chiffres renvoient aux pages et non aux articles.

A.

45

B.

C.

D.

E.

F.

G.

H.

I.

J.

L.

M.

N.

O.

P.

S.

T.

U.

V.

W.

FIN DE LA TABLE RAISONNÉE DES MATIÈRES.

www.ingramcontent.com/pod-product-compliance
Lightning Source LLC
Chambersburg PA
CBHW072006270326
41928CB00009B/1558
* 9 7 8 2 0 1 4 4 8 9 9 6 5 *